Hans-Joachim Eckstein

Christus in euch

Von der Freiheit der Kinder Gottes

Eine Auslegung des Galaterbriefs

2., durchgesehene Auflage

Vandenhoeck & Ruprecht

Bibliografische Information der Deutschen Nationalbibliothek:
Die Deutsche Nationalbibliothek verzeichnet diese Publikation in der
Deutschen Nationalbibliografie; detaillierte bibliografische Daten sind
im Internet über https://dnb.de abrufbar.

1. Auflage 2017
© 2022 Vandenhoeck & Ruprecht, Theaterstraße 13, D-37073 Göttingen,
ein Imprint der Brill-Gruppe
(Koninklijke Brill NV, Leiden, Niederlande; Brill USA Inc., Boston MA, USA;
Brill Asia Pte Ltd, Singapore; Brill Deutschland GmbH, Paderborn, Deutschland;
Brill Österreich GmbH, Wien, Österreich)
Koninklijke Brill NV umfasst die Imprints Brill, Brill Nijhoff, Brill Hotei,
Brill Schöningh, Brill Fink, Brill mentis, Vandenhoeck & Ruprecht, Böhlau,
V & R unipress.

Alle Rechte vorbehalten. Das Werk und seine Teile sind urheberrechtlich geschützt.
Jede Verwertung in anderen als den gesetzlich zugelassenen Fällen bedarf der
vorherigen schriftlichen Einwilligung des Verlages.

Umschlaggestaltung: Grafikbüro Sonnhüter, www.sonnhueter.com
Satz: Manuel Nägele
Druck und Bindung: Hubert & Co. BuchPartner, Göttingen
Printed in the EU

Vandenhoeck & Ruprecht Verlage | www.vandenhoeck-ruprecht-verlage.com

ISBN 978-3-525-52401-5

»Also lebe nicht mehr ich, sondern Christus lebt in mir.
Was ich aber nun im Fleisch lebe,
das lebe ich im Glauben an den Sohn Gottes,
der mich geliebt und sich selbst für mich dahingegeben hat.«
(Gal 2,20)

»Weil ihr denn Kinder seid, hat Gott gesandt
den Geist seines Sohnes in unsre Herzen.«
(Gal 4,6)

»Meine Kinder, die ich abermals unter Wehen gebäre,
bis Christus in euch Gestalt gewinne!«
(Gal 4,19)

Vorwort

Der Galaterbrief ist eine der bedeutendsten und informativsten historischen Quellen zu Paulus und den ersten Christen. Die herzliche Verbundenheit mit seinen Gemeinden, die tiefe Sorge um ihr Wohl und das Ringen um die verbindliche Wahrheit erklären die besondere Intensität und persönliche Leidenschaft. Zentrale Themen des Evangeliums – wie Rechtfertigung und Glaube, Verheißung und Gesetz, Freiheit und Gotteskindschaft – werden hier erstmals faszinierend entfaltet.

Gegenwärtig wird das Geheimnis der Reformation vielfach von den vier entscheidenden evangelischen Grundsätzen her erschlossen: Christus allein – allein die Schrift – allein aus Gnaden – allein im Glauben. Für Luther hatten diese reformatorischen Grundeinsichten vor allem im Galaterbrief ihr biblisches Fundament, was seine Hochschätzung gerade dieser neutestamentlichen Schrift erklärt: »Der Brief an die Galater ist mein ›Epistelchen‹, der ich mich vertraut habe, sie ist meine Käthe von Bora« (WA 1, Nr. 146 [1531]).

Der vorliegende Band »Christus in euch. Von der Freiheit der Kinder Gottes« bietet eine aktuelle Auslegung des Galaterbriefs, die so tiefgehend und theologisch reflektiert wie allgemein verständlich und gut nachvollziehbar sein will. Sie bietet sowohl eine Einführung in die historischen, literarischen und theologischen Zusammenhänge als auch eine fortlaufende Entfaltung und Interpretation des Brieftextes, Gal 1,1 – 6,18. Mit beidem will sie die Verkündigung und das Denken des Apostels Paulus nahebringen und zu einem erneuten Fragen nach der »Wahrheit des Evangeliums« und nach der »Freiheit der Kinder Gottes« einladen.

Eine Besonderheit bilden die thematischen Exkurse zu zentralen Begriffen und Motiven des Galaterbriefs und der paulinischen Theologie insgesamt: »Evangelium und Wort Gottes«, »Rechtfertigung und Gerechtigkeit«, »Glaube und glauben«, »Gesetz«, »Freiheit«, »Liebe und Gnade Gottes«. Diese thematischen Entfaltungen können als Zusammenfassung und Vertiefung der in der Auslegung jeweils gewonnenen Ergebnisse gelesen werden. Grundsätzlich können sie aber auch ihrerseits als Ausgangspunkt für einen systematisch orientierten Zugang zu Verkündigung, Lehre und Glauben des Apostels Paulus dienen.

Der Text soll zur besseren Lesbarkeit ohne Fußnoten und gesonderte Anmerkungen auskommen. Die Kenntnis der klassischen Sprachen und die Vorkenntnis der spezifisch theologischen Fachbegriffe wird bei der Lektüre nicht vorausgesetzt, um einen möglichst weiten Kreis an interessierten Lesern ansprechen zu können. Wichtiges wird jeweils eingeführt und erläutert. Wer über das Gebotene hinaus weitere sprachliche Details und Schriftbelege, Erklärungen zum griechischen Grundtext und Auseinandersetzungen mit der Auslegungsliteratur sucht, sei auf die fachwissenschaftliche Untersuchung des Verfassers »Verheißung und Gesetz. Eine exegetische Untersuchung zu Galater 2,15 – 4,7« hingewiesen. Erste Hinweise auf weiterführende Literatur finden sich auch zum Abschluss des Kommentars.

Vielmals danke ich meinen wissenschaftlichen Mitarbeitern – namentlich Herrn Dr. Simon-Martin Schäfer für die zahlreichen inhaltlichen und formalen Anregungen beim Entstehen der Ausführungen und Herrn Manuel Nägele für die hilfreichen Korrekturen und die Mühe der technischen Bearbeitung der Manuskripte. Mein Dank gilt auch Herrn Dr. Volker Hampel für seine Förderung bei der Publikation des Kommentars.

Tübingen, Reformationsfest 2016   Hans-Joachim Eckstein

Inhalt

Vorwort VII

Einführung 1

1. Das Schreiben an die Galater als Brief (Gal 1,1–10; 6,11–18) 2
2. Die Empfänger des Galaterbriefs 3
3. Ort und Zeit der Abfassung 6
4. Die Gegenposition 7
5. Gliederung des Galaterbriefs 11

Exkurs 1   *Lebensdaten des Paulus* 12

Auslegung 15

A)
Gal 1,1–10   **Briefeingang** 15
1. Der »Briefkopf« mit Absender, Adresse und feierlichem Gruß (Gal 1,1–5) 15
2. Die Einführung: Das Evangelium Christi und das »andere Evangelium« (Gal 1,6–10) 18

B)
Gal 1,11 – 6,10   **Briefkorpus** 23
I.
Gal 1,11 – 2,21   Das Evangelium und sein Verkündiger 23
1. Der göttliche Ursprung des von Paulus verkündigten Evangeliums (Gal 1,11–24) 23

Exkurs 2	*Evangelium und Wort Gottes*	34
	1. Das Zeugnis der Apostel vom Evangelium von Jesus Christus	34
	2. Das Evangelium Jesu Christi als offenbartes Wort Gottes	36
	3. Der Inhalt des Evangeliums	37
	4. Verkündigung der Apostel, Schriftzeugnis und allgemeines Bekenntnis	40
2.	Die Bestätigung des von Paulus verkündigten Evangeliums durch die Jerusalemer Apostel (Gal 2,1–10)	42
3.	Die Verteidigung und Bewährung des von Paulus verkündigten Evangeliums im antiochenischen Konflikt (Gal 2,11–21)	50
Exkurs 3	*Rechtfertigung und Gerechtigkeit*	69
II. Gal 3,1 – 5,12	Rechtfertigung und Befreiung liegen allein in Christus – nicht im Gesetz; sie werden allein im Glauben gewonnen – nicht aus Gesetzeswerken	74
1.	Der gepredigte Christus als alleiniger Grund des Heils (Gal 3,1–5)	74
2.	Die Segensverheißung an Abraham und ihre Erfüllung in Christus (Gal 3,6–14)	78
2.1	Gal 3,6–9	79
2.2	Gal 3,10–12	88
2.3	Gal 3,13f.	94
3.	Vorsprung und Vorrang der in Christus erfüllten Abrahamsverheißung vor dem Gesetz (Gal 3,15–18)	100
Exkurs 4	*Glaube und glauben*	105

4.	Funktion und Grenze des Gesetzes. Die Befreiung der Kinder Gottes durch Christus (Gal 3,19 – 4,7)	113
4.1	Gal 3,19f.	113
4.2	Gal 3,21f.	119
4.3	Gal 3,23–29	122
4.4	Gal 4,1–7	130
Exkurs 5	*Gesetz*	139
	1. Gesetz bei Paulus	139
	2. Das Gesetz des Mose	141
	3. Gesetz« im übertragenen Sinne als bestimmende Weisung und Gesetzmäßigkeit	143
5.	Die Hinwendung zum Gesetz als Rückfall in die Sklaverei des Heidentums (Gal 4,8–20)	146
6.	Allegorischer Schriftbeweis: Das Gesetz versklavt – das Evangelium macht frei (Gal 4,21–31)	148
Exkurs 6	*Freiheit*	149
7.	Das Entweder-Oder: Freiheit aus dem Evangelium – Sklaverei unter dem Gesetz (Gal 5,1–12)	155
Exkurs 7	*Liebe und Gnade Gottes*	158
III. Gal 5,13 – 6,10	Die Freiheit vom Gesetz als Freiheit zu einem neuen Leben im Geist Christi	163
1.	Grundsätzliche Ausführung: Leben in Freiheit als wechselseitiger Dienst in der Liebe (Gal 5,13–15)	163
2.	Entfaltung und Konkretisierung: Die Frucht des Geistes im Gegensatz zum Werk des Fleisches (Gal 5,16–26)	165

3.	Die neue Schöpfung und das Tun des Guten (Gal 6,1–10)	167
C) Gal 6,11–18	Briefschluss als erweiterter eigenhändiger Schlussgruß	171

Übersetzung des Galaterbriefs 173

Weiterführende Literatur 187

1. Kommentare 187
2. Bücher zu Paulus 188

Einführung

Der Brief des Paulus an die Galater gehört zu den bedeutendsten Schriften des Neuen Testaments. Der Apostel schreibt an Gemeinden, die durch seine Verkündigung des Evangeliums von Jesus Christus entstanden sind, die aber durch aktuelle Entwicklungen und unter dem Einfluss anderer Lehren aus Sicht des Paulus Gefahr laufen, ihre Fundamente zu verlieren und von der »Wahrheit des Evangeliums« abzukommen. Die herzliche Verbundenheit mit seinen »Geschwistern«, das Ringen um die verbindliche Wahrheit sowie die tiefe Sorge um das Wohl und Heil seiner Gemeinden bedingen die besondere Intensität und persönliche Leidenschaft des Galaterbriefs. So kann Paulus selbst davon sprechen, dass er wegen der verunsicherten Galater als seiner »Kinder« nochmals »Geburtswehen« erleiden muss, bis Christus in ihnen Gestalt gewinnt (Gal 4,19), so wie eine Mutter um ihr lebensgefährdetes Kind ringt. Gelegentlich kämpft der Apostel allerdings auch in äußerster Entschiedenheit und Schärfe (vgl. Gal 1,9; 5,12).

Zugleich ist der Galaterbrief eine besonders reiche Quelle für zentrale Themen der Entfaltung des Evangeliums durch Paulus. So wird hier die Bedeutung des Kommens Jesu Christi bis hin zu seiner Lebenshingabe am Kreuz entfaltet (Gal 1,4; 2,19f.; 3,13f.; 4,4f.); eingehend – und teilweise erstmals – werden die Fragen des Ursprungs des Evangeliums, der Rechtfertigung des Menschen vor Gott, der begrenzten Funktion des Gesetzes sowie der Zusammenhang von Gottes Verheißung in der Schrift und seiner Erfüllung in Christus eingehend entfaltet. Wir erfahren von der einzigartigen Bedeutung der in Christus erwiesenen Gnade Gottes und des im Evangelium gründenden Glaubens, von der überwältigenden Erfahrung der christlichen Freiheit und des neuen Lebens im Geiste Gottes.

Schließlich – aber nicht zuletzt – ist der Galaterbrief auch eine der bedeutendsten Quellen für unser historisches Wissen über das Leben und Wirken des Paulus sowie für unser Verständnis von den Voraussetzungen, Entwicklungen und Konflikten der frühen christlichen Gemeinden. Neben den reichen späteren Berichten der Apostelgeschichte des Lukas haben wir es im Galaterbrief mit einem ganz frühen Zeugnis der Ereignisse in den ersten zwanzig Jahren nach Kreuz und Auferstehung Jesu von einem Augenzeugen und Vorkämpfer der Verbreitung des Evangeliums in der damaligen Welt zu tun (s. vor allem Gal 1,11 – 2,21).

Dabei soll nicht verschwiegen werden, dass gerade der Galaterbrief mit seiner entschiedenen Darstellung der Konsequenzen des Evangeliums und seiner klaren Abgrenzung gegenüber allem, was den Glauben und die Liebe, was die Freiheit und das Leben gefährdet, auch provozierend gewirkt hat und wirkt. Schließlich wollte Paulus die verunsicherten Gläubigen, die ihm in ihrem unvernünftigen, rückgewandten und unfreien Verhalten wie »verhext« vorkamen (Gal 3,1), in der Tat aufwecken, herausfordern und herausrufen – eben »provozieren«.

1. Das Schreiben an die Galater als Brief (Gal 1,1–10; 6,11–18)

Das Schreiben an die Galater wurde als *wirklicher »Brief«* verfasst und ist nicht etwa ein literarischer Kunstbrief. Er wurde von einem identifizierbaren Verfasser für einen bestimmten Empfängerkreis und im Hinblick auf eine konkrete historische Situation geschrieben. Gleichwohl ist er nicht nur als »Gelegenheitsbrief« zu verstehen, sondern hinsichtlich seiner theologischen Bedeutung, seiner großen Wirkungsgeschichte und seiner anspruchsvollen Durchführung als *Literatur* im eigentlichen Sinne zu betrachten. Dies ergibt sich schon durch seine Verbreitung, die unbegrenzte Öffentlichkeit und schließlich und vor allem durch die Aufnahme in den Kanon der neutestamentlichen Schriften.

Der Brief ist »an die Gemeinden in Galatien« (Gal 1,2) adressiert und somit ein *Rundschreiben* (»Zirkularschreiben«); er soll also in den verschiedenen Gemeinden der Ortschaften Galatiens gelesen und weitergereicht werden (vgl. 1Kor 1,2; 2Kor 1,1). Eine Erweiterung der Adressatenangabe, wie sie sonst üblich ist, findet sich im Gal nicht! Hinsichtlich der Adressenangabe versteht sich das von selbst, da sie bereits im Plural formuliert ist; hinsichtlich der häufigen Näherbestimmung der Gemeinde bzw. der Anrede der Gläubigen als der »Heiligen« und »von Gott Geliebten« ist die Zurückhaltung auffällig.

Hingegen findet sich in 1,4.5 eine Erweiterung des Segenswunsches um eine vorgeprägte »Dahingabeformel« (V.4) und einen Lobpreis (V.5). Während in den anderen Paulusbriefen (außer Röm) jeweils Mitabsender benannt werden, ist die Absenderangabe im Gal allgemein – oder bewusst ausweitend formuliert: »und alle Brüder, die bei mir sind« (1,2). Die Erweiterung der Absenderangabe (»Paulus« in Verbindung mit der Titelangabe »Apostel«), hebt sich vor allem durch ihre nachdrückliche doppelte Verneinung von den anderen Briefköpfen ab: »Paulus, ein Apostel *nicht* von Menschen, auch *nicht* durch einen Menschen, sondern durch Jesus Christus und Gott, den Vater, der ihn auferweckt hat von den Toten« (Gal 1,1).

Ganz auffällig ist, dass Paulus auf den »Briefkopf« (das Präskript, 1,1–5) nicht wie sonst eine verbindliche – d.h. mit den Adressaten ver-

Einführung

bindende – *Überleitung* in Gestalt einer »Vorrede« (Proömium, wörtl. »Vorgesang«) folgen lässt, sondern stattdessen mit einem unvermittelten und verfremdenden »Ich bin bestürzt!« einsetzt und gleich auf den besorgniserregenden Anlass seines Schreibens zu sprechen kommt.

Wie alle Briefe (außer dem kurzen Phlm, vgl. Phlm 19) hat Paulus den Gal wohl diktiert und zur Beglaubigung mit einem eigenhändig geschriebenen Abschlusssatz als »Unterschrift« versehen. Der Hinweis von Gal 6,11 (»Seht, mit wie großen Buchstaben ich euch geschrieben habe mit eigener Hand!«) lässt darauf schließen, dass der Apostel nicht nur – wie üblich – den Segenswunsch V.18, sondern den ganzen Briefschluss (Postskript) V.11–18 eigenhändig geschrieben hat. Anstatt wie sonst Grüße anderer auszurichten und selbst den Empfängern Grüße an Bekannte aufzutragen, greift Paulus in Gal 6,11–18 nochmals zentrale Themen des Briefes handschriftlich auf. Dies ist einzigartig (vgl. am ehesten den ebenfalls eigenhändig erweiterten Briefschluss in 1Kor 16,21–24).

Als ein wirklicher Brief erweist sich der Gal schließlich auch darin, dass er die Funktion hat, das mündliche Gespräch zwischen den räumlich getrennten Kommunikationspartnern zu vertreten: »Ich wollte, ich könnte jetzt bei euch sein und anders [d.h. mit andrer Stimme] zu euch reden; denn ich bin in Bezug auf euch ratlos.« (Gal 4,20). Der Apostel wäre am liebsten persönlich bei den Galatern. Da ihm die Reise aber offensichtlich zurzeit nicht möglich ist (wegen der Entfernung, der geplanten Jerusalemreise oder der Hinwendung zum Westen des römischen Reichs? Vgl. Röm 15,22–33), schickt er als Ersatz und Stellvertretung für den Besuch wenigstens einen Brief.

2. Die Empfänger des Galaterbriefs

Unser Brief hat eine eindeutig bezeugte Adressenangabe in Gal 1,2: »an die Gemeinden in Galatien«. Wer waren die Empfänger des Briefes, die Paulus auch in Gal 3,1 namentlich als »Galater« anspricht? Im Zusammenhang der keltischen Wanderbewegung, die von Gallien, dem Mutterland der Kelten, ausging und sich teilweise bis Südosteuropa erstreckte, drangen im 3. Jh. v.Chr. drei keltische Stämme[1] bis zum Bosporus vor; als Söldner des Königs von Bithynien kamen sie nach Kleinasien und wurden schließlich im Zentrum Kleinasiens im Gebiet des heutigen Ankara sesshaft. Dieses aus Gallien stammende Wandervolk wurde von den Griechen als Galater bezeichnet, während die Römer sie *Galli* nannten. Das Gebiet, in dem die wegen ihrer bewaffneten Raubzüge gefürchteten Galater um 200 v.Chr. siedelten, entsprach dem

---

[1] Die Stämme der Tolistoagier, Tektosagen und Trokmer.

Ostteil des früheren Groß-Phrygien. Inzwischen war aus dem ursprünglichen »Barbarenvolk« nach Unterwerfung durch die Römer längst ein hellenistisches Mischvolk geworden, das sich an die hellenistische Kultur angepasst und die griechische Sprache als Amtssprache angenommen hatte.[2]

Zur römischen Provinz Galatien (ab 25 v.Chr.) gehörte nicht nur die eigentliche *Landschaft* Galatien, sondern auch noch Teile von Pisidien, Lykaonien, Isaurien (im Süden) und ein kleiner Teil von Phrygien. Das bedeutet: Die römische Provinz reichte in südlicher Richtung über die gleichnamige Landschaft Galatien wesentlich hinaus. In welchem Gebiet sind nun die Adressaten des Galaterbriefes zu suchen? Befinden sich die angeschriebenen Gemeinden in der *Landschaft Galatien*, also in dem angestammten Siedlungsgebiet der Galater im Norden, oder in dem südlichen Gebiet der *römischen Provinz Galatien* (also in Pisidien, Lykaonien und Isaurien). Die erste Möglichkeit entspricht der *Landschaftshypothese* (der sog. »*nord*galatischen Theorie«), die zweite Möglichkeit entspricht der *Provinzhypothese* (der sog. »*süd*galatischen Theorie«). Rein sprachlich lässt sich die Frage nicht klären, da Paulus in seinen Briefen sowohl Landschaftsbezeichnungen[3] als auch die offiziellen Provinznamen[4] verwendet.

Ziehen wir zusätzlich die *Apostelgeschichte* als Quelle zurate, so finden wir drei Stellen, die für die Klärung der Frage von Belang sein könnten: 1. Apg 13,13 – 14,25; 2. Apg 16,1–6 und 3. Apg 18,23. Lukas berichtet von jeweils zwei Aufenthalten des Paulus im Süden der *Provinz* Galatien (d.h. in den galatischen Teilen von Phrygien und Lykaonien), nämlich in Kap 13,13 – 14,25 und 16,1–5, und von zwei Aufenthalten in der »*Landschaft* Galatien« (also dem nördlichen Teil der Provinz), nämlich in 16,6 und 18,23, d.h. zu Beginn der zweiten und der dritten Missionsreise. Von den Gemeindegründungen in Galatien

---

[2] Seit 188 v.Chr. gehörte Galatien durch Verfügung der Römer zu Pergamon; die Galater mussten sich verpflichten, von ihren räuberischen Streifzügen abzulassen und innerhalb ihres Gebietes zu bleiben. Im Jahr 166 v.Chr. bestimmte der römische Senat, dass das Volk der Galater nochmals autonom sein solle. Während das Reich des letzten pergamenischen Königs, Attalos III, 133 v.Chr. infolge seines Testaments dem Römischen Reich einverleibt wurde und fortan als Provinz Asia organisiert war, blieb Galatien formal noch bis 25 v.Chr. (bis zum Tod des letzten Galaterkönigs Amyntas) selbständig, *de facto* war es allerdings ein römischer Vasallenstaat. In diese Zeit fällt auch die Entwicklung des ursprünglichen »Barbarenvolks« in ein hellenistisches Mischvolk. Mit der Unterwerfung durch die Römer begann der Prozess der Assimilation an die hellenistische Kultur und die Annahme der griechischen Sprache (als Amtssprache).
[3] Syrien (Gal 1,21), Judäa (1Thess 2,14; Gal 1,22; Röm 15,31; 2Kor 1,16); Spanien (Röm 15,24.28) Arabien (Gal 1,17; 4,25).
[4] Der Gebrauch von Provinznamen wie Mazedonien (=M), Achaia (=A) und Asia (=As) ist unstrittig; s. 1Thess 1,7f (M/A); 4,10 (M); 1Kor 16,15 (A).19 (As); 2Kor 1,8 (As); 8,1 (M); 9,2 (M/A); 11,10 (A); Röm 15,26 (M/A); 16,5 (As).

wird in der knappen Wegbeschreibung von 16,6–8 (Phrygien – Galatien – Mysien – Troas) zwar nicht ausführlich berichtet, sie werden dann aber für den zweiten Aufenthalt von Lukas bereits vorausgesetzt, denn nach Apg 18,23 durchzog Paulus zu Beginn der »dritten Missionsreise« das »galatische Land ... und stärkte alle Jünger«. Die erste Erwähnung eines Aufenthaltes des Apostels in der Landschaft Galatien findet sich in der geheimnisvoll klingenden Formulierung in Apg 16,6: »Sie zogen aber durch Phrygien und die *Landschaft Galatien,* da ihnen vom heiligen Geist verwehrt wurde, das Wort zu predigen in der Provinz Asien.«

Welche Hinweise auf die Adressaten und die Gemeindegründungen enthält der Gal selbst? Die Adressaten des Gal sind zweifellos *Heidenchristen*: Sie dienten vormals nicht Gott, sondern den heidnischen Göttern (Gal 4,8f.). Nach Gal 5,2f. und 6,12f. werden sie von den Gegnern des Paulus zur Beschneidung gedrängt, sind also bisher *Unbeschnittene.*

Die Galater haben das Evangelium von Paulus empfangen (Gal 1,8f.; 3,2); sie sind also – im übertragenen Sinne – seine »Kinder« und von ihm »geboren« (4,19). Als Paulus bei ihnen missionierte, war er offensichtlich krank (4,13: »leibliche Schwachheit«). Die Wendung: »als ich euch das Evangelium das *erste* Mal predigte« in 4,13 deutet darauf hin, dass Paulus die Gemeinde dann wohl noch ein zweites Mal besucht hatte (vgl. 5,7).

In Gal 2,10 hebt Paulus hervor, dass er sich bereits eifrig für die Kollekte zugunsten der Gemeinde in Jerusalem eingesetzt hat. Dementsprechend kann er beim Verfassen des 1Kor 16,1 bereits auf die Regelung der Kollekte in Galatien verweisen (vgl. neben 1Kor 16,1–4 auch 2Kor 8 und 9; Röm 15,25–27.31).

Der Apostel berichtet in Gal 1,21, dass er in den 14 Jahren vor dem Apostelkonvent in Jerusalem (um 48 n.Chr.) in die Gegenden Syriens und Ziliziens (im Südosten Kleinasiens) kam, ohne aber in diesem Zusammenhang schon auf die Galater als Adressaten des Briefs Bezug zu nehmen. Sie sind mit der Angabe in Gal 1,21 offensichtlich nicht angesprochen und wurden also wohl nicht vor dem Apostelkonvent von Paulus erreicht. In 3,1 werden die Adressaten des Briefes namentlich als »Galater« angesprochen. Damit müsste er die Bewohner der *Landschaft* Galatien bezeichnen, denn die Anrede »Galater« gegenüber Lykaoniern, Phrygiern und Pisidiern ist historisch schwer vorstellbar und kann nach wie vor nicht belegt werden.

Fazit: Der Galaterbrief selbst lässt bei den Adressaten an *heidenchristliche* Gemeinden im *Norden* der Provinz, also in der *Landschaft Galatien* denken. Da auch die Darstellung der Apostelgeschichte von einem zweimaligen Aufenthalt des Paulus im Stammland der Galater weiß (Apg 16,6 und 18,23) und da Lukas als Verfasser der Apostelgeschichte für die *Provinz* Galatien *judenchristliche* bzw. gemischte Gemeinden voraussetzt, sprechen entscheidende Gründe für die *Landschaftshypothese* (die sog. *nordgalatische* Theorie).

3. Ort und Zeit der Abfassung

Geht man im Einklang mit Gal 4,13 als auch mit der Apg 16,6 und 18,23 von einem *zweimaligen Aufenthalt* des Paulus in der *Landschaft Galatien* aus, dann ergibt sich für die Abfassung des Gal als *frühest* möglicher Termin (*terminus post quem*) gemäß Apg 18,23 der Beginn der dritten Missionsreise. Danach könnte der Brief grundsätzlich ab 52 n.Chr. während des mehrjährigen Aufenthaltes in Ephesus (»drei Jahre« Apg 20,31; vgl. 19,8.10) geschrieben worden sein (s. zum Aufenthalt des Paulus in Ephesus Apg 19,1 – 20,1; 1Kor 16,8; 2Kor 1,8–11; 2,12f.).

Als *spätest* möglicher Termin (*terminus ante quem*) kann die Gefangennahme des Apostels in Jerusalem um das Jahr 56 n.Chr. angesehen werden; denn es handelt sich beim Galaterbrief offensichtlich nicht um einen Gefangenschaftsbrief – wie beim Philipper- oder Philemonbrief (vgl. zu dieser Reise nach Jerusalem Röm 15,25.31; 1Kor 16,3; Apg 19,21; 20,22 – und insgesamt Apg 20,3 – 21,15). Befürworter dieser spätest möglichen Datierung können die Absenderangabe »alle Brüder, die bei mir sind« in Gal 1,2 dann auf die Paulus begleitende Delegation aus Apg 20,4 beziehen. Viele Ausleger gehen aber eher von einer Abfassung gegen Ende des dreijährigen Aufenthaltes des Paulus in Ephesus aus – also ca. 54/55 n.Chr.

Allerdings gibt es gute Gründe, an eine noch etwas *spätere* Datierung zwischen dem Ephesusaufenthalt und der unmittelbaren Reise nach Jerusalem zu denken. Danach hat Paulus den Brief *nach* den beiden Korintherbriefen und unmittelbar *vor* dem Römerbrief während des Aufenthalts in *Mazedonien* (wohl im Spätjahr 55 n.Chr.) verfasst, bevor er sich dann noch drei Monate bis Ostern 56 in Korinth aufhielt, von wo aus er den Römerbrief schrieb (Röm 15,23ff.; 16,1 [Kenchreä als Hafen Korinths]; vgl. Apg 20,1f.; 1Kor 16,5f.; 2Kor 2,12f.; 7,5–16).

Es fällt nämlich eine große theologische Nähe des Galater- zum Römerbrief und eine gedankliche Weiterentwicklung und Entfaltung der Themen des Galaterbriefs im später entstandenen Römerbrief auf. Zudem ist nach Gal 4,20 wohl vorauszusetzen, dass Paulus die Gemeinde offensichtlich trotz seines Wunsches nicht besuchen kann, was während des dreijährigen Aufenthaltes in Ephesus und von dort aus geographisch gesehen eher möglich gewesen wäre. Schließlich spricht auch noch der Hinweis auf den bereits erfolgten Einsatz des Paulus für das Einsammeln der Kollekte für die Jerusalemer Geschwister in Gal 2,10 für diese sogenannte »Spätdatierung« um das *Jahr 55 n.Chr.* von *Mazedonien* aus.[5]

4. Die Gegenposition

Der Brief des Paulus an die Galater ist ganz deutlich durch die Auseinandersetzung mit anderen Verkündigern und Lehrern bestimmt, die offensichtlich in Abwesenheit des Paulus in seine Gemeinden eingedrungen sind und dort für Unruhe und Unsicherheit sorgen. Paulus nennt seine Gegner nicht direkt, sondern beschreibt sie nach ihren Forderungen und nach ihrem Verhalten. In Gal 1,7 bezeichnet er sie abwertend mit dem Indefinitpronomen »irgendwer«, »ein gewisser«: »Da sind *gewisse* Leute, die euch in Verwirrung bringen«. Entsprechend formuliert er in 1,9: »Wenn *irgendjemand* euch Evangelium verkündigt entgegen dem, das ihr empfangen habt ...«

Wer sind diese ungenannten Gegner? Grundlegend ist offensichtlich ihre Forderung gegenüber den heidenchristlichen Galatern, sich beschneiden zu lassen: »die suchen euch zur Beschneidung zu zwingen« (Gal 6,12:). »Sie wollen, dass ihr euch beschneiden lasst« (Gal 6,13; vgl. 5,2.12 und 2,3). Die Beschneidungsforderung der Gegner ist dabei nicht rein äußerlich zu verstehen; sie steht vielmehr im Zusammenhang der Forderung nach einer umfassenden Anerkennung des Gesetzes, das Mose am Sinai empfangen hat, d.h. der Sinai-Tora: Die verunsicherten Galater wollen »unter dem Gesetz«, d.h. »unter der Herrschaft der Tora sein« (Gal 4,21); sie wollen sich beschneiden lassen, um »im Gesetz« – d.h. durch Befolgung des Gesetzes / durch Toraobservanz – gerechtfertigt zu werden (5,4).

So muss sich Paulus mit der Überzeugung auseinandersetzen, dass das Heil auf der Grundlage des Gesetzes – d.h. aufgrund von Toraobservanz – erlangt wird (Gal 3,21; vgl. »gerechtfertigt werden aufgrund der Werke des Gesetzes« in Gal 2,16 [3x]; vgl. 3,2.5.10–12). Die Abrahamssohnschaft (3,7.29), die Teilhabe an dem Abraham verheißenen Segen (3,8f.14), die Zugehörigkeit zum erwählten Volk, d.h. zu den Gottessöhnen (3,26; 4,5–7), zu dem »Israel Gottes« (6,16) – all dies sei an ein Leben auf der Grundlage der Tora gebunden. In diesem Zusammenhang sollen die Galater wohl auch den jüdischen Festkalender einhalten (Gal 4,10) und sich an die jüdischen Reinheits- und Speisevorschriften halten (2,11ff.).

---

[5] Eine sogenannte »Frühdatierung« des Galaterbriefes, die in Verbindung mit der »Provinzhypothese« von einem Entstehen ca. 48 n.Chr. in Antiochien noch vor dem Apostelkonvent von Apg 15 ausgeht (oder alternativ um 50 n.Chr. von Korinth aus), ist nach *historischen* (Gal 1 – 2 sowie Apg 16,6 und 18,23) wie *theologischen* (2Kor / Röm) Gesichtspunkten mit dem Befund der Paulusbriefe deutlich schwieriger zu vereinbaren.

Da Paulus in Gal 1,7 den Gegnern vorwirft, dass sie das Evangelium Christi verkehren wollen und da er nach Gal 1,8f. ausdrücklich denjenigen unter den Fluch stellt, der das Evangelium anders verkündigt, als es die Galater von Paulus verbindlich empfangen haben, kann es sich bei den Gegnern nur um *jüdische Christen* handeln – nicht um Juden, die nicht an Christus glauben. In Gal 5,12 kann Paulus ihnen dementsprechend unterstellen, dass sie mit ihrer Beschneidungsforderung lediglich die Verfolgung um des Kreuzes Christi willen vermeiden wollen. Gleichwohl spricht Paulus selbst solchen Christen – die das Evangelium von Jesus Christus so grundlegend verkehren wollen – den Glauben ab und bezeichnet sie demgemäß als »Falschbrüder«, die sich in die Gemeinde lediglich »eingeschlichen« haben (vgl. Gal 2,4).

Da die Gegner den heidenchristlichen Galatern die Beschneidung und die Toraobservanz als den für das Heil notwendigen Weg verkünden, gehören sie offensichtlich zur Gruppe der in der Forschung sogenannten »Judaisten« – d.h. zu denjenigen Judenchristen, die die Heidenchristen drängen, jüdisch zu leben (vgl. Gal 2,14). Vom judaistischen Standpunkt aus können an Christus gläubige Heiden nur durch die gleichzeitige Befolgung der Sinai-Tora zum »Israel Gottes« gehören. Nur wenn die Heidenchristen sich beschneiden lassen, dürfen gesetzestreue Judenchristen nach ihrem Selbstverständnis mit ihnen Gemeinschaft pflegen, ohne sich selbst zu verunreinigen (was das Grundproblem bei dem Konflikt in Antiochien nach Gal 2,11ff. darstellt; vgl. Apg 11,2f.).

Von *Paulus* und seiner *Heidenmission* unterscheiden sich diese »Judaisten« durch ihre Forderung nach Beschneidung und Toraobservanz zusätzlich zum Glauben an Jesus Christus. Von den nicht an Christus gläubigen *Juden* unterscheiden sie sich durch ihren Glauben an den Messias Jesus, der zur Vergebung der Sünden gestorben ist und von Gott, dem Vater, auferweckt wurde. Der Glaube an Jesus Christus und das Leben im Bereich der Tora gehören für die Judaisten also zusammen und bilden keine Alternative: Nicht Christus *oder* Mose, nicht Glaube *oder* Gesetzesbefolgung, nicht Taufe auf Christus *oder* Beschneidung, sondern beides gehöre unauflöslich zusammen, und das eine gebe es nicht ohne das andere! In der Frage nach dem verbindlichen Weg zum Heil, nach der endgültigen Rechtfertigung vor Gott und nach dem Empfang des von Gott verheißenen Segens und des Ewigen Lebens vertreten sie nicht wie Paulus in der Verkündigung des Evangeliums gegenüber Heiden ein »Entweder-oder«, sondern ein »Sowohl-als-auch«.

Solche judenchristlichen Gegner hatte Paulus nach Gal 2,4f. bereits beim Apostelkonvent in *Jerusalem* angetroffen, und der Konflikt um die gemeinsame Mahlgemeinschaft von Juden- und Heidenchristen in Antiochien (Gal 2,11ff.) wurde ebenso durch die Ankunft einiger Anhän-

Einführung 9

ger des Jakobus in Jerusalem ausgelöst (»einige von Jakobus«, 2,12). Aber auch nach der Darstellung des Lukas in Apg 15 gab es in der Jerusalemer Gemeinde eine Gruppe, die die Heidenchristen in Antiochien zur nachträglichen Beschneidung drängten: »Wenn ihr euch nicht beschneiden lasst nach der Ordnung des Mose, könnt ihr nicht gerettet werden« (15,1). »Da traten einige von der Partei der Pharisäer, die gläubig geworden waren, auf und sprachen: Man muss sie beschneiden und ihnen gebieten, das Gesetz des Mose zu halten« (15,5).

Ob die Gegner des Paulus in Galatien mit den »Falschbrüdern« von Gal 2,4 oder mit den in Gal 2,12 erwähnten Leuten von Jakobus in Verbindung stehen, bleibt offen. Jedenfalls vertreten sie alle die gleiche Grundforderung, dass Judenchristen und Heidenchristen zum »Jüdisch-Leben« (2,14) – d.h. zum Leben nach den Bestimmungen der Tora, der Weisung vom Sinai – verpflichtet seien.

Dass Paulus bei seiner Gerichtsandrohung in Gal 5,10 mit seiner Umschreibung – »wer er auch sei!« – unmittelbar auf Jakobus, den Bruder des Herrn (1,19), oder auf Petrus anspielen will, ist eher unwahrscheinlich. Vermutlich beziehen sich vielmehr die Gegner ihrerseits auf die »Urapostel« – d.h. die »Angesehenen« und »Säulen« (Gal 2,6–9) – in Jerusalem. Denn hätte Paulus seinerseits in Jakobus und Petrus die unmittelbaren Initiatoren der gegnerischen Bemühungen in Galatien gesehen, dann hätte er sich – wie der Bericht vom antiochenischen Konflikt in Gal 2,11ff. zeigt – kaum gescheut, sie auch namentlich zu benennen. Spricht er in Gal 1,8 doch davon, dass selbst ein himmlischer Engel bei Verkehrung der Wahrheit des Evangeliums verurteilt und verdammt werden müsste – wie viel mehr dann ein menschlicher Apostel wie Paulus, wie Petrus oder Jakobus. Vielmehr bezieht sich Paulus seinerseits gegen die judaistischen Gegner auf seine grundsätzliche Übereinkunft mit den tragenden Säulen der Urgemeinde, die seine Beauftragung zur Verkündigung des Evangeliums unter Heiden und seine Berufung zur beschneidungsfreien Heidenmission mit Handschlag anerkannt haben (2,9; vgl. 2,6; 1,18f.).

Aus den apologetischen, d.h. verteidigenden und rechtfertigenden, Ausführungen in Gal 1,1 und 1,10 – 2,21 geht hervor, dass die Gegner ihre Beschneidungsforderung mit einer grundsätzlichen Kritik an der gesetzesfreien Evangeliumsverkündigung und an der Person des Apostels Paulus verbunden haben. Offensichtlich haben sie sowohl seine Autorität als auch die Legitimität seines Anspruchs in Frage gestellt. Wie immer die Vorwürfe im einzelnen gelautet haben mögen, sie hatten wohl die Funktion, die judaistische Position ihrerseits durch die Berufung auf die Jerusalemer Autoritäten zu stärken und die Verkündigung des Paulus durch den Hinweis auf dessen Unterordnung und Abhängigkeit gegenüber den Uraposteln zu schwächen.

Umgekehrt ist auch die Auseinandersetzung des Paulus mit seinen Gegnern nicht nur durch sachliche Argumente, sondern auch durch Polemik bestimmt: So geht Paulus in Gal 1,7b davon aus, dass die Judaisten mutwillig das Evangelium pervertieren. Er setzt bei den Gegnern in ihrem Bemühen um die Galater unlautere Absichten voraus: Es gehe ihnen gar nicht um das Wohl der Galater, sondern sie wollten nur selber umworben sein (4,17); letztlich läge ihnen gar nicht an der Erfüllung der Tora, sondern nur am eigenen Erfolgsruhm (6,13); sie wollten mit ihrer Mission lediglich vor Menschen »eine gute Figur« und »Eindruck machen« und so die Verfolgung um des Kreuzes Christi willen vermeiden (6,12).

Dementsprechend beschreibt Paulus das Wirken der Judaisten in Galatien mit kritischen Worten: Sie »verwirren« die Gemeinde (1,7; 5,10); ja, sie haben die Galater »verhext« (3,1); sie haben sie »aufgewiegelt« und »verstört« (5,12); sie üben auf sie mit ihrer Beschneidungsforderung Zwang aus (6,12; vgl. 2,3.14); sie haben die Galater daran gehindert, der Wahrheit zu gehorchen (5,7). So drohen die Galater schließlich durch die gegnerische Einflussnahme von Christus getrennt zu werden und aus der Gnade zu fallen (5,4).

Während die polemischen Äußerungen des Paulus jeweils im einzelnen zu prüfen sein mögen, so ergibt doch die sachbezogene Auseinandersetzung im Galaterbrief ein durchaus schlüssiges Bild. Sowohl die Position der Gegner als auch die des Paulus lässt sich klar und konsequent entfalten. Dies gilt umso mehr, als die anderen späten Briefe des Paulus – 2Kor (10 – 12), Röm und Phil – das historische Bild der Auseinandersetzung zwischen Paulus und seinen Gegnern in der Mitte der fünfziger Jahre des 1. Jh. n.Chr. stringent abrunden. Dementsprechend bestimmt – bei allen schwankenden Erwägungen im Verlauf der Forschungsgeschichte – die überwiegende Mehrheit der Ausleger die Gegner im Galaterbrief als *»judaistische« Judenchristen*, die sich auf die Jerusalemer Apostel beziehen und womöglich selbst aus Jerusalem kommen (seien sie von ihrer Herkunft her nun eher den Griechisch sprechenden oder den Aramäisch / Hebräisch sprechenden Juden zuzuordnen; vgl. Apg 6,1).

Einführung

5. Gliederung des Galaterbriefs

A) **Briefeingang: 1,1–10**
 1. 1,1–5 Präskript / Briefkopf: Absender (V.1.2a), Adressat (V.2b), Gruß (V.3–5; erweitert)
 2. 1,6–9 Einführung: Das Evangelium Christi und das andere Evangelium (»Ich bin bestürzt ...«, V.6 – anstelle des Proömiums / persönlicher Überleitung)
 3. 1,10 Zwischenbemerkung

B) **Briefkorpus: 1,11 – 6,10**
I. 1,11 – 2,21 Das Evangelium und sein Verkündiger (historisch-biographischer Teil; Stichwort »Evangelium«: 1,6.7.8.9.11.16.23; 2,2.5.7.14 [4,13])
 1. 1,11–24 Der göttliche Ursprung des von Paulus verkündigten Evangeliums (vgl. 1,1)
 2. 2,1–10 Die Bestätigung des von Paulus verkündigten Evangeliums durch die Jerusalemer Apostel
 3. 2,11–21 Die Verteidigung und Bewährung des von Paulus verkündigten Evangeliums im antiochenischen Konflikt (2,15–21 präludiert Teil II)

II. 3,1 – 5,12 Das Heil liegt allein in Christus – nicht im Gesetz; es wird allein im Glauben gewonnen – nicht aus Gesetzeswerken (zentraler, systematisch-exegetischer Teil)
 1. 3,1–5 Der gepredigte Christus als alleiniger Grund des Heils
 2. 3,6–14 Die Segensverheißung an Abraham und ihre Erfüllung in Christus (3,6–9 / 3,10–12 / 3,13f.)
 3. 3,15–18 Vorsprung und Vorrang der in Christus erfüllten Abrahamsverheißung vor dem Gesetz
 4. 3,19 – 4,7 Funktion und Grenze des Gesetzes. Die Freiheit der Kinder Gottes (3,19f. / 3,21f. / 3,23 / 3,24–29 / 4,1–7)
 5. 4,8–20 Die Hinwendung zum Gesetz als Rückfall in die Sklaverei des Heidentums (persönlich gehalten; vgl. 3,1–5)
 6. 4,21–31 Allegorischer Schriftbeweis: Das Gesetz versklavt – das Evangelium macht frei
 7. 5,1–12 Das Entweder-Oder: Freiheit aus dem Evangelium – Sklaverei unter dem Gesetz (Anwendung auf Situation der Galater)

III. 5,13 – 6,10 Die Freiheit vom Gesetz als Freiheit zu einem neuen Leben im Geist Christi (paränetischer Teil; durch Stichwort »Freiheit« mit Teil II verbunden)

1. 5,13–15 Grundsätzliche Ausführung: Leben in Freiheit als wechselseitiger Dienst in der Liebe
2. 5,16–26 Entfaltung und Konkretisierung: Die Frucht des Geistes im Gegensatz zum Werk des Fleisches
3. 6,1–10 Die neue Schöpfung und das Tun des Guten

C) Briefschluss: 6,11–18 – Eigenhändiges Postskript (V.11)
1. 6,12f. Warnung vor Gegnern
2. 6,14f. Hinweis auf das Kreuz Christi
3. 6,16–18 Mahnung und Segen für die Heilsgemeinde aus Juden und Heiden, das »Israel Gottes« (keine Grüße!)

Exkurs 1: Lebensdaten des Paulus

Zur Rekonstruktion des Lebens des Apostels Paulus liegen als Quellen zunächst und vor allem die Paulusbriefe und ergänzend die Apostelgeschichte des Lukas vor. Hinsichtlich der Daten sind vor allem die Jahresangaben in Gal 1,18 und 2,1 sowie die in Apg 18 beschriebenen Umstände des Aufenthalts des Paulus in Korinth von großer Hilfe (Vertreibung der Juden durch Claudius aus Rom; Paulus vor dem Statthalter Gallio in Korinth). Daraus lassen sich für den 1. Aufenthalt des Paulus in Korinth die Jahre 50/51 n.Chr. bestimmen; und von dort aus lassen sich – mithilfe der zahlreichen zusätzlichen Einzelhinweise bei Paulus und Lukas – die vorangegangenen und die folgenden Jahre des Lebens, Wirkens und Geschicks des Apostels wie folgt rekonstruieren:

vor 10 **Geburt** des Paulus (Phlm 9 [ab 54 verfasst] bezeichnet sich Paulus als »Alten«, d.h. als »Über-Fünfzigjährigen«), als Israeliten (Röm 11,1; 2Kor 11,22; Phil 3,5) vom Stamme Benjamin (Röm 11,1; Phil 3,5) – Nach Lukas: Geburtsort Tarsus in Cilicien: Apg 21,39; 22,3; **Römisches Bürgerrecht** von Geburt: Apg 16,37; 22,25–29; 23,27; 25,10–12; zur **Berufstätigkeit**: 1Kor 4,12; 9,6ff.; 2Kor 11,27; 1Thess 2,9 (nach Apg 18,3 als Zeltmacher); zum **Unverheiratetsein**: 1Kor 7,7; 9,5.
30 Kreuzigung Jesu (Freitag, 14. Nisan).
31 Verfolgung der »Hellenisten«, Hinrichtung des Stephanus (Apg 6,8 – 8,3).
Paulus als Verfolger der Gemeinde: 1Kor 15,9; Gal 1,13.23; Phil 3,6; vgl. Apg 8,3; 9,1.21; 22,4.19; 26,10f. Paulus als gesetzestreuer Jude, Pharisäer: Gal 1,14; Phil 3,5f.; vgl. Apg 22,3 (Ausbildung in Jerusalem nur nach Acta [22,3; 26,4f.]).

Exkurs 1: Lebensdaten des Paulus 13

32	Berufung des Paulus (Gal 1,15f.[6]; vgl. Apg 9,1ff.; 22,6ff.; 26,12ff.), danach in der **Arabia** und in **Damaskus**[7] (Gal 1,17: »ich ging nicht hinauf nach Jerusalem«. Vgl. dagegen Apg 9,26ff.: in Jerusalem).
35	1. **Besuch des Paulus in Jerusalem**[8] (Gal 1,18f.: »nach 3 Jahren« – »Kephas kennen zu lernen«, Jakobus getroffen)[9].
ab 35	Paulus in Syrien und Cilicien (Gal 1,21).
43/44	Hinrichtung des Zebedaiden Jakobus durch Herodes Agrippa I [† 44] (Apg 12,1–23; vgl. Mk 10,38f.); Petrus verlässt Jerusalem (Apg 12,17).
44–48	Apg 13,4 – 14,25: sog. 1. Missionsreise über Cypern, Pamphylien, Pisidien, Lykaonien und zurück (ca. 44–48) – bei Paulus unerwähnt.
48	2. **Besuch in Jerusalem:** »Apostelkonvent« (Gal 2,1–10 [»nach 14 Jahren«]; Apg 15).
	Antiochenischer Zwischenfall (Gal 2,11ff.).
48–52	Sog. 2. Missionsreise, Apg 15,36 – 18,22: Besuch der Gemeinden in der südlichen Provinz Galatien; Reise durch Phrygien, Landschaft Galatien, Mysien, Troas; Gemeindegründungen in **Philippi** (Phil 4,15f.), **Thessalonich** (1Thess 2,1ff.), **Beröa**, **Athen** (1Thess 3,1) ...
50/51	1. **Aufenthalt in Korinth** (Apg 18,1–18; s. V.2: Prisca und Aquila ›kürzlich‹ nach Korinth gekommen [ab 49][10]; V.12: Paulus vor dem Statthalter **Gallio** [Sommer 51][11]) – **Bezugspunkt der Paulus-Chronologie**; nach Apg 18,11 blieb er 1 1/2 Jahre; • **1 Thessalonicherbrief**; zurück nach **Antiochien** über Ephesus (Apg 18,18–23).

[6] Zur **Berufung zum Apostel** durch die Erscheinung des Auferstandenen s. Röm 1,1.5; 1Kor 9,1; 15,8-10; Gal 1,1.11f.15f. (Jer 1,5; Jes 49,1); vgl. Röm 15,15f.; 2Kor 4,6; 5,18-20; Gal 2,7-9; Phil 3,8.

[7] Zur **Flucht aus Damaskus** s. 2Kor 11,32f.; Apg 9,23-26 (Aretas IV., König von Nabatäa, 9 v. – 39 n.Chr.).

[8] Wenn die Jahresangaben in Gal 1,18 (»drei Jahre später«) und 2,1 (»vierzehn Jahre danach«) zu addieren sind (das angebrochene Jahr wird mitgezählt), also: nach 2-3 Jahren + nach 13-14 Jahren = nach ca. 16 Jahren; falls auch Gal 2,1 von der Berufung an zählen sollte: Berufung ca. 35, dann 1. Besuch ca. 37 (unwahrscheinlicher).

[9] Vgl. dagegen *zwei* Aufenthalte in Jerusalem vor dem Apostelkonvent nach Apg 9,26ff.; 11,30 [›Antiochener Kollekte‹].

[10] Sie waren nach Apg 18,2 als Judenchristen infolge des **Claudiusedikts von 49 n.Chr.** aus Rom vertrieben worden (vgl. Sueton, Cl 25,4 [*impulsore Chresto*]; zur Datierung auf das 9. Regierungsjahr des Claudius [= 49 n.Chr.] vgl. den christlichen Geschichtsschreiber Orosius 7,6,15f. [5. Jh.]).

[11] Lucius Gallio war Mai 51 – April 52 n.Chr. Prokonsul in der Provinz Achaia (gemäß der in Delphi gefundenen – auf die 26. imperatorische Akklamation des Claudius [d.h. 52 n.Chr.] datierte – ›**Gallio-Inschrift**‹. Die Gallio-Inschrift und das Claudiusedikt bieten Anhaltspunkte für die ›relativen‹ Angaben (›nach ... ‹) bei Paulus.

52–56 Sog. 3. Missionsreise, Apg 18,23 – 21,14: Landschaft Galatien, Phrygien, Ephesus ... (s.u.).
52–55 Paulus in Ephesus (1Kor 16,8; 2Kor 1,8–11; 2,12f.; vgl. Apg 19,1 – 20,1); »drei Jahre« (Apg 20,31; vgl. 19,8.10); • 1 Korintherbrief (Frühjahr 54 oder 55; 1Kor 16,8) – »Zwischenbesuch« in Korinth (1Kor 16,8; 2Kor 2,5–11; 7,12; 12,14; 13,1), zurück in Ephesus: »Tränenbrief« an Korinther (2Kor 2,4; vgl. 1,23; 2,1ff.9; 7,8–12); • Philemonbrief (? – oder später); Paulus verlässt Ephesus unter Lebensgefahr, über Troas nach Mazedonien (2Kor 1,8–11; 2,12f.; 7,5ff.; vgl. 1Kor 15,32; Apg 19,23).
55 Paulus in Mazedonien, Herbst 55 (Apg 20,1f.); • 2 Korintherbrief (1–8; vielleicht +9+10–13), • Galaterbrief.
55/56 Letzter Aufenthalt in Korinth, Winter 55/56 (Apg 20,2f.: 3 Monate); zurück über Mazedonien, Passa in Philippi, Jerusalemreise zur Überbringung der Kollekte (Röm 15,25–27.31; Apg 20,3 – 21,15; vgl. zur Kollekte: 1Kor 16,1–4; 2Kor 8 u. 9; Gal 2,10; Apg 24,17); • Römerbrief (Röm 15,25ff.; 16,1.23).
56 Verhaftung des Paulus in Jerusalem Pfingsten 56 (Apg 20,16; 21,15 – 23,21; vgl. zur Sorge des Paulus Röm 15,30f.).
56–58 Gefangenschaft in Caesarea, s. Apg 23,23 – 26,32 (um 58 Ablösung des Felix durch Festus als Prokurator von Judäa; vgl. Apg 24,27: nach 2 Jahren).
58/59 Reise nach Rom, Winter 58/59 (Apg 27,1 – 28,16), Gefangenschaft in Rom (Apg 28,17–31; nach Lukas 2 Jahre, Apg 28,30); • Philipperbrief (? – oder früher).
? Martyrium in Rom unter Nero 64 n.Chr. (? vgl. Apg 19,21; 20,23–25.28; 21,11; 1Clem 5,5–7).

Auslegung

A)
Gal 1,1–10: Briefeingang

Der erste Abschnitt des Galaterbriefs besteht aus dem formal gestalteten Briefeingang (Gal 1,1–10). Dieser enthält, wie bei den Briefen des Paulus üblich, einen »Briefkopf«, d.h. ein Präskript (1,1–5) mit der Angabe des *Absenders* (»Paulus, Apostel ...«, V.1.2a), des *Adressaten* (»den Gemeinden Galatiens«, V.2b) und mit dem jeweils gleichlautend ausformulierten *Gruß*: »Gnade sei mit euch und Friede von Gott, unserm Vater, und dem Herrn Jesus Christus« (Gal 1,3).

1. Der »Briefkopf« mit Absender, Adresse und feierlichem Gruß (Gal 1,1–5)

Neben der anfänglichen namentlichen Angabe des Absenders (*superscriptio*) ist die Ergänzung eines Titels (*intitulatio*) durchaus üblich: »Paulus, Apostel« (Gal 1,1). Auffällig ist beim Galaterbrief aber die mehrfache Ergänzung – zunächst durch zwei negative und dann durch eine zweigliedrige positive Versicherung: »Paulus, Apostel, nicht von Menschen, auch nicht durch einen Menschen, sondern durch Jesus Christus und Gott, den Vater, der ihn auferweckt hat von den Toten« (Gal 1,1).

Daran, dass Paulus dies seinen durch ihn gegründeten Gemeinden in Erinnerung rufen muss, wird schon zu Beginn erkennbar, wie ernst er die Situation der Auseinandersetzung einschätzt.

Der griechische Begriff »Apostel« bedeutet »Abgesandter«, »beauftragter Bote«, »bevollmächtigter Botschafter«; er hebt sowohl den Aspekt der Beauftragung hervor wie den der damit verbundenen Autorität. Traditionell wurden die Propheten in Israel als von Gott gesandt und bevollmächtigt verstanden (Jer 1,7; 7,25; Hes 2,3; 3,5; Hagg 1,12; Sach 2,15; 4,9; vgl. Ri 6,8.14). Wenn Gott dem Boten seine eigenen Worte in den Mund legt (Jer 1,9; 2Mose 4,12), so kann und soll er im Namen Gottes sprechen: »So spricht der Herr«. Im Gesandten ist der Sendende gegenwärtig, und durch das Wort des Gesandten spricht der Sendende selbst.

Seit den Anfängen der christlichen Überlieferung wird der Begriff »Apostel« als geprägte Bezeichnung einer bestimmten Gruppe verwendet. In den Absenderangaben der Paulusbriefe (1Kor 1,1; 2Kor 1,1; Gal 1,1; Röm 1,1) ist der Titel Apostel in einem ganz spezifischen Sinn gebraucht (so auch Gal 1,17.19; 1Kor 9,1.5; 15,7.9; 1Thess 2,7; vgl. Röm 1,5; Gal 2,8). Er wird hier auf den Kreis der *zwölf Jünger Jesu*, der »zwölf Apostel«, dann auf *Jakobus*, den Bruder des Herrn (Gal 1,19; 1Kor 15,7), auf *Barnabas* (1Kor 9,1.5f.; vgl. Apg 14,14) und eben in den Paulusbriefen auf *Paulus selbst* bezogen. Sie alle können nämlich für sich beanspruchen, dass sie *erstens* den Auferstandenen in Erscheinungen gesehen haben, dass sie *zweitens* von ihm persönlich das Evangelium empfangen haben und dass sie *drittens* von ihm selbst zur Verkündigung dieses Evangeliums bevollmächtigt und berufen worden sind (vgl. Mt 10,1–4 [28,16–20]; Lk 6,13 und Apg 1,21f.25).

Auch wenn von der Grundbedeutung »Gesandte« her dann auch die frühchristlichen »Missionare« im weiteren Sinne als Apostel bezeichnet werden können (1Kor 12,28; 2Kor 11,13; Röm 16,7) oder vereinzelt auch Sendboten der Gemeinden (2Kor 8,23; Phil 2,25), hat der engere Kreis der vom Auferstandenen selbst beauftragten »Apostel« für die frühen christlichen Gemeinden eine ganz grundlegende Bedeutung und entscheidende Autorität. Dies gilt umso mehr, als es in der Frühzeit neben der Heiligen Schrift »Alten Testaments« noch keine Richtschnur und keinen Kanon »neutestamentlicher Schriften« zur Orientierung in Verkündigung, Lehre und ethischer Anwendung gegeben hat.

Auf diesem Hintergrund wird verständlich, warum Paulus schon im Briefkopf (Gal 1,1) und dann in der Entfaltung 1,10 und 1,11–24 den göttlichen Ursprung des von ihm verkündigten Evangeliums und seine unmittelbare Beauftragung zum »Apostelamt« (Röm 1,5; Gal 2,8) durch Jesus Christus selbst so nachdrücklich herausstellt. Durch die Entgegensetzung von »nicht durch einen Menschen, sondern durch Jesus Christus und Gott, den Vater« wird deutlich, dass Paulus Jesus Christus nicht der menschlichen Seite zuordnet, sondern auf der Seite Gottes sieht. Gott, der Vater, wiederum wird als der beschrieben, der Christus von den Toten auferweckt hat; darin hat er seine Treue gegenüber dem Sohn und seine Macht und seinen Heilswillen vor den Menschen erwiesen.

Wie regelmäßig nennt Paulus *Mitabsender*, hier aber nicht einzelne wie Timotheus, sondern ausweitend: **»und alle Brüder, die bei mir sind«** (Gal 1,2a). Im Hinblick auf die folgenden Auseinandersetzungen ist ihm offensichtlich daran gelegen, die mehrheitliche Übereinstimmung und den geschwisterlichen Rückhalt in den zentralen Fragen des Evangeliums hervorzuheben. Er steht mit seiner Überzeugung nicht etwa allein da! An eine unmittelbare Mitverfasserschaft durch die angegebenen Mitabsender wird dabei wohl weniger gedacht sein.

Die Adressatenangabe (*adscriptio*) lautet: »**an die Gemeinden in Galatien**« (Gal 1,2b). Als Adressaten des Rundschreibens haben wir in der Einleitung die verschiedenen von Paulus gegründeten und dann nochmals besuchten heidenchristlichen Gemeinden in der Landschaft Galatien, also im Norden der römischen Provinz Galatien erkannt (in der Nähe des heutigen Ankara / Türkei; s. Gal 1,8f.; 3,2; 4,13.19; vgl. Apg 16,6; 18,23). Auffällig sind die Beschränkung auf die nüchterne Adressenangabe und das Fehlen jeder sonst üblichen Näherbestimmung bzw. Anrede der Adressaten als »Berufenen«, »Heiligen« oder »Geliebten Gottes«.

So knapp die Adressatenangabe gehalten ist, so ausführlich ist der übliche Eingangsgruß (*salutatio*) gestaltet: »**Gnade sei mit euch und Friede von Gott, unserm Vater, und dem Herrn Jesus Christus**« (Gal 1,3).

Der Gnaden- und Friedenswunsch selbst ist wie bei Paulus üblich formuliert. Durch den ausdrücklichen Hinweis auf »Gott, unseren Vater, und den Herrn Jesus Christus« wird der herkömmliche Friedensgruß »Friede sei mit euch« theologisch vertieft und christlich präzisiert (so einheitlich bis auf den ältesten Paulusbrief, 1Thess 1,1). Durch die in dem Herrn Jesus Christus erwiesene Gnade Gottes darf die Gemeinde den Vater Jesu Christi (Gal 1,1; vgl. 2Kor 1,3) nun auch als ihren Vater erkennen und anrufen (Gal 1,3f.; vgl. Gal 4,6; Röm 8,15).

Während die Bezeichnung Jesu als des »Christus« später zunehmend als Ergänzung seines Eigennamens verstanden werden konnte, klingt für die ersten Christen stets seine ursprüngliche Bedeutung mit: Er ist der von Gott in der Schrift verheißene Messias – d.h. der »Gesalbte« – durch den Gott sein Reich für Israel aufrichten und Heil und Rettung bringen will. Die Bezeichnung des Gekreuzigten und Auferstandenen als »Herr« ist bei Paulus in einem ganz gefüllten, hoheitlichen Sinn zu verstehen: Er ist der »eine Herr«, »durch den alles [erschaffen] ist und wir [als die neuen Geschöpfe] durch ihn« (1Kor 8,6); er ist es, vor dem sich nach Gottes Verfügung und zu dessen Ehre »alle Knie beugen sollen« und »alle Zungen bekennen sollen, dass Jesus Christus der Herr ist« (Phil 2,10f.). Wer an ihn als den Auferstandenen glaubt und ihn als Herrn *er*kennt, *an*erkennt und *be*kennt, dem wird die endgültige Rettung durch diesen »Herrn Jesus« zugesprochen (Röm 10,9f.; vgl. 1Kor 12,3). Somit wird der gekreuzigte und auferstandene Jesus in der Tat mit einem Namen angerufen, »der über alle Namen ist« (Phil 2,9); denn die Anrufung und Anbetung des »Herrn« (griech. Kyrios) wie das Bekenntnis zum Schöpfer und Erlöser hat Paulus selbst wie alle Juden zuvor ausschließlich mit Gott, dem Vater, selbst verbunden (2Mose 20,1–3; 5Mose 6,4f.).

Das Evangelium von Jesus Christus beginnt bei Paulus also in ganz dichter Darstellung bereits im Briefkopf! Dies gilt umso mehr hinsichtlich der auffälligen Erweiterung um die sprachlich geprägte Bekenntnisformel zur Selbsthingabe Jesu um der Vergebung der Sünden willen und zur Befreiung von dieser gegenwärtigen Welt: »der sich selbst für unsre Sünden dahingegeben hat, dass er uns errette von dieser gegenwärtigen, bösen Weltzeit nach dem Willen Gottes, unseres Vaters« (Gal 1,4).

An der geprägten Sprache, an den für Paulus ungewöhnlichen Ausdrücken und an der formalen Gestaltung können wir hier wie an mehreren Stellen des Galaterbriefs erkennen, dass Paulus bewusst seinen Gemeinden vertraute Bekenntnisformeln in Erinnerung ruft, um die Übereinstimmung seiner Verkündigung mit »Schrift und Bekenntnis« auch formal zu unterstreichen. So hat er schon in Gal 1,1 Gott als den charakterisiert, der Jesus Christus »auferweckt hat von den Toten«; in Gal 1,4 zitiert er offensichtlich eine vorgegebene Formel zur Lebenshingabe Jesu, die er dann in Gal 2,20 auf sich persönlich hin formuliert: »... im Glauben an den Sohn Gottes, der mich geliebt und sich selbst für mich dahingegeben hat.« Ausformulierte Bekenntnisse zu der einmaligen Bedeutung, Sendung und Erlösungstat Jesu als des Sohnes Gottes werden sich dann später auch in Gal 4,4f. und zuvor in Gal 3,13 finden.

In Gal 1,5 kommt die liturgische Prägung schon durch den feierlichen Lobpreis Gottes unüberhörbar zum Ausdruck: »... nach dem Willen Gottes, unseres Vaters, dem die Ehre gebührt bis in die fernste Ewigkeit! Amen!« So ist der Briefkopf Gal 1,1–5 auffällig feierlich, theologisch gewichtig und ausgewogen gestaltet: Dreimal bezieht sich Paulus auf Gott als Vater (1,1.3.4) und zu Beginn wie zum Abschluss wird in der Sprache des Bekenntnisses auf Jesus Christus als den zu unseren Gunsten gestorbenen (1,4) und von Gott auferweckten Herrn (1,1) nachdrücklich hingewiesen.

2. Die Einführung: Das Evangelium Christi und das »andere Evangelium« (Gal 1,6–10)

»Ich wundere mich, dass ihr euch so schnell abwendet von dem, der euch berufen hat in die Gnade [Christi], zu einem andern Evangelium, das es gar nicht (als ein anderes) gibt; sondern da sind gewisse Leute, die euch in Verwirrung bringen und das Evangelium Christi (ins Gegenteil) verkehren wollen« (Gal 1,6f.).

Schroffer und wirkungsvoller kann der Apostel gar nicht zu Anlass und Anliegen seines Schreibens übergehen. Haben die ersten Adressaten, denen der Brief in der gottesdienstlichen Versammlung vorgelesen werden soll, doch noch die außergewöhnlich feierlichen Formulierungen zur

Übereinstimmung von Gott, dem Vater, und Jesus Christus, seinem Sohn, im Ohr (Gal 1,1.3.4f.).

Der Eindruck der Bestürzung und Betroffenheit wird dadurch noch verstärkt, dass die Adressaten konventionell an dieser Stelle eines Briefs eigentlich eine verbindliche Überleitung erwarten dürften, in der Paulus seine Verbundenheit mit der Gemeinde im Gebet, im Gedenken und im Dank formuliert (vgl. 1Thess 1,2ff.; 1Kor 1,4ff.; 2Kor 1,3ff.; Röm 1,8ff.; Phil 1,3ff.). Angesichts der Situation kann und will sich der Apostel aber nicht lange mit Vorreden – einem sogenannten »Proömium« / einem »Vorgesang« – aufhalten, sondern gleich zur Sache kommen! Paulus ist weder an Gott noch am Evangelium Christi noch auch an seiner eigenen Sendung irre geworden (s. Gal 1,1–5), wohl aber hinsichtlich seiner Gemeinden in Galatien ist er in größter Ungewissheit und Not (Gal 4,20: »Was euch betrifft, bin ich ratlos«).

Anlass für seine Bestürzung, Betroffenheit und Verwunderung ist, dass die Galater so schnell – d.h. leichtfertig – von Gott »abfallen«, dass sie sich von dem »abwenden«, der sie unter der Verkündigung des Evangeliums berufen hat. Die Gegenwartsform des Verbs zeigt, dass Paulus den Prozess bereits im Gange sieht. Gedacht ist bei dem »Berufenden« an Gott, den Vater (vgl. Gal 1,15; 5,8, Röm 4,17; 8,30; 9,12; 1Thess 5,24 u.ö.). Der Bezug auf Gott selbst erinnert daran, dass der Glaube nicht im Menschen gründet, sondern in Gottes gnädiger Zuwendung. Die Glaubensgewissheit bezieht sich nicht auf die menschliche Entscheidung, eigene Überzeugung und Zuverlässigkeit, sondern auf die Zusage der Treue des Berufenden (s. 1Thess 5,24: »Treu ist der, der euch beruft ...«).

Berufen »in Gnade« meint wohl nicht nur »durch die Gnade« oder »in Gnaden« / »gnädig«, sondern »zur Gnade«, »in die Gnade«. Die Gnade wird als bergender Raum, als Sphäre des Heils verstanden. So haben die Gläubigen nach Röm 5,2 in Christus Zugang »*zu* dieser Gnade«, d.h. zum *Raum*, zum *Bereich* der Gnade; sie sind durch Christus nicht mehr im *Machtbereich* der Sünde und des Gesetzes, sondern im *Einflussbereich* der Gnade (Röm 6,14). Würden die Galater wirklich von Christus abkommen, indem sie ihr Heil nun im Gesetz suchen, dann würden sie dementsprechend »*aus* der Gnade *herausfallen*«, wie Paulus es dann in Gal 5,4 formuliert. Dass Paulus bei »der Gnade« an die in Christus offenbarte Gnade denkt, ist schon durch den Briefeingang eindeutig (Gal 1,1.3f.; vgl. 5,4).

Es geht nach Paulus bei den Veränderungen und Abweichungen der Verkündigung und Lehre unter den Galatern um nicht weniger als »ein anderes Evangelium«, wobei der Apostel sogleich klarstellt, dass es das Evangelium gar nicht als ein anderes gibt. »Es gibt kein anderes Evangelium« außer dem einen, durch das Gott die Galater in die Gnade berufen hat (Gal 1,6), das sie damals empfangen und angenommen haben

(1,9), das Paulus ihnen verkündet hat (1,8.11) – eben das *eine* Evangelium, das der Apostel unmittelbar durch die Offenbarung von Jesus Christus empfangen hat (1,12) und zu dessen Verkündigung unter den Heiden Gott selbst ihn vor Damaskus beauftragt hat (1,15f.). Wenn nun einige den Gemeinden anders verkündigen, als sie es bei ihrer Berufung zum Glauben gehört haben, dann ist dies nach Paulus nicht das Evangelium von Jesus Christus – und ein anderes Evangelium als das von dem für sie gekreuzigten und auferstandenen Jesus Christus (Gal 1,1.3; 2,19f.; 3,1.13; 4,4f.) gibt es nicht.

Da die judenchristlichen Gegner des Paulus sich auf die Apostel in Jerusalem und auf deren Verkündigung und Lehre bezogen haben werden (vgl. 2,1ff.11ff.), trifft der Vorwurf des Paulus besonders hart. Das Schlagwort des »anderen Evangeliums« führt Paulus wohl selbst in die Debatte ein, um die Gegenposition unmissverständlich als Abweichen von der »Wahrheit des Evangeliums« (Gal 2,5.14) zu kennzeichnen: Dies ist nicht mehr dasselbe Evangelium! Vielmehr haben sich die Galater von einigen beunruhigen und verwirren lassen, die das Evangelium aus Sicht des Paulus mutwillig (vgl. 4,17; 6,12f.) in sein Gegenteil verkehrt und verdreht haben.

Wenn Paulus die Einzigartigkeit des Evangeliums von Christus mit der Wendung unterstreicht: »es gibt kein anderes«, dann formuliert er dies in Anspielung auf das Grundbekenntnis Israels wie der Gemeinde zu dem einen und einzigen Gott: »Er ist einer, und es ist kein anderer außer ihm (Mk 12,32; vgl. 2Mose 8,6; Jes 45,21).

Wie ernst es dem Apostel ist, wird in der in Gal 1,8f doppelt formulierten Verurteilung einer Abweichung vom Evangelium erkennbar, bei der er sich selbst und sogar Engel nicht ausschließt: »Aber selbst wenn wir oder ein Engel vom Himmel [euch] Evangelium verkündigte entgegen dem, das wir euch verkündigt haben, verflucht sei er! Wie wir zuvor gesagt haben, so sage ich auch jetzt wieder: Wenn irgendjemand euch Evangelium verkündigt entgegen dem, das ihr empfangen habt, verflucht sei er!«

Eine solche Verurteilung durch eine förmlich ausgesprochene »Verfluchung« kennt Israel für das schlimmste Vergehen: die Abgötterei – den Abfall von Gott und die Hinwendung zu anderen Göttern (5Mose 7,26; 13,13–18; 27,15–26). Paulus ist in der Tat besorgt, dass seine Gemeinden sich von Gott abwenden, der sie doch berufen hat (Gal 1,6), dass sie von Christus abkommen und aus der Gnade fallen (Gal 5,4). In dem Aussprechen des apostolischen Fluches ist die schärfste Sanktion der frühen Kirche zu sehen, die denen gilt, die Gottes Gemeinde zerstören (vgl. in der Sache 1Kor 3,17; 2Kor 11,15; Gal 5,10; Phil 3,19). Sie beinhaltet den Ausschluss aus der Gemeinde und wird zugleich als die Preisgabe an das göttliche – nicht etwa durch Menschen vollzogene! – Strafgericht verstanden.

Diesem harten Aussprechen des *Fluches* zu Beginn des Briefes steht dann der abschließende *Segen* für »das Israel Gottes« aus Juden- und Heidenchristen in Gal 6,16 gegenüber. Dass sich Paulus selbst und sogar Engel unter diese Fluchandrohung – diesen »Eventualfluch« – stellt, ist wohl keine rhetorische Übertreibung, sondern ernst gemeint. Die Gemeinden sollen verstehen, dass es bei der Auseinandersetzung um das Evangelium nicht um Personen und menschliche Interessen geht. Wie sich in der Auseinandersetzung mit Petrus in Antiochien nach Gal 2,11–21 zeigen wird, sind auch die Apostel Christus selbst und seinem Evangelium untergeordnet und ihm gegenüber verantwortlich.

Mit dem »Empfangen des Evangeliums« in Gal 1,9 bezeichnet Paulus das offizielle und verbindliche Empfangen einer Botschaft bzw. Überlieferung. Dabei wird vorausgesetzt, dass der Verkündiger die ihm aufgetragene »gute Botschaft« offiziell und treu »weitergibt«, wie er sie selbst zuvor seinerseits »empfangen hat«. Dies kann – wie bei den Einsetzungsworten zum Abendmahl in 1Kor 11,23ff. – im Wortlaut einer geprägten Überlieferung oder – wie in dem ausführlichen Bekenntnis von 1Kor 15,3ff. – bereits in Gestalt eines Glaubensbekenntnisses geschehen. Für die frühen Gemeinden, die neben der »Heiligen Schrift« – in Gestalt unseres »Alten Testaments« – noch keinen verbindlichen Kanon neutestamentlicher Schriften hat, ist diese bewusste Aufnahme und verantwortliche Weitergabe des »Evangeliums« als Gottes Wort von grundlegender Bedeutung. Das von den Aposteln verkündigte Evangelium ist von den ersten Gemeinden, als sie es empfingen, nicht als menschliches Wort aufgenommen worden, sondern als Wort Gottes, das in ihnen als Gläubigen wirkt (vgl. Gal 1,11; 1Thess 2,13).

Mit der Zwischenbemerkung Gal 1,10 weist Paulus offensichtlich einen Vorwurf ihm gegenüber zurück: »Versuche ich denn jetzt Menschen zu überreden oder Gott? Oder suche ich Menschen zu gefallen? Wenn ich noch den Menschen gefallen wollte, dann wäre ich Christi Knecht nicht.«

Nach den vorangehenden ernsten Worten (1,6–9) kann Paulus wohl kaum vorgeworfen werden, dass er sich mit seiner Verkündigung nur bei den Menschen einschmeicheln und ihnen gefallen will. Als »Gesandter Jesu Christi« hat er ausschließlich dem ihn Sendenden zu dienen und zu gefallen und sich nicht die Menschen geneigt zu machen (s. 1Thess 2,4). Bei seiner ersten Frage passt der verwendete Ausdruck »überreden«, »bereden«, »verführen« vor allem in Bezug auf die Menschen, weshalb der Apostel mit der zweiten Frage einen Begriff wählt, der in Beziehung zu Gott als angemessen erscheint: »jemandem gefallen«, »zu Gefallen sein«, »jemandem dienen«.

Paulus werden wohl hinsichtlich seiner erfolgreichen Missionstätigkeit unter den Heiden zwei Dinge vorgeworfen: Erstens er überrede und verführe die Heiden mit unlauteren Mitteln (vgl. 1Thess 2,3.5), zweitens er sei dabei von niederen Motiven bestimmt; es gehe ihm um die Gunst der Menschen und nicht etwa um Gott (vgl. 1Thess 2,4). Beide Aspekte beziehen sich auf die gesetzesfreie Evangeliumsverkündigung, in der Paulus den zum Glauben Kommenden das Heil zuspricht, ohne sie zugleich auf die Sinai-Tora, d.h. das Gesetz des Mose, zu verpflichten. Das mache er aus Sicht der Gegner lediglich, um sich durch diese Erleichterungen einzuschmeicheln. Denn er komme bei seiner Verkündigung von der unbedingten Gnade Gottes und der Rechtfertigung allein im Glauben dem Interesse der Heiden entgegen und mache – nur um des Erfolgs und der Anerkennung willen – Kompromisse und Zugeständnisse.

Die Bezeichnung des Apostels als »Diener« / »Knecht« / »Sklave« legt sich durch das Stichwort »gefallen«, »zu Gefallen sein«, »zu Diensten sein« nahe (vgl. Röm 15,1; 1Kor 10,33). Dabei ist darauf zu achten, dass es sich hier nicht um eine »Niedrigkeitsaussage« und Demutsbezeugung handelt, sondern wie in Röm 1,1; Phil 1,1 vielmehr um einen »Würdetitel«. Wie bei der alttestamentlichen Bezeichnung eines Propheten als »Knecht Gottes« geht es vielmehr um die Zuordnung zu Gott und die damit verbundene Beauftragung und Autorisierung durch Gott selbst (s. Jes 49,3–5; Amos 3,7). Vergleichbar unserer heutigen Bezeichnung »Minister« – wörtlich übersetzt: »Diener« – kommt es also bei der Bedeutung auf die jeweilige Zuordnung und die damit verbundene Autorität an!

B)
Gal 1,11 – 6,10: Briefkorpus

I. Gal 1,11 – 2,21: Das Evangelium und sein Verkündiger

1. Der göttliche Ursprung des von Paulus verkündigten Evangeliums (Gal 1,11–24)

Gal 1,11 und 12 bilden die *These*, die über dem ersten Hauptteil, Gal 1,11 – 2,21, steht. Dieser bildet den *historisch-biographisch* gestalteten Teil des Galaterbriefs und hat »Das Evangelium und sein Verkündiger« zum Thema. Bestimmendes Leitwort in Gal 1,11 – 2,21 ist »das Evangelium« (s. Gal 1,6.7.8.9.11.16; 2,2.5.7.14 [4,13]). Den ersten Großabschnitt innerhalb des ersten Hauptteils bildet Gal 1,11–24 mit dem Themenschwerpunkt: »Der göttliche Ursprung des von Paulus verkündigten Evangeliums« (vgl. Gal 1,1).

Gal 1,11f: »Ich erkläre euch aber, Brüder, im Blick auf das von mir verkündigte Evangelium, dass es nicht von menschlicher Art ist; denn ich habe es nicht von einem Menschen empfangen, noch bin ich darin unterwiesen worden, sondern durch eine Offenbarung Jesu Christi [habe ich das Evangelium empfangen].«

Darin werden sowohl die Aussagen zu Paulus als Apostel und Diener Christi von 1,1 und 10 als auch die Ausführungen zu dem einen und einzigen Evangelium Jesu Christi in 1,6–9 aufgenommen. In V.11 geht es um *Wesen* und *Qualität* des Evangeliums, das Paulus verkündigt: Es ist nicht *Menschen-*, sondern *Gottes*wort! So konnte er bereits in seinem ersten uns erhaltenen Brief, 1Thess 2,13, positiv formulieren: »Und darum danken wir auch Gott ohne Unterlass dafür, dass ihr das *von uns verkündigte Wort Gottes*, als ihr es empfangen habt, nicht als *Menschenwort* aufgenommen habt, sondern als das, was es in Wahrheit ist, als *Gottes Wort*, das in euch wirkt, die ihr glaubt.«

In Gal 1,12 kommen nun *Ursprung* und *Herkunft* des von Paulus verkündigten Evangeliums in den Blick: Es wurde ihm nicht durch Menschen übermittelt, sondern durch eine Offenbarung Jesu Christi, d.h. direkt und unmittelbar von Gott.

Erstmals – und nach dem ernsten Einstieg auffallend freundlich – spricht Paulus die Adressaten ausdrücklich als »Brüder« / »Geschwister« an. Diese persönliche Anrede, die an sich typisch für Überleitungen in Paulusbriefen ist, hat hier eine nachdrücklich werbende, gewinnende und verbindende Funktion und wird in Gal 3,15; 4,12.28.31; 5,11.13;

6,1 aufgenommen werden, um schließlich in dem Segenswunsch Gal 6,18 den Schluss des Briefes zu bilden: »Brüder! Amen!«

Sosehr Paulus in der Entfaltung des Evangeliums und in der argumentativen Auseinandersetzung durchaus vorgeprägte *Bekenntnisformeln* und vorgegebene *Überlieferungen* aufnehmen kann (s. 1Kor 11,23; 15,3), sosehr hebt er hervor, dass er das Evangelium selbst keineswegs von Petrus, Jakobus oder einem anderen der Apostel noch von der Gemeinde in Jerusalem oder in Antiochien empfangen hat oder darin erst durch kirchliche Lehrunterweisung belehrt werden musste (s. Gal 1,16 – 2,10). Auf die bezeichnete »Offenbarung Jesu Christi« wird er in Gal 1,15f. so prägnant wie nachdrücklich näher eingehen. Allgemein kann sie bei Paulus das endzeitliche »Offenbarwerden«, das »Erscheinen Jesu Christi« (vgl. 1Kor 1,7) bezeichnen, hier bezieht er sich mit dem Begriff »Offenbarung« auf die grundlegende Erscheinung des auferstandenen Herrn vor den Aposteln (1Kor 9,1; 15,5–8; 2Kor 4,6; Phil 3,8.12) und speziell vor ihm bei Damaskus (Gal 1,15ff.).

Im Folgenden wird Paulus nun entfalten, inwieweit das von ihm verkündigte Evangelium nicht Menschen-, sondern Gotteswort ist und inwiefern das Evangelium ihm nicht durch Menschen übermittelt, sondern direkt und unmittelbar von Gott gegeben worden ist. Dabei skizziert er in *chronologischer Abfolge* zunächst seinen einstigen Wandel im Judentum (Gal 1,13f.), dann seine Berufung und Beauftragung von Gott (1,15.16a.b), die Zeit unmittelbar nach der Wende (1,16c.17) und den ersten Jerusalemaufenthalt drei Jahre danach (1,18–24).

Gal 1,13f: »Ihr habt ja von meinem ehemaligen Wandel im Judentum gehört, wie ich die Gemeinde Gottes über die Maßen verfolgte und sie zu zerstören suchte, und [überhaupt] in der jüdischen Lebensweise [ständig] Fortschritte machte mehr als viele Altersgenossen in meinem Volk, indem ich in [ganz] besonderen Maße ein Eiferer für die Überlieferungen meiner Väter war.«

Der Ausdruck »im Judentum«, »in der jüdischen Lebensweise« in Gal 1,13 wie dann auch die Wendung »jüdisch – d.h. nach den gesetzlichen Vorschriften – leben« in 2,14 haben ihre Ausprägung im hellenistischen Judentum gewonnen, das sich gegenüber akuten Hellenisierungsversuchen im 2. Jh. v.Chr. zu bewähren hatte (s. 2Makk 2,21; 8,1; 14,38; 4Makk 4,26). »Jüdisch zu leben« umfasst die gesamte jüdische Lebensführung in konsequenter Toraobservanz, die gegenüber der Umwelt vor allem in der Beschneidung und dem Beachten der Speisegebote ihren offensichtlichen Ausdruck fand. In 4Makk 4,23–26 wird von gewaltsamen Versuchen unter hellenistischer Herrschaft berichtet, Juden zur Übertretung der Tora und damit zur hellenistischen Lebensweise »zu zwingen« (vgl. die Umkehr dieses schweren Vorwurfs durch Paulus gegenüber Petrus in Gal 2,14).

Als einen Ausdruck seines konsequenten Lebens nach den gesetzlichen Vorschriften beschreibt Paulus in Gal 1,13 sein leidenschaftliches Verfolgen der »Ekklesia« / »Gemeinde« / »Versammlung Gottes« (1Kor 1,2; 10,32; 11,22; 15,9; vgl. Apg 20,28). Mit »Ekklesia Gottes« bezeichnete sich bereits die judenchristliche Urgemeinde in Jerusalem selbst (in Unterscheidung zur »Synagoge« als der Versammlung der jüdischen, nicht an Christus glaubenden Geschwister). So ist schon mit dem Begriff »Ekklesia« deutlich, dass es sich um die Gemeinde / die Kirche *Christi* (Röm 16,16) bzw. *in Christus* (Gal 1,22) oder – wie 1Thess 2,14 umfassend formuliert – »die Kirchen *Gottes ... in Christus Jesus*« handelt. Die Genitivverbindung »Gemeinde *Gottes*« gewinnt hier eine besondere Bedeutung, denn sie hebt hervor, dass Paulus in Gestalt dieser menschlichen Gruppierung Gott, den Vater, und Christus selbst verfolgt hatte – wie es dann auch Lukas ausdrücklich im Bericht von der Berufung des Saulus / Paulus vor Damaskus überliefert: »Saul, Saul, was verfolgst du mich? ... Ich bin Jesus, den du verfolgst« (Apg 9,4f.).

Die vormalige Verfolgertätigkeit, von der wir auch in 1Kor 15,9; Gal 1,23; Phil 3,6 (»verfolgte *voll Eifer* die Gemeinde«) und bei Lukas in Apg 7,58; 8,1.3; 9,1f.21; 22,4f.19f.; 26,10f. ausführlich erfahren, wird vor allem die sogenannten »Hellenisten« – d.h. die griechisch sprechenden Judenchristen – betroffen haben, die nach Apg 6,1ff. mit dem Kreis um Stephanus durch ihr mutiges Zeugnis Widerspruch, Verfolgung und Vertreibung aus Jerusalem und Judäa erfuhren (Apg 8,1ff.), so dass infolgedessen das Evangelium von Jesus Christus durch sie dann auch in Antiochien erstmals den »Griechen« / »Hellenen« – als »Heiden«(!) – verkündigt wurde (Apg 11,19-21).

Die jeweils in Gal 1,13.23 und Apg 9,21 gebrauchte Wendung von dem ehemaligen Anliegen und dem Versuch, die Gemeinde zu »zerstören«, zu »vernichten«, zu »vertilgen«, scheint auf eine fest stehende Wendung zur Beschreibung der Vergangenheit des jetzigen Apostels Jesu Christi hinzuweisen: »Der uns früher verfolgte, der predigt jetzt den Glauben, den er einst zu zerstören suchte« (Gal 1,23).

Dass Paulus einst in der jüdischen Lebensweise »vorrückte« und »Fortschritte machte« ist wohl zugleich als stehender Ausdruck für das Fortkommen, das »Arrivieren« in der Ausbildung zu verstehen. Darin übertraf er offensichtlich viele seiner »Altersgenossen« – nicht nur der pharisäischen Mitschüler, sondern generell in *seinem*, also dem *jüdischen*, Volk (die Hervorhebung erklärt sich daraus, dass er an Heidenchristen schreibt). »In außergewöhnlicher Weise«, »in ganz besonderem Maße« war er einst ein »Eiferer« für die »Überlieferungen seiner Väter«, was für einen Pharisäer sowohl die Tora als auch die mündliche Auslegung umfasst. »Eiferer« war er, indem er sich leidenschaftlich und in besonderer Weise für die an der Tora orientierte jüdische Lebensweise einsetzte, wie es Lukas wörtlich auch von anderen »Eiferern fürs Gesetz« in Apg 21,20; 22,3 beschreibt. »Zeloten« im spezifisch politischen Sinne der paramilitärischen Widerstandsbewegung gegen die Römer sind bei diesen neutestamentlichen Belegen nicht im Blick.

Sowohl von Paulus selbst (Phil 3,5f.) wie von Lukas her (Apg 22,3; 23,6; 26,4f.) wissen wir, dass Paulus sich zur theologischen und frömmigkeitspraktischen Gruppe der Pharisäer zählte. Nach seinen eigenen Angaben war Paulus geborener Israelit (Röm 11,1; 2Kor 11,22; Phil 3,5), der sich seiner Zugehörigkeit zum Stamme Benjamin bewusst war (Röm 11,1; Phil 3,5). Durch die Apostelgeschichte des Lukas werden über das Selbstzeugnis des Paulus hinaus als weitere Details angegeben, dass sein Geburtsort Tarsus in Cilicien war (Apg 21,39; 22,3), dass er über das Römische Bürgerrecht von Geburt an verfügte (Apg 16,37; 22,25–29; 23,27; 25,10–12), dass er von Beruf Zeltmacher / Sattler war (Apg 18,3) und dass er seine Ausbildung in Jerusalem erhalten hat (Apg 22,3: »zu den Füßen Gamaliels«; Apg 26,4f.; vgl. 5,34). Zur Bestimmung seines Alters ist der einzige Anhaltspunkt in Phlm 9 (verfasst ab 54 n.Chr.) zu sehen, wo sich Paulus selbst als einen »Alten« – d.h. als einen »Über-Fünzigjährigen« – bezeichnet, was auf ein Geburtsdatum des Paulus vor 10 n.Chr. hindeuten könnte.

Das Selbstzeugnis des Paulus in Gal 1,13f. und Phil 3,5f. setzt eine ungebrochene Identität und Überzeugung des Pharisäers Paulus vor seiner Christuserkenntnis bei Damaskus voraus. Weder darf man Paulus vor Damaskus mit Martin Luther als einem – vor seiner reformatorischen Erkenntnis – verzweifelt nach der Rechtfertigung vor Gott ringenden Mönch verwechseln, noch kann man Röm 7,14ff. als autobiographischen Beleg für einen existentiellen Bruch anführen. Im Duktus des Römerbriefs und im Anschluss an die Ausführungen von Röm 5,12–21 und Röm 7,7–13 (vgl. 1Mose 2 und 3) wird in Röm 7,14–25 vielmehr allgemein die Existenz des von Adam her kommenden Menschen *ohne Christus* und *unter dem Gesetz* beschrieben, wie er sich nach Röm 7,1ff. und 8,1ff. allererst *in Christus* und *unter der Gnade* und *durch den Geist Christi* erkennt.

Mit der Hervorhebung dieser ganz im Judentum und in äußerster Abgrenzung zur christlichen Gemeinde verankerten Vergangenheit will Paulus offensichtlich hervorheben, dass es hinsichtlich seiner eigenen biographischen Entwicklung und des von ihm dann verkündigten Evangeliums keine mit anderen christlichen Autoritäten erklärbaren »Anknüpfungspunkte« und keine menschlich plausible »Vorbereitung« gegeben hat. Wende und Empfang des Evangeliums und Auftrags zur Verkündigung verdanken sich allein dem im Folgenden entfalteten gnädigen Eingreifen Gottes in sein Leben.

Gal 1,15f: »Als es aber dem [Gott] wohlgefiel, der mich von meiner Mutter Leib an ausgesondert und mich durch seine Gnade berufen hat, mir seinen Sohn zu offenbaren, damit ich ihn unter den Heiden verkündigte, da beriet ich mich nicht sogleich mit Fleisch und Blut ...« Man könnte diese Verse wohl mit der Schlagzeile überschreiben: Der wichtigste Nebensatz im Galaterbrief! Zwei Aspekte sind dabei höchst interessant:

(1) Auf seine Berufung kommt Paulus – im wörtlichen Sinn – »nur in einem Nebensatz« zu sprechen (der Hauptsatz beginnt in V.16c). Diese Zurückhaltung hinsichtlich der Darstellung des Damaskusereignisses ist bei Paulus durchgängig zu beobachten: Paulus berichtet nur grundsätzlich von der »Offenbarung« (Gal 1,12.15f.), von der »Erscheinung« (1Kor 15,8), dem »Sehen« des Herrn (1Kor 9,1) und der »Erkenntnis Christi« (Phil 3,8), beschreibt aber die Umstände seiner Christusbegegnung nicht näher. Die ausführlichste Darstellung findet sich in Gal 1,15f. – und sie ist in feierlichen, traditionell geprägten Wendungen gehalten. Paulus spricht von dem Faktum und dem Ziel seiner Berufung zum Apostel, nicht aber über das Geschehen selbst. Die Aussagen über seine Christusoffenbarung sind jeweils durch den Kontext bedingt und dienen der Überzeugung der Gemeinde; sie sind offensichtlich nicht Selbstzweck und dienen nicht der frommen Selbstdarstellung. Die Auseinandersetzungen in 2Kor 10 – 12 spiegeln wider, wie ungern Paulus über seine eigenen Erlebnisse, Offenbarungen und Fähigkeiten spricht und »sich seiner Stärken rühmt«. Er verkündigt Christus als Herrn und nicht sich selbst (2Kor 4,5). Wenn er schon auf sich selbst zu sprechen kommen muss, dann rühmt er sich lieber seiner eigenen Schwachheit, seines Unvermögens (2Kor 12,7–10). Denn nur dann wird eindeutig erkennbar, dass sich die Autorität seines Wirkens nicht aus seinen eigenen Qualitäten erklärt, sondern aus der Kraft Christi, die bei ihm wohnt.

(2) Bei der Beschreibung der Lebenswende in Gal 1,15f. gibt Paulus – auch in diesem biographischen Zusammenhang (Gal 1,13 – 2,21) – *Gott* als Subjekt des Geschehens an. Gott, nicht Paulus hat sich souverän entschieden, den Apostel von Geburt an ausgesondert, ihn durch seine Gnade – d.h. nicht aufgrund von besonderen menschlichen Voraussetzungen – berufen, ihm aus eigener Initiative seinen Sohn offenbart und dem Apostel Evangelium und Auftrag zur Heidenmission anvertraut. Wie das Heil, das er den Heiden als Evangelium verkündigt, so ist auch seine eigene Hinwendung zu Christus von Gott selbst veranlasst, bewirkt und geschenkt.

»Als es ihm wohlgefiel« – mit diesem geprägten Ausdruck für »beschließen«, »für gut halten« kennzeichnet Paulus Gottes souveräne Entscheidung und dessen freien gnädigen Beschluss (1Kor 1,21; vgl. Ps 40,14; 68,17). Gott wird als der umschrieben, der ihn »ausgesondert«, »ausgewählt« und zu etwas »bestimmt« hat (vgl. Röm 1,1; Apg 13,2). Der Begriff signalisiert bereits, dass es bei der göttlichen Erwählung nicht um die Privilegierung *einzelner* geht, sondern um die Bestimmung zu einer Aufgabe an den *Vielen*. Gott erwählt den Einzelnen, um die Vielen zu erreichen. Insofern ist Gottes Erwählung nicht *exkludierend*, sondern *inkludierend*; sie zielt nicht auf *Ausschluss*, sondern auf *Gewinnung* und *Einbeziehung*. Die von Gott Ausgesonderten sind seine Gesandten. So hat Gott nach seinem Wohlgefallen einen Menschen aus der Vielzahl aller Juden abgesondert und hat ihn dazu bestimmt, sein »Gesandter« – d.h. sein »Apostel« – zu sein; er hat Paulus auserwählt, um durch ihn der Vielzahl der zum Heil erwählten Heiden das Evangelium Gottes zu verkündigen.

Der Hinweis auf die Vorherbestimmung »von meiner Mutter Leib an« unterstreicht die Souveränität und Gnade Gottes bei seiner Berufung. So verdeutlicht Paulus in Röm 9,11f. den Geschenkcharakter des Heils durch den Hinweis auf die Erwählung Jakobs: »als sie noch gar nicht geboren waren und weder Gutes noch Böses getan hatten – damit der erwählende Entschluss Gottes bestehen bliebe, nicht abhängig von Werken, sondern von dem Berufenden ...« Paulus knüpft bei der Darstellung seiner Berufung an die alttestamentlichen Schilderungen der *Prophetenberufungen* an (Jer 1,5; Jes 49,1–6; im Hintergrund steht wahrscheinlich auch die Berufungsvision aus Jes 6,1–13; vgl. Ri 13,5.7; Lk 1,15; Apg 13,47).

»Der mich durch seine Gnade berufen hat« – In der *Berufung* konkretisiert sich die *Erwählung* (vgl. Röm 8,29f.: 1. »ausersehen« – 2. »vorherbestimmt« – 3. »berufen« – 4. »gerechtfertigt« – 5. »verherrlicht«). Als »der Berufende« wird Gott verschiedentlich zur Hervorhebung seiner Souveränität, gnädigen Zuwendung und Treue bezeichnet (Röm 9,12; Gal 1,6.15; 5,8; 1Thess 5,24; vgl. 1Petr 1,15; 2Petr 1,3). Wie stets bei Paulus ist Gott, der Vater, Subjekt der Berufung (Gal 1,6.15; 5,8; Röm 4,17; 8,30; 9,12.24; 1Kor 1,9; 7,15.17; 1Thess 2,12; 4,7; 5,24; 2Thess 2,14). Dabei geht es in der Regel um die Berufung *zum Glauben* unter der Verkündigung des Evangeliums (Gal 1,6; 5,8; Röm 8,30; 9,24; 1Kor 1,9; 7,15.17; 1Thess 2,12; 4,7; 5,24).

Handelt es sich bei dem Damaskusgeschehen nun um eine »Bekehrung« oder um eine »Berufung« in ein Amt? Bedurfte Paulus als Jude, der nach den väterlichen Satzungen lebte, überhaupt der Rechtfertigung aus Gnaden und der Erlösung in Christus, oder betrifft dieser Aspekt des Evangeliums lediglich die Heiden als die sprichwörtlichen Sünder? Die Selbstzeugnisse des Paulus in Gal 1,15f.; 2,15f.; Phil 3,5–11 u.ö.

sprechen von *beidem*! Bei Paulus fiel die Bekehrung und die Berufung zum Apostel in eins. Durch die Erkenntnis Christi erwies sich dem Pharisäer Paulus das, was er zuvor als »Gewinn« erachtet hatte, nunmehr als »Schaden« und »Verlust« (Phil 3,8). Er erkannte, dass er mit seinem Eifer für das Gesetz, aus dem heraus er die Gemeinden verfolgt hatte, in Wahrheit gegen Gott lebte. Er selbst, der sich für untadelig hielt, bedurfte wie die Heiden (vgl. Gal 2,15–17) der Erwählung und Berufung aus Gnaden. Wie schon Abraham und David vor ihm glaubte er, der geborene Jude, nunmehr an den Gott, der die Gottlosen gerecht macht (Röm 4,5ff.; Gal 3,6ff.).

Die zusätzliche Hervorhebung »durch seine Gnade« unterstreicht, dass die Gnade Gottes nicht nur die Grundlage der Berufung zum Glauben (Gal 1,6; Röm 3,24), sondern auch die der Berufung zum Apostelamt (Röm 1,5; 1Kor 15,10) ist. Der Apostel versteht sein Amt und seine eigene Erwählung zu diesem Amt als Ausdruck des Wohlwollens und des gnädigen Wirkens Gottes.

Erst nach der Einleitung mit einem Temporalsatz (»als«) und einem ausführlichen Relativsatz (»der«) kommt Paulus nun in äußerster Prägnanz mit einer Infinitivwendung auf das geheimnisvolle Geschehen selbst zu sprechen: »mir seinen Sohn zu offenbaren«. Die hoheitliche Bezeichnung Jesu Christi als »Sohn Gottes« erscheint bei Paulus jeweils in Zusammenhängen, in denen es um seine Sendung und die Rettung der Menschen durch das Kreuzesgeschehen geht (*soteriologischer* Zusammenhang). So spricht Paulus dann in Gal 2,20 von dem Glauben an den Sohn Gottes, der ihn geliebt hat und sich selbst für ihn dahingegeben hat. In Gal 4,4f. wird in einer »Sendungsformel« bekannt, dass Gott seinen Sohn gesandt hat, »geboren von einer Frau, dem Gesetz unterworfen, damit er die, die unter dem Gesetz waren, erlöste, damit wir die Sohnschaft empfingen.« Während der Titel »Kyrios« / »Herr« den Gekreuzigten und Auferstandenen vor allem im Verhältnis zur Welt und zur Gemeinde bezeichnet, spricht der Gottessohntitel von dem einzigartigen Verhältnis Jesu zu Gott, seinem Vater (s. Röm 1,3f.9; 5,10; 8,3.32; 2Kor 1,19f.; Gal 2,20; 4,4f.). Dass Paulus gerade diesen Titel bei der Beschreibung des Heilsgeschehens verwendet, weist auf die theologische Bedeutung von Inkarnation – d.h. Menschwerdung – und Kreuzesgeschehen hin: »Denn *Gott* war in Christus, die Welt mit sich selbst versöhnend ...« (2Kor 5,19).

Doch wie haben wir uns die in Gal 1,12 und 16 so nachdrücklich betonte Offenbarung des Gottessohns gegenüber Paulus vorzustellen? – Unabhängig davon, ob man in V.16a »in mir« oder »mir« übersetzt, es handelt sich in jedem Fall um eine *Vision* und eine *Audition*, um eine *Schau* und ein *Hörerlebnis*. Bei diesem Geschehen ist Paulus nach seiner eigenen Darstellung *erstens* Jesus Christus als der Auferstandene erschienen (1Kor 15,8; 9,1); Paulus wurde also vorrangig und grundlegend die

Person Jesus Christus offenbart (Gal 1,12.16), er hat Jesus Christus erkannt – und zwar als den »Herrn« (Phil 3,8), als den »Sohn Gottes« (Gal 1,16), den er zuvor für von Gott verflucht und vom Gesetz verdammt hielt (Gal 3,13; vgl. 5Mose 21,23).

Zweitens bewirkte die Erkenntnis Christi für den Pharisäer Paulus einen Umsturz seines Wertesystems, seiner Selbst- und Wirklichkeitswahrnehmung (Phil 3,5–11). Was ihm zuvor in seinem Einsatz für Gott als Gewinn erschienen war, erwies sich in Anbetracht der Erkenntnis Christi nun als »Verlust« und »Schaden«. War er bisher bemüht, vor Gott aufgrund seines gelebten Lebens bestehen zu können, so bewirkte die Erkenntnis des Gekreuzigten und Auferstandenen, dass er sein Heil nunmehr ausschließlich im Glauben an Christus suchte. – Das Damaskusereignis bedeutete für Paulus die Berufung zum Glauben und die Rechtfertigung und Erlösung allein aus Gnade.

Drittens war die Offenbarung des Sohnes Gottes mit der Offenbarung des *Evangeliums* Jesu Christi verbunden. Paulus legt größten Wert auf die Feststellung, dass er das Evangelium nicht von Menschen, sondern unmittelbar von Christus empfangen hat (Gal 1,12).

Viertens wird Paulus bei der Erscheinung Christi *zum Apostel berufen* und nach Gal 1,16 und 2,7f. von vornherein mit der Aufgabe betraut, das Evangelium *den Heiden* zu verkündigen (vgl. dagegen Apg 22,17–21).

In Analogie zu den alttestamentlichen Berufungen der Propheten und zu den Erscheinungen des Auferstandenen vor den Aposteln beschreibt Paulus das Damaskusereignis also als eine »Vision« – als ein bildhaftes Erleben, ein Schauen – *und* eine »Audition« – also ein Hörerlebnis. Grundlegend ist die überwältigende Erschließung der Person Jesus Christus! Dabei beschränkt sich das Offenbarungsgeschehen nach Darstellung des Paulus nicht auf die subjektive Einsicht, dass der gekreuzigte und von ihm verfolgte Jesus in Wahrheit von Gott bei der Auferweckung bestätigt wurde. Der Apostel beschreibt seine Berufung nicht als ein stummes Gesicht, eine wortlose Vision oder reine Lichterscheinung, aus der er selbst anschließend durch logische Reflexion bzw. durch Studium der Schrift das Evangelium abgeleitet hätte – etwa in dem Sinne: »Wenn mir der gekreuzigte Christus erscheint, dann muss er leben. Wenn er lebt, dann hat ihn Gott auferweckt. Wenn Gott ihn auferweckt, dann bestätigt er ihn offensichtlich, dann hat er doch im Namen Gottes gehandelt.« Damit würde verkannt und deutlich unterbestimmt, was im Alten wie im Neuen Testament als »Erscheinen Gottes« und »Sehen Gottes« beschrieben wird.

Vielmehr setzt der Apostel voraus, dass ihm vor Damaskus Christus selbst und persönlich erschienen ist und ihm Evangelium und Auftrag übermittelt hat. Die praktische Frage, wie die Belehrung denn vor sich gegangen ist und wie lange sie gedauert haben mag, psychologisiert das Geschehen menschlichen Analogien entsprechend. Nach allem was sich traditionsgeschichtlich und theologisch von Berufungsvisionen sagen lässt, sprengen sie die Kategorien menschlicher Begegnungen durch die Aspekte der Transzendenz- und Ewigkeitserfahrung, das Wahrnehmen der dem Menschen sonst verborgenen Herrlichkeit Gottes und die umfassende gleichzeitige Erkenntnis, wie sie mit dem Stichwort »Panoramasicht« bei Grenzerfahrungen umschrieben wird. Vor allem wird bei einer vordergründigen Rückfrage nach dem Vorgang der Belehrung übersehen, dass der Auferstandene gerade nicht nur als der *Lehrer des Evangeliums*, sondern zugleich als dessen *zentraler Inhalt* erscheint.

Dass Paulus nach dieser Erscheinung Christi die ihm vertraute »Heilige Schrift« – unser Altes Testament – mit ganz neuen Augen gelesen hat und seine neue Erkenntnis nunmehr überall in der Schrift wiederentdeckte und bestätigt fand, trifft selbstverständlich zu und lässt sich an seiner Schriftauslegung in seinen späteren Briefen vielfältig nachvollziehen. Es muss ihm von der Christuserkenntnis her so vorgekommen sein, als habe er zuvor beim Lesen der Tora »eine Decke vor den Augen gehabt« – wie er dann im Hinblick auf das noch nicht an Christus glaubende Israel in 2Kor 3,14 sagt. Nunmehr entdeckte er auch in »Gesetz und Propheten« das Evangelium, das ihm durch den Auferstandenen erschlossen worden ist. Denn er fand in der Schrift von Gott zuvor bezeugt, was es mit der Verheißung an die Väter und durch die Propheten auf sich hat und wie Funktion und Wesen des Gesetzes vom Sinai in Wahrheit zu verstehen sind (Röm 1,2; 3,21; Gal 3,8). Festzuhalten ist dabei aber, dass Paulus die Schrift von Christus her erkannte und nach Maßgabe der Christuserkenntnis auslegte – und nicht umgekehrt infolge des Studiums der Schrift Jesus von Nazareth als den Messias erkannte und bestimmte.

Die Frage, ob es sich dabei um ein »innersubjektives« oder um ein »objektives« – d.h. außerhalb der Person sich vollziehendes – Ereignis gehandelt hat, hätte Paulus selbst vielleicht analog zu der Schilderung der anderen Offenbarung, seiner »Entrückung in den dritten Himmel« nach 2Kor 12,1–5, relativiert: »Ich weiß es auch nicht; Gott weiß es!« (2Kor 12,2). Für Paulus ist es entscheidend, dass es *Gott selbst* war, der ihm in der Offenbarung *seines Sohnes* begegnete, ihm persönlich das Evangelium von Christus als den einzigen Heilsweg anvertraute und ihn verbindlich zum Apostel für die Heidenmission eingesetzt hat. Mithilfe von psychologischen Erwägungen und Erklärungen ist dem Damaskusereignis sicherlich nicht angemessen beizukommen. Dies gilt umso mehr, als wir über keine ausführlichen autobiographischen Beschreibungen des Geschehens aus der Hand des Paulus verfügen, sondern lediglich über knappe Hinweise auf die Erscheinung als solche – und dies zudem in traditionell geprägten Mitteilungen über die Autorisierung des Apostels. Bei dieser Quellenlage kann eine »psychologische Ferndiagnose« kaum zu befriedigenden und nachprüfbaren Ergebnissen führen.

Die historische Frage, ob Paulus sich seine einzigartige Stellung als von Gott eingesetzter Apostel selbst angemaßt hat – wie seine Gegner behaupten würden – oder ob er in der Tat von Gott mit diesem Evangelium und Auftrag betraut worden ist, lässt sich mit wissenschaftlich-historischen Mitteln nicht entscheiden. Historisch greifen lässt sich lediglich sein Anspruch und sein Verständnis der Christusoffenbarung. Und insofern sind wir als neuzeitliche Leser des Galaterbriefs in einer ähnlichen Situation wie die verunsicherten Gemeinden in Galatien: Wir können die Wahrheit des Evangeliums von Jesus Christus, die der Apostel verkündigt, nicht distanziert und von einer höheren Warte aus »verifizieren« – d.h. bewahrheiten und als wahr erweisen – oder »falsifizieren« – d.h. widerlegen und als falsch erweisen. Wir können nur durch die *Verkündigung der Apostel* das Evangelium kennenlernen, und nur im *Evangelium* können wir dessen Inhalt, nämlich *die Person Jesus Christus*, erkennen. Von diesem Christus – dem gekreuzigten und auferstandenen Sohn Gottes – her ist dann die Verkündigung des Paulus zu prüfen und dessen Anspruch auf der Grundlage des Evangeliums zu bedenken. Wie für die angefochtenen Gemeinden stellt sich somit auch für uns die brennende theologische Frage, ob wir dem Apostel seine Legitimation durch Christus selbst glauben können. Denn davon hängt es ab, ob wir das von ihm – gegen allen Widerstand – als Wort Gottes verkündigte Evangelium glauben dürfen oder nicht. Die Galater zu genau diesem kritischen und selbstkritischen Prozess herauszufordern ist offensichtlich die Absicht, die Paulus mit seinem Schreiben an die Gemeinden in Galatien verfolgt.

Wichtiger als die Nachfrage nach den Details des Damaskusereignisses ist für den Apostel selbst die Feststellung, dass er von vorneherein mit der Aufgabe betraut worden ist, den ihm erschienenen Sohn Gottes »unter den Heiden«, d.h. gegenüber Nichtjuden, zu verkündigen (Gal 2,7-9; vgl. Röm 1,5; 15,18). Dies wird im unmittelbaren Anschluss in Form des Finalsatzes als *Sinn* und *Zweck* der Berufung bezeichnet. Kennzeichnend ist, dass Paulus den Auftrag des »Verkündigens«, der »Evangeliumsverkündigung« mit dem persönlichen direkten Objekt »ihn«, den »Sohn Gottes« (1,16a), verbindet: Jesus Christus selbst und persönlich ist der Inhalt des Evangeliums und der Verkündigung desselben durch den Apostel.

Mit Gal 1,16c und 17 folgt nun formal gesehen eigentlich erst der Hauptsatz, was sich aus der Funktion des ganzen Berichts als Begründung und Entfaltung der Grundaussage von 1,11f. her erklärt: »... da **beriet ich mich nicht sogleich mit Fleisch und Blut, ging auch nicht nach Jerusalem hinauf zu denen, die vor mir Apostel waren, sondern ging weg nach Arabien und kehrte [dann] wieder nach Damaskus zurück.«**

Er zog also im unmittelbaren Anschluss an seine Berufung durch Gott nicht Menschen zurate. »Fleisch und Blut« ist eine aus der alttestamentlich-jüdischen Sprache geläufige Umschreibung für den »Menschen« mit einer starken Betonung seiner Vergänglichkeit und in Gegenüberstellung zu Gott (1Kor 15,50; vgl. Sir 14,18; 17,31; Mt 16,17; Eph 6,12). Dabei muss man den Ton nicht auf die Fehlbarkeit und Unzulänglichkeit der bezeichneten Menschen legen (in diesem Fall der Jerusalemer Autoritäten); Paulus geht es vielmehr um den Gegensatz zu dem Sohn Gottes selbst, der ihm zuvor persönlich erschienen war.

V.17 ist nachdrücklich und präzisierend formuliert: Er ist *auch nicht* nach Jerusalem gegangen. Der Besuch der Jerusalemer Gemeinde und der dortigen Apostel könnte als das Naheliegende erscheinen; so berichtet Lukas – abweichend von der paulinischen Darstellung – von einem ersten Jerusalembesuch – bzw. der »Rückkehr« – unmittelbar nach seinem Damaskusaufenthalt (Apg 9,26–30). Vielleicht wurde es so auch von den Gegnern dargestellt bzw. vorausgesetzt. Mit der Beteuerung in V.16c und 17 unterstreicht und belegt der Apostel die Aussage »noch wurde ich belehrt« von V.12. Eine Abwertung und Geringschätzung der Jerusalemer Apostel muss hier wie dann auch in 2,6 nicht intendiert sein; es geht Paulus vielmehr um die Hervorhebung seiner Selbständigkeit als Apostel Christi (s. 2,7–9).

Vielmehr ging er nach »Arabien«, womit zur Zeit des Paulus das Reich der Nabatäer südöstlich von Damaskus und östlich von Judäa bezeichnet ist (im heutigen Staat Jordanien). Gemäß 2Kor 11,32f. (Paulus wird in Damaskus verfolgt und kann nur durch Flucht in einem Korb aus der Stadt entkommen) hat Paulus in dem heidnischen Gebiet in den ersten drei Jahren nach seiner Berufung wohl schon missioniert. Wenn er Gal 1,17 unvermittelt von seiner »Rückkehr« nach Damaskus spricht, setzt er bei der Gemeinde als bekannt voraus, dass seine Berufung sich vor Damaskus (in der römischen Provinz Syrien) ereignet hat, wie es ausführlich auch von Lukas überliefert wird (Apg 9,3; 22,6; 26,12).

Erst »*drei Jahre* später« – so beteuert Paulus feierlich (s. Gal 1,20) – sei er nach seiner Christusbegegnung nach Jerusalem hinaufgegangen um Kephas, d.h. den Apostel Petrus, kennenzulernen, und sei auch nur zwei Wochen, d.h. »fünfzehn Tage«, dort geblieben (**Gal 1,18–20**). Dabei habe er außer Jakobus, den Bruder des Herrn, keinen anderen Apostel gesehen (wie etwa Johannes, vgl. Gal 2,9). Alle Versuche, in die Formulierung »um Kephas kennenzulernen« ein Lernen und Empfangen von Evangelium, Überlieferung und Lehre von dem Apostel Petrus hineinzulesen, laufen dem Anliegen des Paulus selbst gerade zuwider, der ja die unmittelbare Belehrung und Einweisung durch Christus selbst – und nicht etwa durch Menschen (Gal 1,1.12.16) – mit diesem akribischen Bericht unterstreichen will.

Nach diesem Besuch ging er in die Gebiete von Syrien und Cilicien (im südöstlichen Kleinasien; Gal 1,21), so dass er glaubhaft versichern kann, dass die christlichen Gemeinden in Judäa ihn »von Angesicht«, d.h. persönlich, bis dahin gar nicht kennengelernt hatten (1,22). Und mit einer wohl geprägten und bekannten Wendung (s. 1,13; vgl. Apg 9,21) kann Paulus seinen ersten historisch-biographisch orientierten Argumentationsgang Gal 1,11–24 wirkungsvoll im Sinne seiner Grundthese von Gal 1,11f. abschließen: »Sie hörten nur [immer wieder]: Der uns früher verfolgte, der predigt jetzt den Glauben, den er einst zu zerstören suchte; und sie priesen Gott meinetwegen« (Gal 1,23f.).

Exkurs 2: Evangelium und Wort Gottes

1. Das Zeugnis der Apostel vom Evangelium von Jesus Christus

Während wir heute bei dem Begriff »Evangelium« vor allem an die vier Entfaltungen des Evangeliums *nach* Matthäus, Markus, Lukas und Johannes denken, empfiehlt es sich sowohl aus *zeitlichen* wie vor allem aus *sachlichen* Gründen, zunächst bei Paulus als entscheidendem Repräsentanten der frühchristlichen Verkündiger des Evangeliums einzusetzen. Dies gilt umso mehr, als wir es hier eindeutig mit einem Verfasser neutestamentlicher Schriften zu tun haben, der sich selbst zum engsten Kreis der *Apostel* zählen konnte, was bei den übrigen Schriften des Neuen Testaments teilweise umstritten bzw. gar nicht vorausgesetzt ist. Ausgehend von 1Thess 2,13; Gal 1,11 haben wir gesehen, dass Paulus hinsichtlich des Wortes Gottes und seiner menschlichen Verkündigung keineswegs trennt, wohl aber klar differenziert, wodurch sich bei ihm auch eine eindeutige Abstufung der Verbindlichkeit für den Fall der innergemeindlichen theologischen Auseinandersetzung ergibt (vgl. Gal 1,8f.).

Zunächst ist festzuhalten, dass nach Paulus nicht nur für die Apostel, sondern auch für deren Mitarbeiter und die »Apostel, Propheten und Lehrer« der Gemeinden (1Kor 12,28) gilt, dass unter deren Verkündigung des Evangeliums von Christus durch Gottes Geist Glauben geweckt und Geist und Leben vermittelt werden (1Kor 2,4f.; Gal 3,2.5). Denn zum Glauben kommt es bei den Hörern durch die im Wort Gottes selbst wirkende Kraft seines Geistes. Glaube und Geistempfang kommen aus der Verkündigung (Röm 10,17; Gal 3,2.5), und diese empfängt ihre Vollmacht aus der Kraft des Evangeliums von Christus als des Wortes Gottes selbst (»Kraft Gottes« Röm 1,16f.; 1Kor 1,18; »der in euch wirkt« 1Thess 2,13).

Gelten diese Aussagen grundsätzlich für alle Verkündiger, sofern sie das »*eine* Evangelium« und die »Wahrheit des Evangeliums« (Gal 1,6–

Exkurs 2: Evangelium und Wort Gottes

12; 2,5.14) verkündigen, so haben die *Apostel* im spezifischen Sinne[12] – also der Zwölferkreis – voran Kephas / Petrus, der Herrenbruder Jakobus, Paulus und Barnabas[13] – innerhalb der Urgemeinde und in den frühen Kirchen der ersten Jahrzehnte ein besonderes Ansehen. Ihnen ist der auferstandene Christus persönlich erschienen (»er ist erschienen«)[14], so dass er von ihnen »gesehen« (1Kor 9,1) und erkannt worden ist[15]. Das heißt nicht weniger, als dass Gott selbst ihnen seinen auferstandenen Sohn offenbart (»Offenbarung« / »offenbaren« Gal 1,12.16) und sie zum Apostelamt berufen und eingesetzt hat[16]. Dementsprechend kann Paulus in seinem wohl inhaltsreichsten temporalen Nebensatz in Gal 1,15 formulieren: »Als es aber Gott wohlgefiel, der mich von meiner Mutter Leib an ausgesondert und durch seine Gnade berufen hat, dass er mir seinen Sohn offenbarte, damit ich ihn durchs Evangelium verkündigen sollte unter den Heiden ...«. So verwundert es nicht, dass drei aus ihrem Kreis in Jerusalem um 48 n.Chr. als die »Säulen« der »Gemeinde Gottes« angesehen werden – nämlich der Herrenbruder Jakobus, Kephas und Johannes der Zebedaide (Gal 2,9) – und dass Paulus selbst in den Auseinandersetzungen mit Gegnern die Autorität seines eigenen Apostolats hervorhebt: »Bin ich nicht ein Apostel? Habe ich nicht den Herrn gesehen?« 1Kor 9,1; vgl. Gal 1,1).

Durch die *apostolische Verkündigung* spricht Gott selbst, indem er den Glauben bei den Hörenden hervorruft und seinen lebenschaffenden Geist vermittelt. Die Begriffe für dieses für die frühe Kirche verbindliche *Zeugnis der Apostel* können dabei variieren: Paulus spricht von der »Kunde«, »Predigt«,[17] von der »Verkündigung«, dem »Kerygma«[18], von dem »Zeugnis«[19], vereinzelt von der »Ermunterung«, »Ermahnung«[20] –

---

[12] Im *weiteren* Sinne werden als »Apostel« die »Missionare« – im Wortsinn – bezeichnet: 1Kor 12,28; 2Kor 11,13; Röm 16,7 (Andronikus und Junia [weiblich!]; im weitesten Sinne sind Apostel Gesandte, die eine Gemeinde mit einem bestimmten Auftrag aussendet: 2Kor 8,23; Phil 2,25.
[13] S. 1Kor 9,1.5f.; 15,5-9; Gal 1,17.19. Vgl. Röm 1,1; 1Kor 1,1; 2Kor 1,1; Gal 1,1; 1Thess 2,7; für das Apostelamt: Röm 1,5; Gal 2,8; vgl. Apg 14,14.
[14] S. 1Kor 15,5-10; vgl. Lk 24,34.
[15] S. 2Kor 4,6; Phil 3,8.
[16] S. Röm 1,1.5; Gal 1,1.11f.15f. (Jer 1,5; Jes 49,1); vgl. Röm 15,15f.; 2Kor 4,6; 5,18-20; Gal 2,7-9; Phil 3,8). Zur Berufung des Paulus nach Lukas s. Apg 9,1ff.; 22,6ff.; 26,12ff. und zum Apostelbegriff neben Lk 6,13 vor allem Apg 1,21f.25. Wie dies den Kriterien für die Nachwahl des zwölften Jüngers ergibt, bildet für Lukas neben der Erscheinung und Beauftragung des Auferstandenen die Begleitung des irdischen Jesus von den Anfängen seines Wirkens an ein entscheidendes Kriterium.
[17] S. Röm 10,16f.; Gal 3,2.5; 1Thess 2,13.
[18] S. 1Kor 1,21; 2,4; 15,14.
[19] S. 1Kor 1,6; vgl. 2Thess 1,10.
[20] S. 1Thess 2,3.

vor allem und speziell aber von dem »Verkündigen des Evangeliums«[21]. Dabei ist für die folgenden Differenzierungen die im Deutschen nicht einfach übertragbare griechische Wendung besonders aufschlussreich: »das *Evangelium* als *Evangelium* verkündigen«[22]. Indem die Hörer das durch die Apostel verkündigte Wort Gottes nicht nur als *Menschen*wort »empfangen«, sondern als das, was es in Wahrheit ist, Gottes eigenes Wort »auf-« und »angenommen« haben, erweisen sie sich als solche, in denen Gottes Wort im Glauben wirkt (1 Thess 2,13).

2. Das Evangelium Jesu Christi als offenbartes Wort Gottes

Nun könnte man in der Differenzierung zwischen der allgemeinen und vielfältigen Verkündigung des Evangeliums in den *Gemeinden* und dem diesem als Quelle und Maßstab vorgegebenen Zeugnis der *Apostel* bereits eine hinreichende und praktikable Lösung sehen. Es sollte sich aber zeigen, dass nicht nur Verkündigung und Lehrentscheidungen der Schüler der Apostel in entscheidenden Punkten voneinander abweichen können, sondern auch die der Apostel selbst. In der Frage der Verbindlichkeit der Toraobservanz für an Christus glaubende Juden wie für Heidenchristen, in der Frage der Legitimität und Gestalt der Heidenmission an sich und der darauf folgenden Abendmahls- und Tischgemeinschaft in gemischten Gemeinden besteht nicht nur Dissens zwischen untergeordneten *Mitarbeitern* und einzelnen *Gemeindegliedern*, sondern – wie im antiochenischen Konflikt nach Gal 2,11–21 in Gestalt von Paulus und Petrus ganz unbestreitbar – zwischen den durch den Auferstandenen selbst berufenen *Aposteln*.

Für diesen Fall ist es für Paulus von grundlegender Bedeutung, dass er sich in der öffentlichen Auseinandersetzung mit Petrus und den Jakobusschülern auf die allen Aposteln vorgegebene »Wahrheit des Evangeliums« (Gal 2,5.14) und auf das von Christus selbst offenbarte »*eine* und *einzige* Evangelium« (Gal 1,6–12) als »Wort Gottes« jenseits der apostolischen Meinungen und des davon abweichenden Verhaltens beziehen kann. Damit ist die *Einheit* und *Wahrheit* des Evangeliums sogar jenseits – nicht nur einer innergemeindlichen, sondern speziell – der *apostolischen* Widersprüchlichkeit in der dem apostolischen Zeugnis vorgeordneten Größe des *Evangeliums* festgehalten. Die apostolische *Verkündigung* gründet untrennbar in dem ihm vorgegebenen *Evangelium*, ist aber von diesem als der übergeordneten Größe zu *unterscheiden*.

---

[21] »[Evangelium] verkündigen« absolut: Röm 1,15; 15,20; 1 Kor 1,17; 9,16.18; 2 Kor 10,16; Gal 4,13; mit Objektsakkusativ: Röm 10,15; Gal 1,16; 1,23; vgl. abweichend 1 Thess 3,6.
[22] S. »das Evangelium verkündigen« (ganz wörtlich übersetzt: »das Evangelium evangelisieren«, sogenannte *figura etymologica*) 1 Kor 15,1; 2 Kor 11,7; Gal 1,11.

Exkurs 2: Evangelium und Wort Gottes

Nach Paulus ist nämlich für das Zeugenamt der Apostel neben der *Erscheinung* des Auferstandenen und der persönlichen *Berufung* zum Apostelamt durch den Auferstandenen grundlegend, dass den Aposteln auch das *Evangelium selbst* von Christus erschlossen und übertragen wurde (Gal 1,11f.). Da Gott selbst in Christus das Wort von der Versöhnung unter den Aposteln aufgerichtet hat (2Kor 5,19; vgl. 4,6), handelt es sich bei dem »Evangelium von *seinem Sohn*« (Röm 1,9; vgl. 1,3)[23] um das »Evangelium *Gottes*« (Röm 1,1).[24] Für die Entwicklung des Kanons und des christlichen Schriftverständnisses ist von größter Bedeutung, dass damit das *Evangelium* – und nicht nur die »Heilige Schrift« Alten Testaments – bereits innerneutestamentlich als »Wort Gottes« (1Thess 2,13)[25] verstanden und anerkannt worden ist.

3. Der Inhalt des Evangeliums

Wie sowohl aus den Ausführungen zur Verkündigung der Apostel als auch aus denen zum Evangelium Gottes eindeutig hervorgeht, wird der *Inhalt* des Evangeliums nicht nur sachlich umschrieben oder gar auf bestimmte Bekenntnisformeln reduziert, sondern mit der *Person* des von Gott gesandten Sohnes, des gekreuzigten und auferstandenen Herrn Jesus Christus, identifiziert. Er ist der zentrale und eigentliche Inhalt des Evangeliums und infolgedessen der apostolischen Verkündigung: »Denn ich hielt es für richtig, unter euch nichts zu wissen als allein Jesus Christus, den Gekreuzigten« (1Kor 2,2)[26]. Dementsprechend bestand die Offenbarung des *Evangeliums* durch Gott in der Offenbarung seines *Sohnes* (Gal 1,11f.15f.); und demzufolge besteht die erhellende Erkenntnis des *Evangeliums* in der Erkenntnis der Herrlichkeit Gottes in dem *Angesicht Jesu Christi* (2Kor 4,4.6).

---

[23] Mit objektivem Genitiv, *Genitivus obiectivus*: Röm 1,9 (»seines Sohnes« / »von seinem Sohn«; 15,19 (wie im Folgenden »Christi« / »von Christus«); 1Kor 9,12; 2Kor 2,12; 9,13; 10,14; Gal 1,7; Phil 1,27; 1Thess 3,2; 2Kor 4,4 (»der Herrlichkeit Christi« / »von der Herrlichkeit Christi«); Röm 10,8.17 wegen Kontext (5Mose 30,14): »das Wort (Christi)«).

[24] Mit subjektivem Genitiv, *Genitivus subiectivus* bzw. *auctoris*, »Evangelium Gottes«: Röm 1,1; 15,16; 2Kor 11,7; 1Thess 2,2.8.9. Dies wird bei Paulus auch dort vorausgesetzt, wo »das Evangelium« absolut gebraucht wird: Röm 1,16; 10,16; 11,28; 1Kor 4,15; 9,14.18.23; 2Kor 8,18; 11,4; Gal 1,11; 2,2.5.14; Phil 1,5.7.12.16; 2,22; 4,3.15; 1Thess 2,4; Phlm 13; vgl. Gal 1,6 (»anderes Evangelium«). – Vgl. noch »mein Evangelium« (Röm 2,16; 16,25); »unser Evangelium« (2Kor 4,3; 1Thess 1,5 – d.h. »das von mir / von uns verkündigte Evangelium«); »das Evangelium der Unbeschnittenheit« (Gal 2,7 – d.h. »das Evangelium für die Unbeschnittenen«).

[25] »Das Wort« Phil 1,14 (Textvariante); 1Thess 1,6; »das Wort Gottes« 1Kor 14,36; 2Kor 2,17; 4,2; 1Thess 2,13; vgl. Phil 1,14 (Textvariante) – »das Wort vom Kreuz« (1Kor 1,18); »das Wort von der Versöhnung« (2Kor 5,19).

[26] Vgl. 1Kor 1,23; 2Kor 1,19; 4,5; Gal 3,1.

Damit ergibt sich bereits in den frühesten Schriften des Neuen Testaments ein Verständnis vom »Wort Gottes«, das in seiner Differenzierung und Abstufung die *Einheit* des Evangeliums angesichts der *Vielstimmigkeit* des apostolischen Zeugnisses und hinsichtlich der *Auseinandersetzung* über das Verständnis der Tora des Mose festzuhalten vermag. Zudem sind mit diesem christozentrischen Verständnis des Evangeliums und mit dieser differenzierten Einheit von Evangelium und apostolischem Zeugnis auch die späteren kanongeschichtlichen Entwicklungen bis hin zu der Anerkennung des neutestamentlichen Kanons als »Heilige Schrift« sachlich vorbereitet.

Wort Gottes bei Paulus

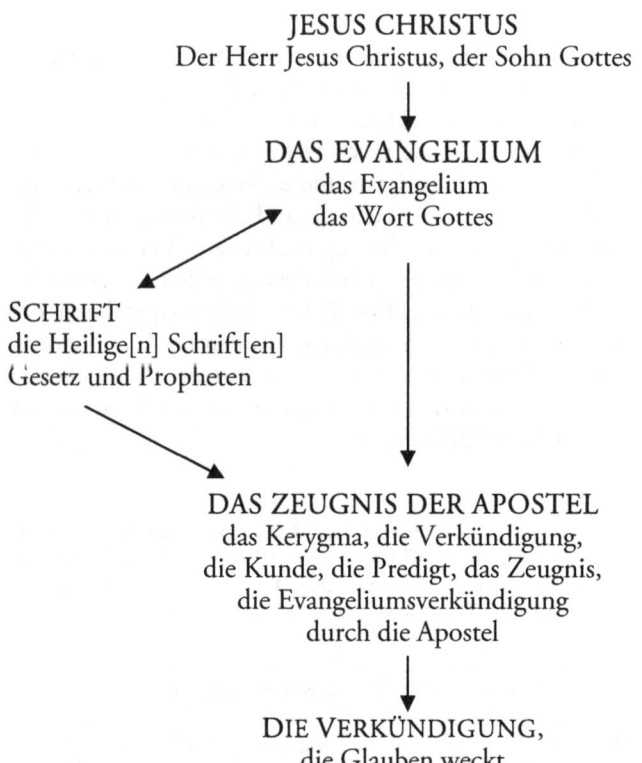

Selbst die spätere Frage nach der »Mitte der Schrift« angesichts der Vielfältigkeit des biblischen Zeugnisses erhält im Kontext des paulinischen Verständnisses des Evangeliums und des Wortes Gottes bereits entscheidende Inspirationen. Da nicht bestimmte menschliche Persönlichkeiten oder Schriften im Gegensatz zu anderen an sich unfehlbar und unhinterfragbar sind und erwiesenermaßen sogar Apostel irren können, kann eine an diesem Evangeliumsverständnis orientierte Lösung kaum nach einem »*Kanon im Kanon*« suchen wollen – nicht einmal nach dem der Paulusbriefe als formaler Mitte der neutestamentlichen Überlieferung. Denn dem »Eventualfluch« in Gal 1,8f. gegenüber allen, die das Evangelium Christi verkehren wollen, unterstellt Paulus ausdrücklich auch sich selbst und die Engel Gottes. Selbst Apostel und Engel beziehen ihre Autorität aus der Übereinstimmung ihrer Aussagen mit dem im Evangelium von Christus vorgegebenen Wort Gottes.

Aber auch die zweite Möglichkeit, die »Mitte der Schrift« inhaltlich in einer zentralen Aussage oder in Formeln umfänglich und hinreichend beschreiben zu wollen, scheitert im Rahmen dieser »Wort-Gottes-Theologie« daran, dass der eigentliche Inhalt nicht nur eine sachliche Mitteilung, sondern die *Person* des gekreuzigten und auferstandenen Herrn selbst ist, der sich wohl in Akklamationen anrufen und in Bekenntnissen und Hymnen verehren und anerkennen lässt, aber in dem zentralen und heilbringenden Bekenntnis »Herr ist Jesus Christus« (Röm 10,9f.; vgl. 1Kor 12,3; Phil 2,9–11) nicht einfach aufgeht. So können selbst so zentrale und zutreffende Bestimmungen der Mitte der Schrift wie »die Rechtfertigung des Gottlosen« oder »die Versöhnung der Welt mit Gott« aus eben diesem christologischen Grund nicht als umfänglich und hinreichend akzeptiert werden.

Die *Mitte der Schrift* und der zentrale Inhalt des Evangeliums und damit der *Kanon im Kanon* – d.h. das »Kriterium«, der »Maßstab« und die »Richtschnur« für die Beurteilung der »Wahrheit des Evangeliums« und der *Einheit* des Wortes Gottes in der *Vielfalt* des apostolischen Zeugnisses – ist nach Paulus die Person des gekreuzigten, auferstandenen und erhöhten Christus. An dessen Handeln und Geschick, an dessen Sein und Wort müssen sich alle menschliche Verkündigung und alles menschliche Handeln immer wieder erneut messen lassen. Sosehr diese »Mitte der Schrift« dem Zugriff menschlicher Verfügbarkeit und Bestimmbarkeit grundsätzlich entzogen bleiben mag, sosehr wird sie im »Evangelium von Jesus Christus« und im »Wort vom Gekreuzigten« ansichtig und anschaulich. Denn in der vielstimmigen Verkündigung der Apostel und derer, die ihr Zeugnis weitergeben, wird Jesus Christus als der Gekreuzigte vor Augen gestellt (Gal 3,1); und in dem hellen Licht des Evangeliums von der Herrlichkeit Christi als des Ebenbildes Gottes wird die Erkenntnis der Herrlichkeit Gottes selbst bewirkt (2Kor 4,6). So kommt mit der Anerkennung Jesu Christi als der »Mitte« des Evangeliums das *vielfältige Ganze* des apostolischen Zeugnisses – und später des zweiteiligen Kanons Alten und Neuen Testaments – von dem einmütig bekannten »Einen« her als *differenzierte Einheit* in den Blick.

4. Verkündigung der Apostel, Schriftzeugnis und allgemeines Bekenntnis

Über diese Grundentscheidungen zum Verständnis des Evangeliums hinaus sollte für die spätere kirchliche Entwicklung aber auch die Art und Weise prägend wirken, in der Paulus das *eine* Evangelium in Auseinandersetzung mit anderslautenden Interpretationen und gegenüber Zweifeln und Anfragen begründet und entfaltet. Wie sich schon in den Briefeingängen des Römerbriefs oder des Galaterbriefs mit wünschenswerter Deutlichkeit erkennen lässt, plausibilisiert er seine in Frage stehende Verkündigung in *dreifacher* Weise. *Erstens* hebt er – wie wir breit entfaltet haben – auf die Autorität seines in Gottes Berufung und in der Erscheinung des Auferstandenen begründeten Apostelamtes ab (Röm 1,1; Gal 1,1). Es kann nicht fraglich sein, dass die folgenden Schreiben nicht als private menschliche Meinungsäußerungen, sondern als Entfaltung des von Gott offenbarten Evangeliums durch einen von ihm selbst dazu berufenen Apostel gelesen sein wollen (Gal 1,11f.15f.). Hier wird das Kriterium der *Apostolizität* geltend gemacht.

»Ausgesondert für das Evangelium Gottes, das er zuvor verheißen hat durch seine Propheten in der Heiligen Schrift ...« (Röm 1,2). Paulus – wie jedem Verfasser der neutestamentlichen Schriften – liegt jeweils an dem Erweis der *Schriftgemäßheit* des von ihm verkündigten Evangeliums und damit an der Betonung der Kontinuität und Einheitlichkeit des Redens Gottes in der »Heiligen Schrift« und im »Evangelium« – denn beide werden im Vollsinn als »Wort Gottes« anerkannt. Das Evangelium von Jesus Christus wird als die wahre Vollendung und Erfüllung der Vorausverkündigung durch Mose und die Propheten gesehen. So beansprucht Paulus gerade für die Offenbarung von der Gerechtigkeit Gottes allein im Glauben an Christus und unabhängig von der Sinai-Tora, gerade *diese* sei »bezeugt von dem Gesetz und den Propheten« (Röm 3,21; vgl. Gal 2,16; 3,8).

Auf die Frage, ob Paulus mit diesem Glaubensverständnis von der Rechtfertigung ohne Toraobservanz (Röm 3,28) nicht das »Gesetz« – d.h. die Tora und mit ihr als erstem Teil des Ganzen *die Schrift* – aufhebe und für ungültig erkläre, entgegnet er entschieden: »Ganz und gar nicht, sondern wir richten das Gesetz – d.h. die Schrift – auf« (Röm 3,31; vgl. 4,3). Und er lässt im unmittelbaren Anschluss mit Röm 4,1–25 (vgl. Gal 3,6–18) einen umfänglichen Erweis der Schriftgemäßheit folgen, indem er – wie schon im Briefthema Röm 1,17 mit dem Zitat aus Hab 2,4: »Der aus Glauben Gerechte wird leben« – aufzeigt, dass schon *Abraham* und *David* sich vor Gott auf dessen Gnade berufen haben und nicht infolge ihres gelebten Lebens, sondern allein im Glauben gerechtfertigt worden sind (Röm 4,5; vgl. zum Schriftbeweis anhand der Segensverheißung an Abraham Gal 3,6ff. und 4,21ff.).

Exkurs 2: Evangelium und Wort Gottes

Dabei ist entscheidend, dass Paulus die »Heilige Schrift« und das »Evangelium von Christus« nicht etwa undifferenziert nach dem dualistischen Schema von »Gesetz und Evangelium« kontrastiert oder auch nur nach dem Dual von »Verheißung und Erfüllung« auseinander definiert, so dass dem »Alten Testament« insgesamt allein die Rolle des Gerichtes und der Anklage oder der unerfüllten Voraussage in einer christuslosen Zeit zufiele. Vielmehr ist für ihn – wie es auch in Hebr 1,1ff. vorausgesetzt wird – der auferstandene und erhöhte Gottessohn zugleich der präexistente – d.h. vor seiner menschlichen Geburt bereits beim Vater existierende – Schöpfungsmittler Gottes (1Kor 8,6; vgl. 2Kor 8,9; Phil 2,6f.). So gibt es wohl eine Zeit vor der Sendung des Sohnes in die Welt – »vor Christi Geburt« (*ante Christum natum*) –, aber keine Zeit in der Geschichte Israels und der Welt ohne die Gegenwart und das Wirken des Sohnes als der Weisheit und des Wortes Gottes – also keine Zeit »vor Christus« (*ante Christum*).

Die Reihenfolge und Rangfolge der Verfügungen Gottes sind dabei aus der Sicht des Paulus nicht »Gesetz und Evangelium«, sondern »*Evangelium* in Gestalt der *Verheißung – Gesetz – Evangelium*« (Gal 3,6ff.15ff.19ff.; Röm 4,1–25). Das Wort der Anklage und des Gerichtes Gottes ist umgriffen von Gottes Wort des Segens und des gnädigen Freispruchs. Gottes erstes und letztes Wort ist die Zusage des endgültigen Segens und des Lebens in Christus auf der Grundlage des Glaubens. Für Abraham persönlich hat sich die Segensverheißung von 1Mose 12,1ff. bereits mit der Rechtfertigung aus Glauben zum Zeitpunkt von 1Mose 15,1–6 erfüllt (Röm 4,3; Gal 3,6). Insofern ist Abraham nicht nur die Verheißung vorangekündigt worden, sondern ihm ist die in seinem Samen Christus verwirklichte Segensverheißung bereits zuvor wirksam und lebenschaffend als rechtfertigendes Evangelium zugesprochen worden (Gal 3,8).

Neben dem Hinweis auf die Autorität des *Zeugnisses der Apostel* und der *Schriftgemäßheit* findet sich auch schon bei Paulus selbst die Argumentation auf der Grundlage des einmütig und allgemein Anerkannten und Bekannten. So bezieht er sich gleich nach dem Hinweis auf das Zeugnis der Schrift in Röm 1,2 auf ein traditionelles christologisches mehrgliedriges *Bekenntnis* (Röm 1,3f.) und erweitert in Gal 1,4 bereits den anfänglichen Segensgruß um eine geprägte christologische *Selbsthingabe-Formel*, der zum Abschluss der antiochenischen Rede als Klammer die Selbsthingabeformel in Gal 2,20 entspricht.

Diese Bezugnahme auf verbreitete Anrufungen, Bekenntnisformeln und Hymnen findet sich bei Paulus vielfältig: Röm 1,3f.; 3,25f.; 4,24f.; 1Kor 11,23–25; 15,3–5; Gal 1,4; Phil 2,6–11; 1Thess 1,9f. Sie setzt voraus, dass das als »Wahrheit des Evangeliums« Erkannte und Bekannte sich bereits in Formeln und Bekenntnissen der Kirchen Jesu Christi ausspricht und damit einen sprachlichen Zusammenhalt der über die

Welt verbreiteten und verschiedenartigen Gemeinden garantiert, die noch nicht über eine kanonisch anerkannte Sammlung neutestamentlicher Schriften verfügen. Gegenüber den ferngelegenen, ihm persönlich unbekannten Gemeinden in Rom wie gegenüber den von ihm gegründeten, aber gefährdeten Gemeinden in Galatien argumentiert Paulus *als Apostel* auf der Grundlage einerseits der – Juden und Christen gemeinsamen – *Heiligen Schrift* und andererseits des christlichen *Bekenntnisses*.

2. Die Bestätigung des von Paulus verkündigten Evangeliums durch die Jerusalemer Apostel (Gal 2,1–10)

Das zweite Kapitel des Galaterbriefs gehört wie Gal 1,11–24 noch zu dem ersten, historisch-biographisch geprägten Hauptteil und ist in chronologischer Reihenfolge nach zwei ausschlaggebenden Ereignissen unterteilt: 1. Die Bestätigung des von Paulus verkündigten Evangeliums durch die Jerusalemer Apostel (Gal 2,1–10) und 2. Die Verteidigung und Bewährung des von Paulus verkündigten Evangeliums im antiochenischen Konflikt (Gal 2,11–21). Dabei wird die grundlegende Rede des Paulus in 2,15–21 den Übergang zum zweiten, systematisch-exegetischen Hauptteil vorbereiten.

Während die erste Reise des Apostels Paulus nach Jerusalem privaten Charakter hatte (Gal 1,18f.), handelt es sich bei dem zweiten, vierzehn Jahre später erfolgten Besuch um einen offiziellen Anlass. Die geläufige Bezeichnung »Apostelkonzil« bzw. »Apostelkonvent« mag insofern etwas missverständlich sein, als es sich um ein Zusammenkommen von nur zwei Gemeinden – nämlich aus Antiochien in Syrien und aus Jerusalem – handelt und auch nicht von der Anwesenheit aller Apostel als Repräsentanten die Rede ist, sondern namentlich von Paulus und Barnabas einerseits (vgl. 1Kor 9,1–6) und aufseiten der Urgemeinde von dem Herrenbruder Jakobus, von Kephas / Petrus und Johannes andererseits (Gal 2,9).

»Darauf, nach Verlauf von vierzehn Jahren ging ich wieder nach Jerusalem hinauf zusammen mit Barnabas, wobei ich auch Titus mitnahm« (Gal 2,1).

Die Zeitangabe in Gal 2,1 ist wohl mit der in 1,18 (»darauf nach drei Jahren«) zu addieren. Auch wenn man berücksichtigt, dass bei den antiken Zeitangaben ein angebrochenes Jahr mitgezählt werden kann, kommt man bei der Bestimmung des Zeitpunktes der Berufung des Paulus auf einen Abstand von ca. 16 Jahren vor dem Apostelkonvent (2 bis 3 + 13 bis 14 Jahre). Da wir dieses mithilfe der Apostelgeschichte und außerneutestamentlicher Zeitzeugnisse ungefähr auf das Jahr 48 n.Chr. datieren können, ergibt sich für das in Gal 1,15f. bezeugte Be rufungsgeschehen wohl das Jahr 32 n.Chr. (s. im einzelnen Exkurs 1: Lebensdaten des Paulus).

Barnabas, der Begleiter des Paulus, wird in der Apostelgeschichte als ein Levit aus Zypern eingeführt (Apg 4,36), der der Urgemeinde zugehörte und von dieser nach Antiochien gesandt worden war (Apg 11,25f.). Mit Paulus war er nach Lukas bereits vor der 1. Missionsreise verbunden (Apg 9,27; 11,25), zu der sie nach Apg 13,1–3 dann auf göttliche Weisung gemeinsam von der Gemeinde in Antiochien ausgesandt wurden (ca. 44–48 n.Chr. gemäß Apg 13,4 – 14,25). Ihre Wege trennten sich offensichtlich vor Beginn der 2. Missionsreise (ca. 48–52 n.Chr. gemäß Apg 15,36 – 18,22) wegen einer »heftigen Auseinandersetzung« in Antiochien (Apg 15,39). Während Lukas vor allem die Auseinandersetzung um die Mitnahme des Johannes Markus als Mitarbeiter benennt (Apg 12,25; 13,13; 15,37–39), lässt die Erwähnung des schwankenden Verhaltens des Barnabas im antiochenischen Konflikt um die Tischgemeinschaft mit Heidenchristen nach Gal 2,13 eine noch tiefere und inhaltlich begründete Entzweiung beider erahnen. So bleibt Barnabas nach seinem Aufbruch in seine Heimat Zypern in Begleitung des Johannes Markus in der Apostelgeschichte fortan unerwähnt (Apg 15,39), obwohl er zuvor eine so beeindruckende Rolle spielte – in Lystra war er nach der Heilung eines Gelähmten von der Menge sogar für Zeus gehalten worden (Apg 14,12)! Paulus kann ihn aber auch später noch wie selbstverständlich als einen für die Gemeinde vorbildlichen Apostel neben sich benennen (1Kor 9,5f.).

Die Formulierung: »Ich ging aber hinauf aufgrund einer Offenbarung« (Gal 2,2a), soll wohl gleich zu Beginn das Missverständnis ausschließen, sie könnten etwa von der Jerusalemer Gemeinde zur Rechenschaft einbestellt worden sein. Es geschah nach Paulus vielmehr auf Weisung Gottes selbst – ob dies durch einen Traum (Apg 18,9f.), das »Sprechen des Heiligen Geistes« (Apg 8,29; 13,2; 21,4), ein visionäres Erlebnis (Apg 10,3ff.9ff.; 22,17; 2Kor 12,2–4) oder durch einen Gemeindepropheten (Apg 11,28; 21,10f.) vorzustellen ist, bleibt hier unbestimmt.

Entscheidend ist vielmehr für Paulus: »Und ich legte ihnen das Evangelium dar, das ich unter den Heiden verkündige« (Gal 2,2b). Diese »Mitteilung« und »Darlegung« des Evangeliums will der Apostel selbst also keineswegs nur im Sinne von »zur Prüfung und Begutachtung vorlegen« verstanden wissen. Wie auch bei Lukas in Apg 15,4 und 15,6ff. wird zunächst eine Versammlung der ganzen Jerusalemer Gemeinde (Gal 2,2–5) und dann »gesondert«, »für sich« ein Treffen mit der engeren Gemeindeleitung (Gal 2,6–10) vorausgesetzt: »**gesondert aber denen, die etwas gelten**« (Gal 2,2c). Paulus spricht dabei – wohl gemäß dem Sprachgebrauch der Gemeinde selbst – von den »Angesehenen« (Gal 2,2.6.9) und von den »tragenden Säulen« der Urgemeinde, von denen er namentlich die Apostel Jakobus, Kephas / Petrus und Johannes hervorhebt (Gal 2,9).

An der Bestätigung des von ihm unter den Heiden verkündigten Evangeliums durch die »höchsten Instanzen« der frühen Kirche – den Aposteln und Angesehenen der Urgemeinde selbst – lag Paulus, weil er hinsichtlich seiner heidenchristlichen Gemeinden von einer tiefen Sorge bestimmt war: »... nicht dass ich etwa vergeblich liefe oder gelaufen wäre« (Gal 2,2b). Gleich einem Läufer im Stadion, der sich konzentriert und mit allen Kräften bemüht, vorwärtszukommen und das Ziel zu erreichen (vgl. 1Kor 9,16–27, hier V.24; Phil 3,12–16, hier V.14), »läuft« und »müht sich« Paulus in Fürsorge für die durch seine Verkündigung des Evangeliums entstandenen Gemeinden. Die Besorgnis bezieht sich also nicht auf die Jerusalemer, sondern auf die von ihm gegründeten Gemeinden. »Vergeblich«, »umsonst« und »erfolglos« wäre alle Anstrengung und Mühe nämlich gewesen, wenn sich die Galater wie andere nicht beschnittenen Heidenchristen vom Evangelium abwenden und zum Gesetz hinwenden würden (Gal 1,6; 5,2ff.).

Paulus, der von Gott selbst berufene und beauftragte Apostel (Gal 1,1.11–16) sorgt sich um die Zukunft seiner Gemeinden, nicht um die Anerkennung der Jerusalemer. *Fraglich* ist für Paulus nicht, ob das von ihm verkündigte Evangelium legitim ist – darin ist sich der Apostel aufgrund der Offenbarung Christi sicher. In Frage steht vielmehr, ob die heidenchristlichen Gemeinden sich ihres Heils in Christus gewiss bleiben oder ob sie sich durch die judaistischen Verkündiger verunsichern lassen. Um diese Ungewissheit auszuräumen, geht Paulus mit Barnabas und Titus nach Jerusalem. Er wendet sich an die Angesehenen in Jerusalem, um sich von ihnen seine gesetzesfreie Heidenmission offiziell und von den höchsten – auch von den Gegnern anzuerkennenden – Autoritäten der Urgemeinde bestätigen zu lassen.

»Aber nicht einmal Titus, der bei mir war, wurde, obwohl er ›Grieche‹ – d.h. unbeschnittener Heidenchrist – war, gezwungen, sich beschneiden zu lassen« (Gal 2,3).

Die Mitnahme des Titus nach Jerusalem (Gal 2,1) war für Paulus von tieferer Bedeutung. Dieser war nämlich als »Hellene« / »Grieche« ein unbeschnittener Heidenchrist (Gal 2,3), der zudem als engagierter und mit schwierigen Vermittlungsaufgaben betrauter Mitarbeiter des Paulus (2Kor 8,23; vgl. 2,13; 7,6.13f.; 8,6.16; 12,18) einer der ersten rein heidenchristlichen Missionare war. Im Unterschied zum Stephanuskreis, der aus »Hellenisten« – d.h. griechisch sprechenden Juden – bestand (Apg 6 – 8; 11,19–21) und anders als Paulus und Barnabas war er also nicht *Juden*christ, sondern wirkte als unbeschnittener *Heiden*christ in heidenchristlichen Gemeinden.

Durch die Mitnahme des unbeschnittenen Heidenmissionars Titus in die Gemeinde in Jerusalem hat Paulus bereits Fakten geschaffen und ein Exempel statuiert. Dies war im Wortsinn eine Provokation der Gegner! Würden die Angesehenen – allen voran die Säulen – Titus akzeptieren, dann hätten sie damit die gesamte Missionsarbeit des Apostels Paulus akzeptiert. Und so sollte es schließlich auch kommen, wie Paulus Gal 2,6–10 hervorhebt. Doch zunächst hatten sie mit dem entschiedenen Widerstand der Beschneidungsbefürworter in der Jerusalemer Gemeinde zu rechnen.

Gal 2,4f.: »Aber der eingeschlichenen Falschbrüder wegen, die [in die Gemeinden] eingedrungen waren, um unsere Freiheit auszukundschaften, die wir in Christus haben, damit sie uns versklavten –. Denen haben wir uns auch nicht einen Augenblick unterwürfig gefügt [und durch Unterordnung nachgegeben], damit die Wahrheit des Evangeliums dauernd bei euch bestehen bliebe.«

Bevor Paulus seinen Bericht der offiziellen Anerkennung sowohl des Titus wie vor allem der gesetzesfreien Verkündigung des Evangeliums durch Paulus insgesamt abschließen kann (2,4.6–10), hält er mit V.5 zunächst das Ergebnis des Konflikts mit den judaistischen Gegnern in Jerusalem fest (formal handelt es sich also nach V.4 um einen Satzabbruch, einen »Anakoluth«). Die gedrängte Beschreibung der Gegner in V.4 lässt nicht offen, wie Paulus sie einschätzt: Sie haben sich in unehrlicher Weise in heidenchristliche Gemeinden »eingeschlichen« (da sie weder von den Jerusalemer Autoritäten geschickt noch von jemandem gerufen worden waren; vgl. Apg 15,24); und sie sind aus unlauteren Beweggründen in die Gebiete anderer »eingedrungen« (vgl. Röm 15,20; 2Kor 10,14–16). Aufgrund ihres Verhaltens und ihrer Verkündigung kann Paulus sie überhaupt nicht als »Brüder«, d.h. als gläubige Christen, anerkennen; er sieht in ihnen vielmehr »falsche Brüder« (vgl. 2Kor 11,26). Auch Lukas weiß von gegen die Heidenmission auftretenden Jerusalemer Gemeindegliedern, die jüdischer Herkunft sind (Apg 11,2), die als ehemalige Pharisäer zum Glauben kamen (Apg 15,5) und die Heidenchristen nun auffordern, sich sowohl beschneiden zu lassen nach dem Brauch des Mose als auch das Gesetz des Mose zu halten (Apg 15,1.5).

Ihr Verhalten beschreibt Paulus mit einem Wort aus dem militärischen Sprachgebrauch als »auskundschaften«, »belauern«, »bespitzeln«. Dabei mag Paulus bei dem verwendeten griechischen Begriff ironisch auf das positive »Aufsichtüben«, »Achtgeben« anspielen, das eigentlich die Aufgabe des »Bischofs«, des Episkopos, ist.

Gegenstand ihres »Herumspionierens« ist »unsere Freiheit, die wir in Christus haben«. Damit fällt erstmals das zentrale Stichwort, das im Fortgang des Briefes zum Schlüsselbegriff der neuen Existenz der an

Christus Gläubigen werden soll (»Freiheit«, Gal 2,4; 5,1.13; »frei« / »Freier«, Gal 3,28; 4,22.23.26.30.31; »befreien«, Gal 5,1; »freikaufen«, Gal 3,13; 4,5). Hier geht es konkret um die Freiheit von dem Gesetz des Mose, und diese steht für die umfängliche Freiheit der Erlösten: von Verurteilung, Gefangenschaft, Knechtschaft und Unmündigkeit. Die im Glauben an Christus Gerechtfertigten sind in Christus freie Töchter und Söhne Gottes. In ihm genießen sie die Freiheit *von* allen negativen Bindungen und die Freiheit *für* die positive Beziehung zu Gott, zu anderen Menschen und sich selbst. So sind sie weder gefesselt noch unverbindlich; sie sind befreit aus den Bindungen, aber nicht beziehungslos, sondern befreit zu erfüllenden und erfüllten persönlichen Beziehungen in der Liebe.

Wer diese Freiheit in Christus wieder aufheben will, der will also in Wahrheit »versklaven« und »in Knechtschaft bringen« (Gal 2,4d). Das »Wir« und »Uns«, von dem Paulus in Gal 2,4f. spricht, meint zunächst den Apostel selbst und seine Begleiter, dann aber eben auch all die heidenchristlichen Gemeinden, die infolge der Verkündigung des Evangeliums von Christus diese neue Freiheit genießen. So schlägt er schon hier im Bericht vom Apostelkonvent die Brücke hin zu den galatischen Gemeinden, in deren Mitte nun erneut von einigen das Evangelium verkehrt werden soll. Bereits in Jerusalem ging es also in Konsequenz um das spätere Schicksal der galatischen Gemeinden: »Denen haben wir uns auch nicht einen Augenblick unterwürfig gefügt, damit die Wahrheit des Evangeliums dauernd *bei euch* bestehen bliebe« (Gal 2,5).

Während bisher von der Gemeindeversammlung – unter Einschluss nicht nur der Gemeindeleitung, sondern auch der »falschen Brüder« – die Rede war, vor der Paulus das von ihm den Heiden verkündigte Evangelium darlegte (Gal 2,2; vgl. Apg 15,4f.), kommt er in Gal 2,6–10 nun auf die gesonderte Zusammenkunft mit den »Angesehenen« und »Säulen« der Gemeinde zu sprechen. Dies kann er aber nicht, ohne diese Bezeichnung und Differenzierung innerhalb der Gemeinde zugleich zu problematisieren: »Vonseiten derer aber, die dafür gelten, etwas zu sein – wer immer sie waren, ist mir gleichgültig; [denn] Gott schaut nicht auf das Ansehen der Person – mir haben die Angesehenen also nichts weiter auferlegt« (Gal 2,6).

Dabei kann man verstehen, dass die Urgemeinde in Jakobus, dem Bruder des Herrn (Gal 1,19), und in Kephas / Petrus, dem ersten unter den Zwölf Aposteln, sowie in Johannes, die Jesus einst von Galiläa an begleitet hatten, tragende Säulen der Überlieferung und der Kirche sahen. Paulus aber macht unmissverständlich klar, dass er die Klassifizierung der Apostel als die »Angesehenen« und »Säulen« nicht von sich aus einführt und auch nicht gutheißt, weil die Beurteilung der Menschen nach ihrem Ansehen theologisch problematisch ist. Gott schaut nicht auf das äußere Ansehen der Person. Auch die Apostel werden von Gott allein danach beurteilt, ob sie das Evangelium unverfälscht verkündigen. Denn selbst wenn ein Apostel oder sogar ein Engel vom Himmel das Evangelium anders predigte, als er es von dem Auferstandenen empfangen hat, er wäre verflucht (vgl. Gal 1,8f.). Durch diesen Einschub signalisiert Paulus also, dass für ihn die sogenannten »Angesehenen« nicht an sich und schon aufgrund ihrer gemeindlichen Stellung maßgeblich sind. Er zitiert ihr Urteil und ihre Entscheidung nicht etwa, weil er sich ihnen auf jeden Fall unterordnen müsste und würde (vgl. Gal 2,11; 5,10), sondern weil die gegnerischen Verkündiger und die verunsicherten Gemeinden sich allenthalben auf die Autoritäten in Jerusalem beziehen. Für Paulus selbst gilt jedoch: »Wer immer sie waren, ist mir gleichgültig; [denn] Gott schaut nicht auf das Ansehen der Person«. Mit dieser Beschreibung Gottes als des unbestechlichen und unvoreingenommenen Richters erinnert Paulus nicht nur an eine allgemein christliche (Röm 2,11; Apg 10,34), sondern bereits alttestamentlich-jüdische Grundüberzeugung (5Mose 10,17; 2Chr 19,7; Sir 35,12f.)

Wie zuvor (V.4f.) erkennt man auch in V.6 schon sprachlich, dass Paulus so viel zugleich festhalten und sicherstellen will, dass er wiederum den Satz abbricht (»Anakoluth«) und mit dem entscheidenden Ergebnis in aktiver Formulierung neu einsetzt: »Mir haben die Angesehenen nichts weiter auferlegt!« (Gal 2,6d). Es gab also nach Paulus von Seiten der Maßgeblichen in Jerusalem keinerlei weitere Auflagen für die Heidenmission: Weder wurde die *Beschneidung* gefordert – wie schon bei Titus nicht (V.3) –, noch wurden die unbeschnittenen Heidenchristen zur *Einhaltung des mosaischen Gesetzes* insgesamt oder in bestimmten Teilen verpflichtet.

Paulus weiß offensichtlich auch nichts von einem Beschluss und Schreiben der Apostel an die Heidenchristen mit Minimalforderungen des Gesetzes, wie dann später von Lukas in Apg 15,20–29; 16,4; 21,25 beschrieben. Auch Lukas setzt voraus, dass auf dem Aposteklonvent den Heidenchristen *nicht* die Beschneidung und nicht die *umfassende* Toraobservanz auferlegt wurde (Apg 15,1.5.10.19.24.28), wohl aber die Minimalforderungen, die das Gesetz des Mose für die Ausländer im Lande formuliert. Danach soll sich der »Fremdling« (in der griechischen Übersetzung des Alten Testaments heißt es dann: der »Proselyt«) folgender Dinge enthalten: 1. des *Götzenopfers*, 2. des *Blutverzehrs*, 3. des *Verzehrs von Erwürgtem*, d.h. von nicht geschächtetem, rituell geschlachtetem Fleisch, und 4. der *Unzucht* (Apg 15,29). Dies entspricht den alttestamentlichen Forderungen in 3Mose 17,8f. (Götzenopfer); 17,10–12 (Blut); 17,13–16 (Ersticktes) und 18,6–18.26 (Unzucht). Die Verurteilung der »Unzucht« ist für Paulus wie für alle neutestamentlichen Überlieferungen selbstverständlich (vgl. 1Kor 5,1–5; 6,9–20). Von der prinzipiellen Einhaltung der minimalen Speisevorschriften

(Blut, Ersticktes) findet sich bei ihm nichts. Seine Argumentation in 1 Kor 8 – 10 mit der grundsätzlichen Freigabe sogar des »Götzenopferfleisches« für die Starken in 1 Kor 10,25–33 ist auf dem judenchristlichen Hintergrund besonders auffällig. Er formuliert selbst hier allein von der Liebe und der gegenseitigen Rücksichtnahme und Förderung her.

Wie erklärt sich diese deutliche Abweichung? Paulus hätte in dieser noch andauernden Auseinandersetzung wohl kaum die Ereignisse verkürzend wiedergeben können, ohne dass ihm heftig widersprochen worden wäre. Vielleicht ist in dem von Lukas überlieferten »Aposteldekret« in der Tat ein Kompromiss zu sehen, der aber *nach* dem antiochenischen Konflikt und offensichtlich ohne Zustimmung des Paulus in Jerusalem formuliert worden sein könnte – eben für das Zusammenleben von gemischten Gemeinden. Dann hätte Lukas Jahrzehnte später in Apg 15 zusammengefasst, was Paulus in Gal 2,1–10 und 2,11–21 – historisch differenzierter und zutreffender – getrennt darstellt. Von dem antiochenischen Konflikt nach Gal 2,1–21 wird dementsprechend bei Lukas nicht gesondert berichtet!

Gal 2,7–9: »Sondern im Gegenteil, als sie sahen, dass ich betraut bin mit dem Evangelium für die Unbeschnittenen, wie Petrus mit dem für die Beschnittenen – (8) denn der sich an Petrus als wirksam erwies hinsichtlich des Apostelamtes für die Beschnittenen, der erwies sich auch an mir wirksam [hinsichtlich des Apostelamtes] für die Heiden. (9) Und als sie die mir [von Gott] verliehene Gnade erkannten, da gaben Jakobus und Kephas und Johannes, die als die Säulen gelten, mir und Barnabas die Rechte [zum Zeichen] der Gemeinschaft, [mit der Vereinbarung,] dass wir zu den Heiden, sie aber zur Beschneidung [d.h. zu den Juden] gehen sollten.«

In einem gewaltigen Satzgefüge – der Hauptsatz beginnt erst in V.9b – hält Paulus nach dem negativ formulierten Ergebnis (2,6d) nun positiv (»sondern im Gegenteil«) das erzielte Einverständnis, die erreichte Zustimmung und die durch Handschlag besiegelte Vereinbarung fest. Die Maßgeblichen in Jerusalem haben *gesehen*, dass auch Paulus die Verkündigung des Evangeliums von Gott anvertraut worden ist, und sie haben *eingesehen*, dass Gott selbst ihn in seiner Gnade zu dem Wirken unter den Heiden berufen und befähigt hat. Jedenfalls was die »Angesehenen« und »Säulen« (2,9) der Urgemeinde anbetrifft, kamen sie spätestens beim Bericht des Paulus und des Barnabas von dem Wirken Gottes unter den Heiden zur einvernehmlichen Einsicht (V.7) und Erkenntnis (V.9).

Das *eine* Evangelium Jesu Christi (Gal 1,6f.) hat also nach Gottes eigenem Willen zwei Adressatengruppen. Insofern erweist es sich andererseits als das Evangelium für »die Unbeschnittenheit« – d.h. für »die unbeschnittenen Heiden« – und andererseits als das Evangelium für »die Beschneidung« – d.h. wiederum übertragen: für »die beschnittenen Juden« (Gal 2,8). Der Unterschied zwischen dem Apostelamt des Petrus und dem des Paulus liegt also nicht in der inhaltlichen Bestimmung des Evangeliums – denn es gibt ja nur *eine* »Wahrheit des Evangeliums« (Gal 2,5.14) –, sondern allein in dem verschiedenen Sendungsauftrag. Wechselseitig ist also in Jerusalem die geistliche Legitimität beider Zweige der Mission anerkannt worden: Paulus sieht und anerkennt Petrus als führenden Vertreter des Apostelamts für die Juden, und die Säulen in Jerusalem haben Paulus als führenden und legitimen Vertreter im Apostelamt für die Heiden akzeptiert.

Offensichtlich wurde von beiden Seiten eine vereinbarte Sammlung unter den paulinischen Gemeinden für die Bedürftigen in Jerusalem als Ausdruck der Einheit der Kirche und als Zeichen der wechselseitigen Anerkennung von Juden- und Heidenchristen verstanden: »**Nur sollten wir der Armen gedenken, und gerade dies zu tun, war ich auch eifrig bestrebt**« (Gal 2,10).

Dies muss man weder als bewusste Analogie zur jüdischen Tempelsteuer deuten noch auch allein als »tatkräftige Armenfürsorge« bestimmen – denn Arme hätten die Gemeinden in Mazedonien und Achaja auch in ihrer unmittelbaren Umgebung gefunden. Paulus selbst beschreibt den Dienst der Heidenchristen mit leiblichen Gütern als angemessenen Ausdruck ihrer dankbaren Teilhabe an den Israel und den Judenchristen zuerst geschenkten geistlichen Gütern (Röm 15,26f.). Von dem ernsthaften Einsatz des Apostels für die Durchführung und Überbringung dieser Kollekte zum Zeichen der Verbundenheit und Einheit der einen Kirche Jesu Christi zeugen die Paulusbriefe vielfältig (Röm 15,25–27.31; 1Kor 16,1–4; 2Kor 8 – 9; vgl. Apg 24,17).

Auf eine dramatische Weise sollte es ausgerechnet dieser Dienst für die Einheit der Kirche sein, der ihn in Jerusalem in Gefangenschaft und schließlich in Rom zu seinem Martyrium führte (vgl. Apg 20,23–25.28; 21,4.11; 21,15 – 23,22; 1Clem 5,5–7). In Sorge und Vorahnung dieses hohen Preises hatte er zuvor noch die römischen Christen um ihre Fürbitte gebeten, »damit ich errettet werde von den Ungläubigen in Judäa und mein Dienst, den ich für Jerusalem tue, angenehm werde den Heiligen« (Röm 15,31). So sollte sein letzter Jerusalemaufenthalt (ca. 56 n.Chr.) das Ende der leiblichen Freiheit des Heidenapostels bedeuten; sein Jerusalemaufenthalt beim Apostelkonvent (ca. 48 n.Chr.) aber die Vergewisserung und allgemeine Anerkennung der Freiheit der Heidenchristen, die sie durch das vom Apostel verkündigte Evangelium von Christus gewonnen haben.

3. Die Verteidigung und Bewährung des von Paulus verkündigten Evangeliums im antiochenischen Konflikt (Gal 2,11–21)

»Als aber Kephas nach Antiochien gekommen war, trat ich ihm Auge in Auge entgegen, weil er als schuldig erwiesen war« (Gal 2,11).

Der Einschnitt zwischen Gal 2,10 und 2,11 ist durch den Ortswechsel und durch das einleitende »als aber« deutlich gekennzeichnet. Im folgenden Unterabschnitt geht es um die Verteidigung und Bewährung des von Paulus verkündigten Evangeliums im antiochenischen Konflikt, wobei 2,11–14 von dem Konflikt selbst und der Stellungnahme des Paulus berichten, während 2,15–21 die theologische Entfaltung der Argumentation des Paulus bieten.

Da Paulus seit Gal 1,11 in chronologischer Abfolge berichtet, wird mit »als aber« – entsprechend Gal 1,15 – wieder ein Ereignis angesprochen, das auf das vorher Berichtete folgt. So kann man die Spannungen zur Darstellung des Apostelkonzils bei Lukas in Apg 15 auch nicht dadurch lösen, dass man die in Gal 2,11ff. beschriebenen Ereignisse vor Gal 2,1ff. zu datieren versucht. Die Zeitangabe selbst lässt keine Rückschlüsse auf die genaue Datierung zu. Im Hinblick auf die weitere Missionstätigkeit des Paulus ohne die Begleitung durch Barnabas wird man bei dem Zusammentreffen von Paulus, Barnabas, den Leuten des Jakobus und Petrus in Antiochien am ehesten an einen Zeitpunkt kurz nach dem Apostelkonzil denken, das ca. 48 n.Chr. stattgefunden hatte.

Was waren die Gründe für den in Gal 2,11–21 beschriebenen Konflikt, an dem nicht nur Gemeindeglieder oder Mitarbeiter der Apostel, sondern nun auch die Apostel Petrus und Paulus auf verschiedenen Seiten beteiligt waren? Beim Apostelkonzil hatte Paulus wohl die grundsätzliche und offizielle Anerkennung der gesetzesfreien Heidenmission durch die Jerusalemer Autoritäten erreicht (Gal 2,7; Apg 15,7ff.). Zudem verständigte man sich über die Aufteilung der Missionsgebiete bzw. der Adressaten der jeweiligen Mission unter Heiden und unter Juden. Damit konnte die kirchliche Gemeinschaft und grundsätzliche Einheit der frühen Kirche – mit Handschlag besiegelt – bestätigt und erhalten werden (Gal 2,9).

Nicht abschließend geklärt wurde aber wohl beim Apostelkonzil in Jerusalem die Frage, welche Bedeutung die Sinai-Tora für die an Christus Glaubenden grundsätzlich haben solle. Gilt die Freiheit von Gesetz und Beschneidung nur für die Heidenchristen, oder sind auch Judenchristen in ihrem Glauben an Christus von der verbindlichen Befolgung des Gesetzes mit all seinen rituellen Vorschriften nunmehr befreit? Diese Frage stellte sich spätestens da ganz unausweichlich, wo in gemischten Gemeinden Juden- und Heidenchristen in ihren Gottesdiensten das Mahl des Herrn zusammen feiern wollten und damit gemeinsame Tischgemeinschaft praktizierten.

Für Paulus als früheren Pharisäer und Christenverfolger und jetzigen Apostel für die Heiden hat sich diese Frage ganz grundlegend und eindeutig mit seiner Christuserkenntnis geklärt: Die von Gott in Christus aus Gnade geschenkte Glaubensgemeinschaft hebt alle Grenzen auf: »Denn in Christus Jesus ist weder die Beschneidung noch das Unbeschnittensein von Bedeutung, sondern der Glaube, der durch die Liebe wirksam ist« (Gal 5,6), und damit allein die in Christus gegebene »neue Schöpfung« (Gal 6,15). Diesem eindeutigen Zeugnis diente für Paulus auch die Mitnahme des Titus als Heidenchristen zum Apostelkonzil (Gal 2,3).

Für Jakobus selbst – oder zumindest für die Leute, die sich in Antiochien auf ihn als Apostel und Bruder Jesu berufen (Gal 2,12) – stellen sich die Konsequenzen der Absprache in Jerusalem anders dar. Das Zugeständnis an Paulus, dass er das Evangelium unter Heiden verkündigen kann, beinhaltet für sie nicht, dass Judenchristen in gemischten Gemeinden aus Rücksicht auf ihre heidenchristlichen Geschwister von der strengen Toraobservanz absehen dürften. Aus ihrer Sicht beinhaltet die Unterscheidung der Missionsaufträge zugleich, dass Judenchristen getrennt von Heidenchristen zu leben haben. Denn als geborene Juden sehen sie sich weiter an das Gesetz und insbesondere an die Reinheitsvorschriften gebunden (z.B. 2Mose 23,19; 3Mose 3,17; 11; 17,8–10; 5Mose 12,15f.21.23; 14,3–21), womit für sie die Mahlgemeinschaft mit Nichtjuden ausgeschlossen erscheint (vgl. Dan 1,8; Jub 22,16; 3Makk 3,4; JosAs 7,1; Apg 10,28; Joh 4,9). Fast unausweichlich hat sich in gemischten Gemeinden so eine Konfliktsituation ergeben – und das ausgerechnet bei der gottesdienstlichen Feier des Herrenmahls.

Auch nach Lukas entzündet sich der Streit um die Legitimität der Taufe und Aufnahme von Heiden in die Gemeinde an dem Problem der Tischgemeinschaft mit ihnen. So muss Petrus gemäß Apg 11,3 nach der Bekehrung des heidnischen Hauptmanns Cornelius und seines Hauses sich von »denen aus der Beschneidung« vorwerfen lassen: »Du bist zu Unbeschnittenen gegangen und hast mit ihnen gegessen.« Hat er doch zuvor selbst erst durch die göttliche Stimme gelernt, dass er das, was Gott selbst gereinigt und für rein erklärt hat, nicht für unrein erklären soll (Apg 10,11–16; 11,5–10). Auf dem Hintergrund dieser hochsensiblen Grundentscheidungen der frühen Kirche wird auch verständlich, warum Lukas in seinem Evangelium gerade die Zuwendung Jesu zu Zöllnern und Sündern und dessen Rechtfertigung der Tischgemeinschaft mit Sündern so vielfältig überliefert (Lk 5,30; 7,34; 15,1f.; 19,7). Diente doch Jesu Sünderannahme in Israel den Jüngern nach der Auferstehungserkenntnis zugleich als Vorbild und Ermutigung in ihrem Auftrag zur Verkündigung des Evangeliums unter allen Völkern (Lk 24,46f.; Apg 1,8).

In Gal 2,11 berichtet nun Paulus zunächst grundsätzlich von seiner Auseinandersetzung mit Petrus in Antiochien, wobei wir nichts über den Grund oder die näheren Umstände des Aufenthalts des »Apostels für die Juden« (Gal 2,8) erfahren: »Als aber Kephas nach Antiochien gekommen war, trat ich ihm Auge in Auge entgegen, weil er als schuldig erwiesen war.« (Gal 2,11).

Im Unterschied zum einvernehmlichen Abschied in Jerusalem sieht Paulus sich nun genötigt, Petrus »im persönlichen Gegenüberstehen«, »Auge in Auge« offen und öffentlich entgegenzutreten (2,14). Als Grund für diesen schärfstmöglichen frühchristlichen Einspruch gegenüber dem in der Urgemeinde hoch angesehenen Apostel – den er auch hier wieder mit seinem aramäischen Ehrennamen Kephas, »Fels«, bezeichnet – gibt Paulus an: »weil er als schuldig erwiesen, verurteilt war«. »Verurteilt« war Petrus nicht nur durch sein Verhalten oder durch die öffentliche Meinung, sondern im Licht der »Wahrheit des Evangeliums« Gottes, von deren Weg er durch sein Verhalten abgekommen war (2,14). Weil es um die Wahrheit des Evangeliums selbst geht und um das Heil der heidenchristlichen Gläubigen, musste Paulus damals in Antiochien wie jetzt in Galatien seinem am Evangelium schuldig gewordenen Gegenüber entschieden entgegentreten.

Gal 2,12f. wird nun das nach Paulus offensichtlich schuldhafte Verhalten des Petrus, welches das Eingreifen des Heidenapostels nötig machte, entfaltet: »Bevor nämlich einige von Jakobus kamen, hielt er Tischgemeinschaft mit den Heidenchristen. Als sie aber kamen, zog er sich zurück und sonderte sich ab aus Furcht vor denen aus der Beschneidung. Und mit ihm heuchelten auch die übrigen Judenchristen, so dass sich sogar Barnabas durch ihre Heuchelei (bzw. zu ihrer Heuchelei) mit fortreißen ließ.«

Handelt es sich bei den »Jakobusleuten« um Abgesandte des Herrenbruders Jakobus, die in seinem Namen handeln, oder um Schüler des Jakobus, die sich in ihrem eigenen Handeln auf ihn als die entscheidende Jerusalemer Autorität beziehen? Dies bleibt hier wie im ganzen Brief letztlich offen, da Paulus in diesem Zusammenhang wohl Petrus, nicht aber Jakobus selbst benennt.

Mit »Heiden« (2,12) und »Juden« (2,13) werden hier die »Heiden*christen*« (vgl. Röm 15,16; 16,4) und die »Juden*christen*« bezeichnet. Vor dem Eintreffen der Jakobusleute hielt Petrus nicht nur einmalig, sondern wiederholt – wie es die Zeitstufe im Griechischen voraussetzt (duratives Imperfekt) – Tischgemeinschaft mit den Heidenchristen in Antiochien (»er aß mit ihnen«; vgl. Lk 15,2; Apg 11,3; 1Kor 5,11). Dabei ist speziell auch an das Herrenmahl gedacht, das zur neutestamentlichen Zeit im Zusammenhang einer gemeinsamen Mahlzeit gefeiert wurde – mit dem Brotwort vor dem Sättigungsmahl und dem Kelchwort »nach dem Mahl« (1Kor 11,17–34; hier V.25). Wie es für Paulus selbstverständlich ist, bestand in Antiochien also volle Mahlgemeinschaft der einen Kirche Jesu Christi aus geborenen Juden und Heiden. Als die Leute des Jakobus aber eintrafen, sonderte sich Petrus wohl von der gemeinsamen Mahlfeier ab und trennte sich damit von den Heidenchristen – wiederum dauerhaft und nicht nur einmalig (Imperfekt). Für Paulus ist der Grund für diesen Rückzug nicht in der inneren Überzeugung des Petrus zu sehen, sondern in seiner »Furcht vor denen aus der Beschneidung« (vgl. Apg 10,45; 11,2; Kol 4,11; Tit 1,10) – d.h. vor den Jakobusleuten selbst und ihrem Bericht gegenüber den Judenchristen in Jerusalem.

Aufgrund der Autorität und des Ansehens des Petrus schlossen sich auch die anderen Judenchristen in Antiochien diesem als »Heuchelei« zu bezeichnenden Verhalten an. Besonders schmerzlich muss es für Paulus gewesen sein, dass sich »sogar Barnabas durch ihre Heuchelei mit fortreißen ließ« (Gal 2,13), der doch sein Mitstreiter beim Apostelkonzil (2,1ff.) und zuvor in der gemeinsamen Missionstätigkeit gewesen war. Die Schwere des Vorwurfs bezieht sich nicht nur *moralisch* auf das taktische Verhalten und die Täuschung der Jerusalemer, sondern vor allem in *theologischer* Hinsicht auf die »Heuchelei«, den »Frevel« (vgl. Hiob 34,30; Sir 32,15; 33,2), der in dem Verhalten besteht, das der eigenen Glaubensüberzeugung widerspricht und damit ein Abweichen von der erkannten »Wahrheit des Evangeliums« (2,14; vgl. 2,5) darstellt.

Gal 2,14a: »Jedoch – als ich sah, dass sie nicht den rechten Weg wandelten gemäß der Wahrheit des Evangeliums, sagte ich zu Kephas im Beisein aller [d.h. vor der ganzen Gemeinde] ...«

Warum stellt dieses von Petrus zu verantwortende judenchristliche Verhalten aus Sicht des Paulus ein so hart zu beurteilendes Abweichen von »dem rechten Weg« dar (2,14)? Der Abbruch der Mahlgemeinschaft bedeutete faktisch die Preisgabe der Einheit der Gemeinde des einen Herrn Jesus Christus, der für sie alle gestorben und auferstanden ist. Die Verweigerung der gemeinsamen Feier des Herrenmahls beinhaltet und vermittelt, dass die Reinheitsvorschriften und Speisegebote für Judenchristen bleibend verpflichtend sind und disqualifiziert Haus und Tisch der Heidenchristen als »unrein«. Das Gesetz des Mose, das Juden und Heiden trennt, wird damit über das Evangelium Gottes von Jesus Christus gestellt, das Juden und Heiden »in Christus« gleichermaßen gerechtfertigt, erlöst, geheiligt und somit zu einer Heilsgemeinde verbunden hat.

Auch wenn und gerade weil Petrus selbst ein Apostel des Herrn war, musste Paulus ihm »Auge in Auge«, »ins Angesicht« (Gal 2,11) widersprechen. Dass er dies »vor allen«, d.h. »vor der ganzen Gemeinde« tat (2,14), ist nicht etwa als indiskret misszuverstehen oder allein mit dem öffentlich gegebenen Ärgernis zu erklären. Es geht für Paulus vielmehr um die Einheit, Integrität und Bewahrung der Gemeinde und der Wahrheit des Evangeliums selbst – und nicht nur um eine private Verfehlung einzelner, die man zunächst vertraulich ansprechen könnte.

Gal 2,14b: »Wenn du, obwohl du ein Jude bist, wie ein Heide und nicht nach den jüdischen Gesetzesvorschriften lebst, – mit welchem Recht zwingst du dann die Heiden(christen), nach den jüdischen Gesetzesvorschriften zu leben?«

Paulus behaftet Petrus dabei, dass er grundsätzlich und bis zum Eintreffen der Jakobusleute auch aktuell nicht mehr nach den jüdischen Gesetzesvorschriften in konsequenter Beachtung der Reinheitsvorschriften und Speisegebote lebt, dass er also – aus streng jüdischer Perspektive – »wie ein Heide«, »heidnisch« lebt, obwohl er selbst doch geborener Jude ist. Dies ergibt sich in diesem Zusammenhang schon durch die anfängliche gemeinsame Mahlgemeinschaft mit Heidenchristen; und es entspricht auch dem Bild, dass Lukas in der Apostelgeschichte von Petrus ab dem einschneidenden Ereignis der Sendung in das Haus des heidnischen Hauptmanns Cornelius zeichnet (Apg 10,1 – 11,18).

»Wie«, »mit welchem Recht«, fragt Paulus missbilligend und zurechtweisend, »zwingst« du dann die Heiden dazu, »jüdisch« – d.h. nach den Bestimmungen der jüdisch-gesetzlichen Ordnung – zu leben? Dieser Vorwurf wiegt für jüdische und judenchristliche Ohren deshalb besonders schwer, weil er in Umkehrung der eigenen geschichtlichen Erfahrung daran erinnert, wie Juden »gezwungen« werden sollten, unreine Speisen zu essen und dadurch dem jüdischen Leben abzuschwören (vgl. 4Makk 4,26, unter Antiochus Epiphanes, 175–164 v.Chr.). Sowenig das Petrus bei seiner Rücksichtnahme auf die Jerusalemer Judenchristen schon bewusst gewesen sein muss, so hat er aus Sicht des Heidenapostels Paulus durch seinen Ausschluss der Heidenchristen von der Mahlgemeinschaft und von der Zugehörigkeit zum wahren »Israel Gottes« (Gal 6,16) in letzter Konsequenz vermittelt, was die Gegner in Galatien dann auch explizit verkündigen: »Diese *zwingen* euch, dass ihr euch beschneiden lasst« (Gal 6,12). Mit seiner Distanzierung von den Heidenchristen hat Petrus in der konkreten gottesdienstlichen Situation einer gemischten Gemeinde die beim Apostelkonzil gewonnene grundsätzliche Anerkennung der Heidenmission verraten. Seine falsche Rücksichtnahme und sein unverantwortliches Nachgeben, das auch die anderen Judenchristen – außer Paulus – zum Verrat an den Heidenchristen verleitete, hat das Leben gemäß der jüdischen Vorschriften höher gewertet als den einigenden Glauben an den einen Herrn Jesus Christus –

und damit das Gesetz höher als die Wahrheit des Evangeliums. Dieser so ernste wie gedrängt formulierte Vorwurf gegenüber Petrus bedarf aber jetzt im Folgenden (Gal 2,15–21) der Begründung und Entfaltung durch Paulus.

Der Abschnitt Gal 2,15–21 schließt sich so unmittelbar an den einführenden Bericht vom antiochenischen Konflikt in Gal 2,11–14 an, ist aber im Hinblick auf seine formale Zugehörigkeit in der Forschung umstritten. Wie verhalten sich der historische Bericht vom *antiochenischen* Konflikt zu der anschließenden Auseinandersetzung mit der *galatischen* Situation? Ist nur Gal 2,14 auf die Ansprache an Petrus zu beziehen oder ist der ganze Abschnitt bis 2,21 wörtlicher historischer Bericht von der damaligen Antwort an Petrus? Oder findet sich in 2,17 bzw. in 2,19 der allmähliche Übergang von der Vergangenheit zur Gegenwart?

Für die Zusammengehörigkeit des ganzen Abschnitts Gal 2,11–21 gibt es gute Argumente: 1. In Gal 3,1 findet sich mit der schroffen Anrede: »Oh, ihr unvernünftigen Galater!«, ein deutlicher Neueinsatz. 2. Der Vorwurf in Gal 2,14 bildet noch keinen sinnvollen Abschluss, sondern ist auf eine erklärende Fortsetzung angelegt. 3. Formal und inhaltlich gesehen bildet die Rede 2,14–21 eine sinnvolle und wohl strukturierte Einheit: Der öffentlichen Zurechtweisung des Petrus in der unmittelbaren Anrede mit »Du« (V.14) wird dann in 2,15–17 die Entfaltung und Begründung des Vorwurfs im – Paulus, Petrus und die anderen Judenchristen verbindenden – »Wir« folgen. In 2,19–21 wird Paulus schließlich kontrastierend in der ersten Person Singular vom »Ich« sprechen, mit dem der Apostel der Heiden sich selbst bezeichnet – und zwar als Repräsentant all der Christen, die sich an »die Wahrheit des Evangeliums« (V.14) halten.

So ist festzuhalten, dass der ganze Abschnitt bis hin zu Gal 2,21 *formal* noch zum Bericht vom antiochenischen Konflikt gehört, *sachlich* und *begrifflich* aber ist er bereits von 2,14 an (vgl. »zwingen« in 6,12) auf die aktuelle galatische Situation hin formuliert. Um die geht es Paulus letztlich in dem gesamten historisch-biographischen Hauptteil seines Briefes (1,11 – 2,21), der die Vergangenheit um der Zukunft der Galater willen vergegenwärtigt. Dabei hat die Antwort des Paulus an Petrus in Gal 2,15–21 eine *Scharnierfunktion;* die historisch orientierte Darstellung des 1. Hauptteils geht hier in die systematisch-exegetische Argumentation des 2. Hauptteils, Gal 3,1 – 5,12, über.

Gal 2,15: »*Wir* sind von Geburt Juden und nicht Sünder heidnischer Herkunft.«

Mit dem betont vorangestellten »Wir« fasst Paulus nun – nach dem anklagenden »Du« in V.14 – sich selbst, Petrus und die anderen Judenchristen zusammen. Formal wie inhaltlich überrascht der Wechsel und die Aussage an dieser Stelle; und diese Überraschung ist offensichtlich auch beabsichtigt. Es handelt sich rhetorisch gesehen um die Figur einer *concessio*, eines Eingeständnisses am Anfang einer Rede. Darin gesteht der Redner zu Beginn einen für die eigene Sache ungünstigen Einwand selbst ein, um ihn im Folgenden durch grundlegende Argumente zu überwinden.

Paulus greift zunächst das jüdische Selbstverständnis auf, indem er vom jüdischen Standpunkt aus argumentiert. Als Judenchristen sind sie alle »von Geburt«, »nach der Abstammung« Juden (vgl. 2Kor 11,22; Phil 3,5), was sie in Abgrenzung sowohl von den sprichwörtlich sündigen »Heiden« wie auch von den zum Judentum übergetretenen, aber als Heiden geborenen »Proselyten« unterscheidet. Diese abgrenzende und wertende Selbsteinschätzung teilte Paulus vor dem Damaskusereignis (Gal 1,15f.) selbst, wie wir zu Gal 1,13f. und Phil 3,4.6 bereits sahen. Damit geht es bei dem Eingeständnis von Gal 2,15 also um das *jüdische*, noch nicht um das spezifisch juden*christliche* Selbstverständnis, das dann erst in Gal 2,16 mit »weil *wir* aber wissen ...« eingeführt wird. Dieses Menschen nichtjüdischer Abstammung abwertende Vorverständnis wird Paulus als Argument von seinen Gegnern kontinuierlich entgegengehalten. Und wie er es in Gal 2,15 selbst thematisiert, um es in Gal 2,16–21 zu überwinden, so wird er im späteren Römerbrief ungleich ausführlicher zunächst die jüdische Sicht auf die anderen Menschen und sich selbst aufgreifen (Röm 1,18–32, entsprechend Gal 2,15), um dann die Sicht auf Israel und die Völker aus der Perspektive der Offenbarung der Gerechtigkeit Gottes in Jesus Christus entgegenzusetzen (Röm 2,1 – 3,20, entsprechend Gal 2,16f.).

Die Bezeichnung »Sünder aus den Heiden« – d.h. »Sünder heidnischer Herkunft«, »sündige Heiden« – lässt die Begriffe »Sünder« und »Heide« als geradezu gleichbedeutend erscheinen. Heiden gelten als Sünder sowohl im Hinblick auf ihr Wesen als Nichtjuden als auch hinsichtlich ihrer nicht am Gesetz des Mose orientierten Lebensweise. Für Paulus wird die Gleichheit von Juden und Heiden im Licht des Evangeliums nun nicht etwa durch die Relativierung der Schuld und Gottlosigkeit der Heiden erreicht, sondern umgekehrt durch die Erkenntnis der absoluten Schuldverfallenheit und der Entfremdung aller Menschen von Gott ihrem Schöpfer. Es ist gerade die Sünde und die Distanz gegenüber Gott und seinem im Gesetz offenbaren Willen, die Juden und Heiden verbindet (Gal 2,16f.; vgl. Röm 3,9.20.23). So stellt Paulus auch in Gal 2,16–21 nicht etwa die Bezeichnung der Völker als »sündige Heiden« in Frage, sondern das jüdische Selbstverständnis, das sich in der abgrenzenden Aussage: »*Wir* sind Juden von Geburt!«, äußert (vgl. Röm 2,1 – 3,20).

Gal 2,16: »Weil wir aber wissen, dass der Mensch nicht aufgrund von Werken des Gesetzes [d.h. Toraobservanz] gerechtfertigt wird, sondern ausschließlich durch den Glauben an Jesus Christus, sind *auch wir* zum Glauben an Christus Jesus gekommen, damit wir aufgrund des Glaubens an Christus gerechtfertigt werden und nicht aufgrund von Werken des Gesetzes [d.h. Toraobservanz]; denn aufgrund von Werken des Gesetzes ›wird kein Fleisch gerechtfertigt werden‹ [Ps 143,2].«

In einem einzigen gewaltigen und klar strukturierten Satzgefüge stellt Paulus nun in Gal 2,16 die judenchristliche Glaubenserkenntnis dem früheren jüdischen Selbstverständnis von V.15 entgegen. Mit V.16 wird das wertende Vorverständnis von V.15 nicht nur relativiert oder ergänzt, sondern grundsätzlich aufgehoben. Der Hauptsatz in V.16b bildet Mittelpunkt und Grundlage der Argumentation: »*auch wir* [die wir von Geburt Juden sind] sind zum Glauben an Christus Jesus gekommen«. Die Nebensätze entfalten die Voraussetzung (2,16a), die Absicht (2,16c) und die Begründung (2,16d) dieser Hinwendung der Judenchristen zu Christus, obwohl sie doch bereits Juden von Geburt gewesen sind und sich als solche um die Erfüllung der Tora bemühen konnten. Bei seiner Überführung des falschen Verhaltens des Petrus und der Abweichung von der Wahrheit des Evangeliums setzt Paulus also an der unbestreitbaren, alle Judenchristen verbindenden Voraussetzung ihrer Hinwendung zu Christus an, um aus dieser unbestreitbaren Tatsache die theologisch unausweichlichen Konsequenzen zu ziehen. Unter welcher Voraussetzung, in welcher Absicht und auf welcher Grundlage wurden sie damals an Christus gläubig und ließen sich auf seinen Namen taufen (vgl. Gal 3,26ff.)?

Drei für den Galaterbrief ganz grundlegende Begriffe werden in diesem anspruchsvollen – und mit seinen Wiederholungen zunächst verwirrend erscheinenden – Satz von Gal 2,16 neu eingeführt und jeweils *dreimal* verwendet. Es sind die Begriffe »gerechtfertigt werden« (im Folgenden 8-mal; »Gerechtigkeit« 4-mal), »Gesetz« bzw. »aufgrund der Werke des Gesetzes« (im Folgenden 32-mal) und »Glaube« (im Folgenden 21-mal, zuvor nur traditionell in Gal 1,23). Im Hinblick auf den Glaubensbegriff variieren die Formulierungen »durch den Glauben an Jesus Christus« (V.16a), »an Christus Jesus glauben bzw. zum Glauben kommen« (V.16b, als Verb) und »auf der Grundlage des Glaubens an Christus« (V.16c).

Mit der Formel »wir wissen aber« leitet Paulus häufig den Glauben vergewissernde Aussagen und verbindliche Glaubensüberzeugungen ein (s. Röm 5,3; 6,9; 1Kor 15,58; 2Kor 4,14; 5,6). Entsprechend wird V.16a als allgemein gültiger, objektiver Grundsatz des christlichen Glaubenswissens in der 3. Pers. Sg. formuliert: »dass der Mensch nicht aufgrund von Werken des Gesetzes gerechtfertigt wird«. Was der Apostel in Gal 3,1–19 ausführlich entfalten und später in Röm 1,18 – 3,20 noch umfassender begründen wird, ruft er hier nur knapp als allgemeinen Glaubenssatz ins Bewusstsein und stützt diesen mit der Erinnerung an die faktisch vollzogene Bekehrung von Juden zu Christus (V.16b). Denn er begründet die Unmöglichkeit, durch Befolgung der Tora vor Gott gerecht zu werden, in Gal 2,16 nicht gesondert, sondern behaftet seine judenchristlichen Geschwister konsequent bei den Voraussetzungen ihres eigenen Verhaltens.

Wenn Paulus diese gemeinsame Grundüberzeugung so nachdrücklich dreimal wiederholt und so eindrücklich vergegenwärtigt, führt er damit wohl nicht nur einen selbstverständlichen allgemeinen christlichen Grundsatz ein. Unstrittiger gemeinsamer Ausgangpunkt ist nur die Tatsache des Gläubigwerdens an Christus. Dass sich aber der Glaube an Christus und die Rechtfertigung aufgrund von Gesetzesgehorsam gegensätzlich ausschließen, das versucht Paulus durch die dreimalige Gegenüberstellung einzuschärfen, und darin will er – damals in Antiochien wie jetzt in Galatien – mit seiner Argumentation die Zustimmung und Übereinstimmung allererst herbeiführen.

In selbständiger Weise verwendet Paulus auch die drei zentralen – von der alttestamentlich-jüdischen Tradition vorgegebenen – Begriffe. So ist die Ausgangsbedeutung von »gerechtfertigt werden« wie auch in dem Zitat von Ps 143,2, auf das er in Gal 2,16d anspielt, »als gerecht erfunden werden«, »als gerecht dastehen«. Dabei wird der Vorgang auf das gerechte Urteil Gottes im zukünftigen Gericht bezogen, bei dem der Mensch aufgrund seines gelebten Lebens als gerecht bestehen oder eben nicht bestehen wird. Da Paulus aber davon ausgeht, dass kein Mensch von sich aus und aufgrund seines eigenen Lebens und Verhaltens vor Gott bestehen kann – wie er es in der Schrift auch schon belegt findet –, scheidet dieser Weg der »Rechtfertigung« faktisch und grundsätzlich aus. Die Rechtfertigung im Glauben an Christus bedeutet also nicht, dass der Gläubige als hinreichend gerecht erfunden wird, um das ewige Leben zu erhalten, sondern dass der an Christus Gläubige als ein an sich Schuldiger »gerecht gesprochen«, »gerecht gemacht« – d.h. von Gott als Richter um Christi willen begnadigt wird. Dieses »Rechtfertigungsgeschehen« steht aber für die an Christus Glaubenden nicht bis zum Jüngsten Tag noch aus und bleibt auch nicht bis dahin ungewiss, sondern es wird in der Verkündigung des Evangeliums von Christus bereits gegenwärtig verbindlich zugesprochen. So kann Paulus bereits in der Gegenwartsform davon sprechen, dass die Hörer des Evangeliums allein auf der Grundlage des Glaubens an den für sie gestorbenen und auferstandenen Christus (Gal 1,1.4; 2,19f.; 3,13; 4,4f.) »den rettenden Freispruch empfangen«, »gerecht gemacht werden« und »das Heil erlangen« (Gal 2,16; 3,8; vgl. Röm 3,24.26.28; 4,5; 5,1.9).

Für Paulus liegt nun alles daran, festzuhalten, dass diese »Rechtfertigung« einzig und allein *im Glauben* empfangen wird. Dass es sich bei diesem Glauben, von dem Paulus im Hinblick auf die Gegenwart spricht, nur um den Glauben *an Christus* handeln kann, versteht sich auch da von selbst, wo vom »Glaube« nur absolut – also ohne Näherbestimmung der Bezugsperson – gesprochen wird (Gal 3,7.8.9.11.12. 14.23.24.25; 5,5.6; Röm 3,28.30; 5,1; 9,30; 10,6). In Gal 2,16 variiert die Reihenfolge der Namensnennung: »Jesu Christi« in Gal 2,16a (wie in Gal 3,22; Röm 3,22) und »Christi Jesu« in Gal 2,16b, während in Gal 2,16c kurz »Christi« ergänzt wird (wie in Phil 3,9). Die Variation lässt sich bei der Häufung der Angaben als stilistisch bedingt erklären und ist theologisch nicht überzubewerten. Dass für Paulus der ursprüngliche Sinn von »Christus« als Titel – »Gesalbter«, »Messias« – noch erhalten ist, gilt in jedem Fall und unabhängig von der Voranstellung wie in 2,16b.

Wie die Wendung »Glaube Jesu Christi« genau zu verstehen ist, wird durch den unmittelbaren Zusammenhang – den eingeschlossenen Hauptsatz Gal 2,16b – eindeutig bestimmt. Dort heißt es ausdrücklich in verbaler Wendung: »Wir wurden gläubig *an* Jesus Christus«. Es geht hier wie dann auch in Gal 2,20 eindeutig um den menschlichen Glauben *an* Christus, den Sohn Gottes – nicht etwa nur um den Glauben, den Jesus selbst auf Erden vorbildlich praktiziert hat. Die ersten Christen glaubten nicht nur an Gott, den Vater, sondern ausdrücklich auch an seinen Sohn, Jesus Christus, den sie auch in Gebet und Anbetung als »Herrn« verehrten (1Kor 1,2; 12,3; 16,22; 2Kor 12,8; Phil 2,9–11). Die Beziehung, die Jesus Christus als der Sohn Gottes gegenüber seinem himmlischen Vater in Liebe, Vertrauen und Gehorsam gelebt hat, umschreibt Paulus hingegen nicht mit dem Begriff »Glaube«.

Der Wechsel der Präpositionen in den Wendungen »durch Glauben« in Gal 2,16a und »aus Glauben« – d.h. »aufgrund des Glaubens« – in V.16c findet sich bei Paulus verschiedentlich (z.B. Röm 3,30) und ist wohl eher stilistisch bedingt. Ob es heißt, dass der rettende Freispruch »auf der Grundlage des Glaubens« empfangen wird, oder ob betont wird, dass das Heil »vermittels des Glaubens«, »durch den Glauben« erlangt wird, ändert an dem grundsätzlichen Glaubensverständnis nichts. In beiden Fällen ist der Glaube bei Paulus nicht *Voraussetzung* und *Vorbedingung* (*conditio*), die der Mensch von sich aus erfüllen muss, um das Heil zu erlangen, sondern die *Art und Weise* (*modus*), in der Gott dem Menschen schon gegenwärtig Anteil an seiner Gerechtigkeit gibt. Die Gerechtigkeit wird nach Paulus nicht »*wegen* des Glaubens (*propter fidem*), sondern »*durch* Glauben« (*per fidem*) zugeeignet.

Schließlich bleibt bei der grundsätzlichen Formulierung in 2,16a noch zu klären, was Paulus präzise mit den »Werken des Gesetzes« meint, die im Neuen Testament nur bei ihm erscheinen. Dabei gebraucht er siebenmal die Wendung »aus Werken des Gesetzes« (Röm 3,20; Gal 2,16 [3x]; 3,2.5.10) und viermal die Kurzformel »aus Werken« (Röm 4,2; 9,12.32; 11,6). In Röm 3,28 findet sich die Wendung »ohne Werke des Gesetzes«, das in Röm 4,6 in der Kurzform »ohne Werke« aufgenommen wird. Bezeichnenderweise kann Paulus im Zusammenhang von Rechtfertigungsaussagen auch ausschließlich vom »Gesetz« sprechen – und zwar in den Wendungen »im Gesetz« (Gal 3,11; 5,4; Phil 3,6), »aufgrund des Gesetzes« (Röm 10,5; Gal 3,21; Phil 3,9) und »durch das Gesetz« (Gal 2,21).

Paulus denkt bei den »Werken des Gesetzes« offensichtlich nicht nur an einzelne Gebotserfüllungen oder nur an »gesetzlich« motivierte Einzeltaten, sondern an die grundsätzliche Bejahung und umfassende Befolgung des mosaischen Gesetzes, den sich in Haltung und Tun konkretisierenden Gesetzesgehorsam – eben die konsequente Toraobservanz. Dass derjenige, der sich durch Beschneidung dem Gesetz unterstellt hat, verpflichtet ist, das ganze Gesetz zu halten, ruft Paulus nachdrücklich in Gal 5,3 ins Bewusstsein. Das Gesetz lässt sich bei Paulus – als Apostel wie als ehemaligem Pharisäer – auch nicht auf das »Ritualgesetz« oder auf ein »Sittengesetz« reduzieren, sondern beansprucht von denen, die ihm unterstehen, nach allen seinen Teilen uneingeschränkt befolgt zu werden. In diesem Punkt sind sich auch die Paulusbriefe (Gal 3,10; 5,3; vgl. 5Mose 27,26) und der Jakobusbrief (Jak 2,10) ganz einig.

In diesem gedrängten Zusammenhang von Gal 2,16 entfaltet Paulus noch nicht die Gründe für die Unmöglichkeit, durch das Befolgen des Gesetzes vor Gott im Gericht bestehen zu können, sondern er hält allein die – auch von der Schrift bezeugte – Tatsache und die einzig mögliche Alternative für den Menschen fest: »*auch wir* [als geborene Juden und mit dem Gesetz Vertraute] sind zum Glauben an Christus gekommen, damit wir aufgrund des Glaubens an Christus gerechtfertigt werden ...« (Gal 2,16bc).

Gal 2,17: »Wenn demnach *auch wir selbst* bei unserem Streben [bzw. indem wir begehrten], in Christus gerechtfertigt zu werden, als Sünder erfunden wurden, ist dann etwa Christus ein Diener der Sünde? Ganz und gar nicht!«

Bei der Übersetzung und Auslegung von V.17 ergeben sich immer wieder Schwierigkeiten, die sich aber überwinden lassen, wenn man den Vers als folgerichtige und logische Fortsetzung (»wenn demnach«) der bisherigen Argumentation von V.15 an begreift. Denn der Bedingungssatz in 2,17 knüpft unmittelbar an V.16 an und stellt die pointiert formulierte Folgerung aus dem vorher Gesagten dar. Wie in V.16 ist auch in V.17 von dem vorzeitigen Geschehen des Gläubigwerdens an Christus die Rede; denn in beiden Versen ist von einem Geschehen die Rede, das aus der Perspektive des antiochenischen Konflikts in der Vergangenheit liegt. Es heißt in V.17 wörtlich in Vergangenheitsform und real: »wenn wir erfunden *wurden*«, nicht etwa – wie einige Übersetzungen voraussetzen – »wenn wir [gegenwärtig oder zukünftig als Christen] erfunden *würden*« oder auch »wenn wir erfunden worden *wären*«.

Mit ihrem Angewiesensein auf Christus und bei ihrer Rechtfertigung allein im Glauben an ihn »erwiesen sich« auch die geborenen Juden – Paulus, Petrus und die anderen Judenchristen – im Licht des Evangeliums und vor Gott als auf Freispruch durch Begnadigung angewiesene »Sünder« – so wie die Heiden (2,15), von denen sie sich doch früher so deutlich abzugrenzen suchten. Deshalb führt Paulus nach dem »wir« in V.15 und dem »auch wir« in V.16 nun ganz nachdrücklich in V.17 dasselbe Subjekt in der 1. Pers. Pl. mit »auch wir selbst« ein. »*Auch wir selbst* – die wir von Geburt Juden sind (2,15), aber im Wissen um die Unmöglichkeit eines anderen Weges zum Heil an Christus gläubig wurden (2,16) –, auch wir selbst wurden bei unserem Streben, in Christus gerechtfertigt zu werden, als Sünder erfunden.« Die Bezeichnung »Sünder« bzw. »Sünde« in 2,17 knüpft also an V.15 an und bezeichnet im theologischen Vollsinn den von Gott getrennten und ihm gegenüber feindlichen Menschen bzw. die todbringende Trennung von Gott (vgl. Gal 3,22; Röm 3,9.23; 5,12 u.ö.). Es ist hier nicht nur von der subjektiven Einschätzung der Jakobusleute oder von der Übertretung einzelner Speisevorschriften die Rede, sondern von der Rechtfertigung des Sünders allein im Glauben.

V.17b: »Ist dann etwa Christus ein Diener der Sünde? Ganz und gar nicht!« – Mit dieser rhetorischen Frage nimmt Paulus offensichtlich – ebenso wie in Röm 3,8; 6,1.15 – einen äußerst polemischen Vorwurf seiner judenchristlichen Gegner auf, um ihn zugleich mit einem leidenschaftlichen »Ganz und gar nicht!«, »Keineswegs!«, »Das sei ferne!« abzuwehren. Solch ein Vorwurf soll sich wohl nicht gegen Christus selbst richten, sondern jeweils gegen die paulinische Verkündigung des Evangeliums von Jesus Christus. Indem Paulus die teilweise absurden gegnerischen Folgerungen selbst thematisiert, erhöht er nicht nur die Spannung seiner Reden und Briefe, sondern kann auch bei seiner Widerlegung durch Argumente und Hinweise auf die Schrift mit erhöhter Aufmerksamkeit rechnen.

Der Begriff »Diener« hat in Verbindung mit dem abstrakten Begriff »Sünde« die übertragene Bedeutung »Helfer«, »Förderer«. »Diener der Sünde« heißt also: einer, der der Sünde Vorschub leistet, der die Sünde fördert. Die Härte dieses Vorwurfs kann man also nicht dadurch mildern, dass man die Bezeichnung »Sünde« metonymisch – also im übertragenen Gebrauch – auf »Sünder« bezieht, wodurch Christus als Diener *der Sünder* bzw. *für die Sünder* bezeichnet würde. Diese Aussage – die an Evangelienüberlieferungen wie Mk 2,17 par.; 10,45 par. und Lk

19,10 erinnert – hätte Paulus sicherlich bejaht, denn Christus kam, um die Sünder durch seine Lebenshingabe von ihrer Sünde zu erlösen (vgl. Gal 1,4; 3,13; 4,5f.).

Bezieht man die anderen Beispiele für die Aufnahme gegnerischer Vorwürfe in Röm 3,8; 6,1.15 mit ein, dann wird deutlich, dass es den Gegnern jeweils um die *Folgen* der von Paulus vertretenen Rechtfertigung allein aus Gnaden und unabhängig von den Werken des Gesetzes geht. »Lasst uns Böses tun, damit Gutes daraus komme!« (Röm 3,8) – »Sollen wir bei der Sünde bleiben, damit die Gnade umso reichlicher werde?« (Röm 6,1) – »Sollen wir sündigen, weil wir nicht unter dem Gesetz, sondern unter der Gnade sind?« (Röm 6,15). Alle diese Vorwürfe ziehen aus einer *zutreffenden Voraussetzung* eine *abwegige Konsequenz*, die die Verkündigung des Paulus weder beabsichtigt und nahelegt noch zulässt.

Es geht also bei dem gegnerischen Vorwurf um das Verhältnis der von der Evangeliumsverkündigung des Paulus geprägten Gläubigen zur Sünde und zum Gesetz. Die Gegner unterstellen, dass der Zuspruch der Rechtfertigung allein im Glauben an Christus die Menschen vom Tun des Gotteswillens abhalte und zum Bleiben in der Sünde verleite und somit »der Sünde Tür und Tor öffne« (J. Calvin).

Schon der Vordersatz in V.17a hat gezeigt, dass der Vorwurf absurd ist: Beim *Menschen* und nicht bei Christus ist die Sünde zu suchen; denn der Mensch – ob Heide oder Jude – wurde beim Rechtfertigungsgeschehen *als Sünder befunden*, nicht Christus. Bei denen »unter dem Gesetz« also auch bei Juden, nicht nur bei Heiden – hat sich die Sünde als beherrschend erwiesen, nicht bei denen, die durch Christi Sterben für sie am Kreuz mit ihm der Sünde und dem Gesetz abgestorben sind. Aber dies wird dann bereits die *zweite* Antwort des Heidenapostels in Gal 2,19f. sein.

Zunächst gibt Paulus in seiner ersten begründenden Antwort auf die rhetorische Frage in Gal 2,18 den Vorwurf der Gegner schlagfertig zurück, indem er mit der Widerlegung der Gegenposition (*e contrario*) nachweist, wo wirklich die Sünde gefördert wird und der Mensch wieder als Übertreter erscheint: »Denn [nur] wenn ich das, was ich niedergerissen [d.h. für ungültig erklärt] habe, wieder aufbaue [d.h. für gültig halte], erweise ich mich als Übertreter« (Gal 2,18).

Zwischen 2,17 und 2,18 findet sich ein deutlicher Einschnitt, weil Paulus hier vom »Wir« in das »Ich« (1. Pers. Sg.) wechselt. In 2,15–17 waren mit der 1. Person Plural die *Judenchristen* – im Gegensatz zu den *Heiden* und in Unterscheidung von den Heiden*christen* – zusammengefasst. Auch sie als Juden von Geburt haben sich mit ihrer Hinwendung zu Christus und ihrer Rechtfertigung allein im Glauben als Sünder wie die Heiden erwiesen. Während Paulus bis V.17 verbindlich und gewinnend auf den Konsens aufgrund der gemeinsamen Voraussetzungen aus ist, muss er hinsichtlich der mit V.17 und 18 angesprochenen Konsequenzen – sowohl im Hinblick auf die antiochenische Situation wie dann auf die galatische Auseinandersetzung – kontrovers argumentieren. Jetzt gilt es zu verdeutlichen, dass es nur eine Alternative gibt: entweder das in V.18 beschriebene Verhalten oder das in V.19–21 dargestellte Leben im Glauben an den für die Seinen dahingegebenen Sohn Gottes. Das »Ich« ist – vor allem in V.19–21 – nicht nur rhetorisches Stilmittel, sondern es bezeichnet wirklich Paulus persönlich – und alle, die wie er nach der Wahrheit des Evangeliums leben wollen. Die Formulierung V.18 ist für Paulus selbst freilich rein hypothetisch und grundsätzlich gemeint. Sosehr in der antiochenischen Situation Petrus dieser Position durch seine Inkonsequenz Vorschub leistete, ist V.18 keineswegs allein auf Petrus, sondern auf den Standpunkt judenchristlicher Gegner – ob in Jerusalem, Antiochien oder Galatien – prinzipiell bezogen.

Wie aber ist nun genau das Objekt des Bedingungssatzes in Gal 2,18 inhaltlich zu bestimmen? Ist das, was – bildlich gesprochen – zunächst »niedergerissen«, d.h. für ungültig erklärt wird, und dann wieder »aufgebaut«, d.h. erneut für gültig erklärt, wird: 1. die *Scheidewand* zwischen Juden und Christen (vgl. Eph 2,14f.); 2. die *Sünde*; 3. die rituellen *Speisevorschriften*; 4. das *Gesetz des Mose* als Ganzes? Dass Paulus seine eigene Position als Niederreißen und Auflösen des von Gott durch Mose gegebenen *Gesetzes* selbst bezeichnen würde, kann mit Röm 3,31 und aufgrund der anschließenden ausführlichen Entfaltung der Bedeutung und Grenze des Gesetzes samt allen Schriftzitaten aus *Gesetz* und *Propheten* (Gal 3,6 – 4,31) definitiv ausgeschlossen – und gerade wiederum als gegnerische Unterstellung erwiesen – werden: »Heben wir denn das Gesetz auf durch den Glauben? Das sei ferne! Sondern wir richten das Gesetz auf« (Röm 3,31).

Im Kontext der Gesamtargumentation von Gal 2,15–21 handelt es sich bei dem, was »niedergerissen« und »wieder aufgebaut« wird, vielmehr um das in V.15 ausgesprochene *Vorverständnis*. Es geht um die *Selbsteinschätzung*, als Jude nicht Sünder wie die Heiden zu sein, sondern aufgrund des Lebens im Gesetzesgehorsam sich vor Gott als gerecht erweisen zu können. Mit der eindringlichen Argumentation von V.16 hat Paulus seinen judenchristlichen Geschwistern vergegenwärtigt, dass sie mit ihrer Hinwendung zu Christus faktisch beide Voraussetzungen »für ungültig erklärt« und »in ihrer Geltung verneint« haben, denn sie haben sich selbst als auf die Rechtfertigung im Glauben an Christus angewiesene Sünder verhalten. Paulus argumentiert in V.18 also wieder wesentlich grundsätzlicher – nicht nur in Hinsicht auf die Tischgemeinschaft und die Ritualgesetze. Er klärt in 2,18–21 das Verhältnis der Christen zum Gesetz vielmehr prinzipiell. Denn es geht bei dem »Wiederaufbauen« der Annahme, dass der Mensch die Gerechtigkeit durch das Gesetz erlangen könne, gemäß der Schlussfolgerung in V.21 um nicht weniger als das Verwerfen der Gnade Gottes und die Bestreitung der Notwendigkeit des Sterbens Christi.

Durch das *Wiederaufbauen* und *Wiedererrichten* der Vorstellung, dass die Gerechtigkeit dem Menschen aus dem Gesetz zukommen könnte, und mit seinem erneuten Unterstellen unter den Geltungsbereich des Gesetzes erweist sich der Mensch tatsächlich als »Übertreter« – und nicht etwa durch das Leben im Glauben an Christus, das dem Gesetz durch Christus abgestorben ist. Denn *Übertretung* ist die Sünde nach ihrem Verhältnis zum Gesetz, weil das Gesetz durch seine Gebote den Ungehorsam des Menschen als Übertretung der Weisung Gottes qualifiziert: »Wo aber kein Gesetz ist, da ist auch keine Übertretung« (Röm 4,15; vgl. 5,13f.). Um die Sünden des Menschen als Übertretungen zu dokumentieren, ist das Gesetz nach Paulus schließlich überhaupt gegeben worden, wie er in Gal 3,19 ausführen wird: »Was soll also das Gesetz? Um der Übertretungen willen ist es hinzugefügt worden, bis der Nachkomme käme, dem die Verheißung gilt.«

Gal 2,19: »Denn *ich* bin durch das Gesetz dem Gesetz gestorben, damit ich Gott lebe. Ich bin mit Christus gekreuzigt.«

Mit dem betonten »denn *ich*« kommt Paulus nun zu seiner positiven und umfassenden zweiten Begründung der Abwehr des gegnerischen Vorwurfs von V.17b. Dabei tritt das »Ich« einerseits in Gegensatz zu der Position der Gegner (V.18; vgl. V.15.17b), andererseits wird es zugleich ins Verhältnis gesetzt zu dem eigentlichen Subjekt christlicher Existenz, nämlich *Christus*, durch den die frühere Existenz unter der Sünde und dem Gesetz überwunden ist.

Was Paulus in diesen beiden Versen Gal 2,19f. so konzentriert wie geheimnisvoll formuliert, wird er im folgenden Hauptteil des Briefes 3,1 – 5,12 in grundsätzlicher und systematischer Darstellung breit entfalten. Es ist aber auch faszinierend zu beobachten, wie er im späteren Römerbrief offensichtlich die Rede an Petrus nach Gal 2,15–21 als Gliederungsschema für seine Ausführungen nimmt: Gal 2,15 entspricht Röm 1,18–32; Gal 2,16 entspricht hinsichtlich der Negation Röm 2,1 – 3,20 und hinsichtlich der Position Röm 3,21 – 4,25. Das Sterben und das neue Leben mit Christus sowie die Freiheit von Sünde und Gesetz werden schließlich die Entfaltungen des Lebens der durch Christus im Glauben Gerechtfertigten in Röm 5,1 – 8,39 bestimmen.

Dass Paulus sagen kann, er sei »mit Christus gekreuzigt«, bezieht sich darauf, dass Christus als der Sohn Gottes sein Leben *für* ihn und ihm *zugunsten* aus Liebe stellvertretend hingegeben hat (Gal 2,20). Er ließ sich von Gott, seinem Vater, als sterblicher Mensch auf die Welt senden und unter das Gesetz stellen, um die, die unter dem Gesetz waren, zu erlösen (Gal 4,4f.). Er hat die Gläubigen von dem Fluch, den das Gesetz zu Recht über die Sünde ausgesprochen hat, erlöst, indem er selbst zum Fluch – d.h. zu einem an ihrer Stelle verfluchten Gekreuzigten – wurde (Gal 3,13).

Fragt man nach dem Vollzug des Ereignisses des »Mit-Gekreuzigtseins«, dann ergibt sich schon im Kontext dieser geprägten Sendungs- und Hingabeformeln im Galaterbrief – ganz ausführlich dann in Röm 6,1–11 und 7,1–6 – eine klare Antwort: Paulus verortet das Gekreuzigtwerden nicht erst in der eigenen Bereitschaft zur Leidensnachfolge bis zum Martyrium am Kreuz (etwa nach Lk 9,23 par.; 14,27); er sieht es auch nicht erst in der eigenen Heiligung oder der eigenen Bekehrung und Taufe vollzogen, sondern bereits im Christusgeschehen selbst. »Gestorben« und »gekreuzigt« sind nach Paulus weder Sünde und Gesetz noch der Mensch selbst, sondern allein Jesus Christus an seinem Kreuz, auf den die Gläubigen getauft und somit ihm übereignet werden. Der Gläubige partizipiert also nach Paulus an dem einmaligen Kreuzesgeschehen und Sterben Christi, indem er im Glauben zu ihm gehört, sich in seiner Taufe ihm übereignet und ihm als seinem Herrn untersteht. Oder um es mit den Worten des unmittelbar zuvor verfassten 2. Korintherbriefs zusammenzufassen: »Wenn einer für alle gestorben ist, so sind sie alle gestorben. Und er ist darum für alle gestorben, damit, die da leben, hinfort nicht sich selbst leben, sondern dem, der für sie gestorben und auferstanden ist.« (2Kor 5,14f.)

Was aber meint Paulus, wenn er davon spricht, dass er *jemandem* gestorben sei? Mit dem Dativ wird die Macht oder Person bezeichnet, zu dessen *ungunsten* und *Nachteil* etwas geschieht (*Dativus incommodi*). Durch das Sterben erlischt jeder Rechtsanspruch, der nach dem Gesetz gegenüber einem Lebenden bestehen mag (vgl. Röm 6,1–11; 7,1–6). Indem der Gläubige nun teilhat an dem für ihn gestorbenen Christus, hat er im Glauben an Christus auch teil an dessen Freiheit von Sünde und Gesetz: »Denn wer gestorben ist, der ist frei geworden von der Sünde. Sind wir aber mit Christus gestorben, so glauben wir, dass wir auch mit ihm leben werden, und wissen, dass Christus, von den Toten erweckt, hinfort nicht stirbt; der Tod kann hinfort über ihn nicht herrschen« (Röm 6,7–9).

Ungeheuerlich muss den judenchristlichen Gegnern von Jerusalem bis Galatien freilich die provozierende Formulierung klingen: »Denn ich bin *durch* das Gesetz *dem* Gesetz gestorben, *damit ich Gott lebe.*« Das *Leben für Gott* – das auch Paulus selbst als Pharisäer einst gerade auf der Basis der Sinai-Tora zu verwirklichen suchte (Gal 1,13f. Phil 3,5f.) – kommt nun ausgerechnet in der Freiheit vom Herrschaftsbereich dieses mosaischen Gesetzes zur Verwirklichung. Wie die Formeln zum Kreuzesgeschehen in Gal 1,4; 3,13 und 4,4f. erhellen, geschieht diese Befreiung von der berechtigten Verurteilung der menschlichen

Übertretungen insofern auch »*durch* das Gesetz«, als das Gesetz des Mose nach Paulus in Wahrheit um des Erweises der Übertretungen willen von Gott gegeben worden war (Gal 3,19). Es sollte gemäß seinem Auftrag und seiner Bestimmung den Sünder bei seiner Sünde behaften (Gal 3,22–24), bis zu dem Zeitpunkt, an dem Christus kommt (Gal 3,25), der diese Sünde und damit das verklagende Urteil des Gesetzes stellvertretend auf sich nimmt und die bisher Versklavten zu freien Töchtern und Söhnen Gottes macht (Gal 4,4–7). Die Provokation der Formulierung liegt darin, dass das Gesetz auf diese Weise nicht unmittelbar an dem Gewinn von Gerechtigkeit und Leben beteiligt ist, sondern ausgerechnet an der Befreiung von seinem eigenen Herrschaftsbereich. Das Gesetz entlässt den Menschen in das Leben für Gott im Glauben und in der Bindung an Christus.

Gal 2,20: »Also lebe nicht mehr *ich,* sondern *Christus* lebt in mir. Was ich aber nun im Fleisch [d.h. in meiner irdischen Existenz] lebe, das lebe ich im Glauben an den Sohn Gottes, der mich geliebt und sich selbst für mich [in den Tod] dahingegeben hat.«

In V.20 entfaltet Paulus nun die Aussage von V.19 über die im Kreuzesgeschehen begründete und vom Gesetz befreite Existenz, in der der Mensch für Gott leben kann. Die beiden ersten Teilsätze sind parallel aufgebaut. Der negativen Ausführung darüber, was *nicht mehr* gilt (»nicht mehr *ich*«), folgt die positive Ausführung über das neue Leben für Gott (»sondern *Christus* lebt in mir«; vgl. V.19: »damit ich Gott lebe«). Die verbreitete Wiedergabe von V.20: »Ich lebe, doch nun nicht länger ich«, verdeckt die genaue Entsprechung der V.19 und 20 und entspricht nicht genau dem Grundtext.

»Also lebe nicht mehr *ich* ...« (2,20a). Hier wird zunächst das »Ich« benannt, das infolge des »Mit-Gekreuzigtseins« mit Christus nicht mehr bestimmend ist: unser »alter Mensch«, der unter der Sünde gebunden war (vgl. Röm 6,6; Gal 3,22f.) und sich deshalb unausweichlich unter der Verurteilung des Gesetzes befunden hat (Gal 3,10.13.22ff.). Damit formuliert Paulus in Gal 2,20a die Konsequenz der Aussagen: »ich bin dem Gesetz gestorben« und »ich bin mit Christus gekreuzigt« aus V.19. Der Mensch lebt nach Paulus nie an sich und beziehungslos; existiert er in Trennung von Gott, dann ist sein altes Dasein grundsätzlich durch die Macht der Sünde – und damit durch das Urteil des Gesetzes – bestimmt. Dann ist aber auch das neue eröffnete »Leben für Gott« nur als Folge eines Herrschaftswechsels im Menschen und als eine neue Beziehung zu denken.

»Sondern *Christus* lebt in mir« (2,20b). Das Personzentrum des Christen ist nunmehr durch die Gegenwart und Herrschaft des auferstandenen Christus im Gläubigen bestimmt, die allein die Freiheit von

Sünde und Gesetz begründen. Die »Neue Schöpfung« (Gal 6,15; vgl. 2Kor 5,17) besteht also ausschließlich in der Einwohnung des Sohnes Gottes, der in der Auferweckung von den Toten durch seinen Vater die Neue Schöpfung bereits endgültig erfahren hat. Und das neue Leben im Einklang mit dem Willen Gottes und ohne Anklage des Gesetzes ist allein als Wirkung und Entfaltung des auferstandenen Christus in den Glaubenden zu verstehen. So möchte der Apostel von nichts reden, was nicht *Christus durch ihn* gewirkt hat (Röm 15,18; vgl. 1Kor 15,10); und seine Vollmacht ist allein darin begründet, dass *Christus in ihm* redet (2Kor 13,3). Für die Gläubigen insgesamt besteht das geistliche Leben allein darin, dass Christus in ihnen wohnt (Röm 8,10). Deshalb sollen sich die Christen auch selbst prüfen und erkennen, dass Jesus Christus in ihnen ist (2Kor 13,5).

Wie zentral für Paulus die Begründung des neuen Lebens durch das Einwohnen Jesu Christi in den Gläubigen ist, wird umso deutlicher, wenn man die vielfachen Aussagen zum Empfangen, Wirken und bleibenden Einwohnen des Heiligen Geistes – d.h. des Geistes Gottes bzw. Jesu Christi (Röm 8,9b; Gal 4,6) – mit einbezieht. Denn der Geist ist nach Paulus die Gestalt der wirksamen Gegenwart Gottes, des Vaters und des Sohnes, in und bei den Gläubigen (Gal 3,2.5.14; 4,6; 5,16–25; vgl. Röm 5,5; 8,2–17.23; 1Kor 2,4.10–16; 3,16; 6,19; 12,3–11.13; 2Kor 1,21f.; 5,5).

In Gal 2,20b werden die Aussagen über das in Christus gewonnene Leben in V.19.20a uneingeschränkt positiv entfaltet: »Was ich aber nun im Fleisch lebe ...« Die Zeitbestimmung »nun«, »jetzt« hebt die heilvolle Gegenwart (Gal 4,9; vgl. Röm 3,21.26; 6,22; 7,6; 8,1) von der vorchristlichen Vergangenheit als »Sünder« (Gal 2,15.17) und »Übertreter« (2,18) ab: »Siehe, *nun* ist der Tag des Heils« (2Kor 6,2). Als ein mit Christus Gekreuzigter, der der Sünde und dem Gesetz abgestorben ist und der als der alte, sich Gott widersetzende Mensch nicht mehr existiert, lebt der Christ jetzt im Glauben an den Sohn Gottes. Mit der Angabe »im Fleisch« ist hier die irdische Existenz des Christen gemeint, die nach Paulus – wie in 2Kor 10,3 betont – gerade keine Existenz »*nach* dem Fleisch« sein soll. Wie in Phil 1,21f.24 bezeichnet also das »Leben im Fleisch« das gegenwärtige, noch sterbliche Leben der Gläubigen in seiner Ganzheit, das Christus zum alles prägenden Inhalt hat.

Besonders eindringlich und feierlich beschreibt Paulus diese neue Existenz in der Lebenssphäre des Glaubens, indem er eine wohl vorgeprägte »Gottessohn-Formel« aufnimmt, die – wie schon zu Beginn in Gal 1,4 – von der »Lebenshingabe« zugunsten der Seinen spricht (vgl. Eph 5,2.25; 1Tim 2,6). Der Ton liegt – auch wenn Paulus in der 1. Pers. Sg. ganz persönlich formuliert – nicht auf dem *menschlichen* Glauben, sondern auf der *Liebe und Selbsthingabe des Gottessohns*. Es geht ihm nicht um eine vom Menschen herbeizuführende mystische

Vereinigung (*unio mystica*), sondern um die durch Christi Liebe und Lebenshingabe bewirkte und durch seinen Geist vermittelte objektive Beziehung und Einheit des Glaubens (*unio fidei*). Mit der Erwähnung der hingebungsvollen Liebe des Gottessohns als der einzigen Voraussetzung und Grundlage des Heilsgeschehens und des Glaubens wird nochmals wirkungsvoll auf die Voraussetzungslosigkeit des Heils auf Seiten des Menschen hingewiesen (Röm 8,35.37; 2Kor 5,14; vgl. Eph 5,2.25). Der Glaube an den liebenden Sohn Gottes *äußert* sich im menschlichen *Vertrauen* (*fiducia*), er gründet aber in der Zuwendung und Hingabe dessen, der den Glauben schenkt. Denn der Glaube ist nach Paulus – wie erkannt – nicht die vom Menschen zu leistende Bedingung (*conditio*) und eigene Voraussetzung für das göttliche Heil, sondern die Art und Weise (*modus*), in der Gott den Menschen schon hier und jetzt am Heil teilhaben lässt.

Den Titel »Sohn Gottes« verwendet Paulus an den Stellen zur Bezeichnung Jesu Christi, an denen es ihm zugleich einerseits um seine einmalige Autorität und Beziehung zu Gott, seinem Vater, geht und andererseits um das unvergleichliche göttliche Heil für die Menschen, das er nur in seiner Zugehörigkeit zu Gott selbst begründen und vollenden kann (s. Röm 1,3.4.9; 5,10; 8,3.29.32; 2Kor 1,19; Gal 1,15f.; 2,20; 4,4.6).

Nachdem Paulus mit Gal 2,19f. die neue Existenz des allein im Glauben an Christus Gerechtfertigten in äußerst prägnanter und eindrücklicher Weise positiv skizziert hat, grenzt er sich in Gal 2,21 abschließend noch einmal deutlich von der Position seiner judenchristlichen Gegner ab – sowohl im Hinblick auf den vergangenen antiochenischen Konflikt wie in Hinsicht auf die aktuellen Auseinandersetzungen in Galatien. Das betont vorangestellte »Ich« steht hier nicht – wie eben noch in 2,20 – im *vertrauensvollen Gegenüber* zum Sohn Gottes, sondern vielmehr im *scharfen Kontrast* zum Verhalten derer, die von der Wahrheit des Evangeliums abweichen wollen: »*Ich* missachte die Gnade Gottes nicht; denn wenn die Gerechtigkeit durch das Gesetz [kommt], dann ist Christus ohne Grund gestorben« (Gal 2,21).

Wer neben Christus wieder Mose, neben das *eine* Evangelium wieder das Gesetz und neben der Rechtfertigung aus Glauben die Befolgung des Gesetzes für verbindlich und bleibend gültig erklärt, der hebt nach Paulus damit faktisch die in Christus endgültig und letztverbindlich offenbarte Gnade Gottes auf und erklärt sie für ungültig und nichtig. Der hat sich bereits von dem abgewandt, der ihn in die Gnade Christi berufen hat (Gal 1,6) und ist in Konsequenz von Christus abgekommen und aus der Gnade herausgefallen (Gal 5,4).

Die Zwangsläufigkeit dieser erschreckenden Konsequenz verdeutlicht Paulus mit einer letzten Schlussfolgerung; dieses Mal durch den

Erweis der absurden Folge der gegensätzlichen Position, was man rhetorisch ein *argumentum e contrario* nennt. Wenn die vor Gott bestehende Gerechtigkeit wirklich auf dem Weg der Toraobservanz und der Werke des Gesetzes erlangt werden könnte, dann wäre Christus »ohne Grund«, »unnötigerweise« gestorben. Denn unter dieser Voraussetzung würde ja prinzipiell gelten, dass das durch Mose gegebene Gesetz Rechtfertigung und Leben bringen könnte, was es aber faktisch nicht vermag (Röm 8,3) und wozu es nach Paulus auch von Gott gar nicht gegeben worden ist (Gal 3,21). So bleibt es bei der strikten Alternative zwischen dem Glauben an Christus und der eigenen Gesetzesbefolgung als Grundlage für die Gerechtigkeit vor Gott. Und es stellt sich die unausweichliche Entscheidung, die die Judenchristen – von Paulus über Petrus bis hin zu Jakobus – eigentlich bereits mit ihrer Hinwendung als geborene Juden (Gal 2,15) zum Glauben an Jesus Christus, den für sie gestorbenen Sohn Gottes, eindeutig getroffen hatten (Gal 2,16), an die sie der Apostel der Heiden aber sowohl einst in Antiochien wie jetzt in Galatien nachdrücklich erinnern muss.

Exkurs 3: *Rechtfertigung und Gerechtigkeit*

Inwieweit handelt es sich beim Evangelium um eine »erfreuliche Botschaft«, wenn es darin zentral um die Frage der Rechtfertigung und Gerechtigkeit im Zusammenhang eines Gerichtes geht? Im Galaterbrief wird vielfach von Gottes »Rechtfertigen« (Gal 3,8), von der »Rechtfertigung« des Menschen (Gal 2,16 [3x]; 2,17; 3,11.24; 5,4), vom »Gerechten« (Gal 3,11) und von der »Gerechtigkeit« (Gal 2,21; 3,6.21; 5,5) gesprochen. Vor allem im Römerbrief wird Paulus dann zudem mehrfach ganz ausdrücklich von »der Gerechtigkeit *Gottes*« sprechen (Röm 1,17; 3,5.21.22.25.26; 10,3; 2Kor 5,21). Erwarten wir nicht von einem gerechten Richter, dass er seine Gerechtigkeit in einem unbestechlichen, analytischen Urteil erweist, dass er nach dem lateinischen Rechtsgrundsatz *suum cuique* – »jedem das Seine« – einem jeden zuteilt, was er verdient: dem zu Unrecht Verklagten den Freispruch und dem Schuldigen die verdiente Verurteilung, dem Unschuldigen die Wiedergutmachung und dem Ungerechten seine Strafe? Muss die Ankündigung einer solchen »verteilenden« Gerechtigkeit (*iustitia distributiva*) des allwissenden himmlischen Herrn nicht eher Angst und Sorge verbreiten als Hoffnung und Freude? Wer will sich denn anmaßen, nach Gottes Maßstäben und ihm gegenüber stets vollkommen und gerecht gelebt zu haben? Sind wir mit der Rede von Gottes *Gerechtigkeit* und der menschlichen *Rechtfertigung* nicht vielmehr in dem Bereich des *Gesetzes* als in dem des *Evangeliums*?

Paulus schließt sich in seinem Verständnis von der Gerechtigkeit, die Gott selbst hat und die er dem Menschen zukommen lässt, an das *alttestamentlich-jüdische* Verständnis von Gerechtigkeit an[27]:

(1) Nach alttestamentlichem Verständnis ist die »Gerechtigkeit« (hebr. *ṣedāḳā*) viel weniger als in unserem Denken an einer abstrakten Norm, an einem »Gesetz« orientiert, sondern an den *Beziehungen* – zunächst zu Gott, dann zum Nächsten und zum eigenen Volk. Der Mensch ist nicht *an sich* gerecht und auch nicht primär gegenüber dem *Gesetz vom Sinai* – das zweifellos die Grundlage des jüdischen Glaubens und Lebens bildet –, sondern im Hinblick auf eine konkrete, gelebte *Beziehung*. Die Aussage: »Ich bin gerecht!«, müsste nach alttestamentlichem Verständnis sofort präzisiert werden durch die Frage: »Wem gegenüber?« Denn die Gerechtigkeit wird hier als *Relations-*, d.h. *Beziehungsbegriff* verstanden: »Gerechtigkeit« ist in alttestamentlich-jüdischer Tradition das *der Beziehung entsprechende*, das *gemeinschaftsbezogene* Verhalten; und als »gerecht« gilt ein Tun, wenn es »gemeinschaftstreu«, »loyal« und »heilvoll« ist.

(2) Dieses besondere Verständnis von »Gerechtigkeit« als einem Beziehungsbegriff entspricht nun einer vertieften *anthropologischen* Gesamtsicht: Der von Gott geschaffene und von ihm in die Gemeinschaft gestellte Mensch existiert nicht an sich und unabhängig von anderen, sondern er lebt in konkreten Beziehungen, im Angesprochensein und Sprechen, im Mitteilungsgeschehen zwischen Gott und seinem Volk. Was unserer individualistischen Tradition durchaus fremd erscheinen mag, ist für die biblischen Traditionen konstitutiv – d.h. wesentlich und grundlegend: Der Mensch ist für das »Wir« geschaffen, für die lebensfördernde und heilvolle Gemeinschaft. Haben die einzelnen Mitglieder eine solche zuträgliche Beziehung, dann herrscht im gefüllten Sinn »Frieden« – »Schalom«. Denn wenn der Mensch *ist*, dann ist er *in Beziehung*. Mit dem Verlust seiner lebensstiftenden und -tragenden Beziehungen ist sein Leben selbst gefährdet. Der Beziehungslose würde seine Lebensgrundlage verlieren, der von Gott und Menschen Verlassene sähe sich von der Todessphäre bedroht. Auf diesem Hintergrund

---

[27] S. wissenschaftlich: K. Koch, Art. *ṣdq*, THAT II, München 1976, 507-530, hier 527; F. V. Reiterer, Gerechtigkeit als Heil. *ṣdq* bei Deuterojesaja, Graz 1976, 24-116.208-216; H.-J. Eckstein, Gott ist es, der rechtfertigt. Rechtfertigungslehre als Zentrum paulinischer Theologie?, in: Ders. Kyrios Jesus. Perspektiven einer christologischen Theologie, 2. Aufl., Neukirchen-Vluyn 2011, 75-86; H.-J. Eckstein, Verheißung und Gesetz. Eine exegetische Untersuchung zu Gal 2,15 – 4,7, WUNT 86, Tübingen 1996, 15ff.50ff.95ff.142ff. u.ö.; H. J. Iwand, Rechtfertigungslehre und Christusglaube. Eine Untersuchung zur Systematik der Rechtfertigungslehre Luthers in ihren Anfängen, TB 14, 3. Aufl., München 1966; O. Weber, Grundlagen der Dogmatik, Bd. II, 2. Aufl., Berlin 1969, 292ff.

gewinnt die Bestimmung der Gerechtigkeit als *ein der Beziehung entsprechendes Verhalten* einen ganz gefüllten Sinn: »Gerechtigkeit« ist nachdrücklich als *personaler* Relationsbegriff zu begreifen.

(3) Nun versteht es sich fast von selbst, dass die inhaltliche Konkretion einer solchen Gerechtigkeit von dem *jeweiligen Verhältnis* abhängig ist. Die Beziehung zu Gott ist eine andere als die zu Menschen, die Relation zum Nächsten ist nicht die gleiche wie die zum Feind. Was als gerechtes Verhalten gegenüber einem Fremden im Land gelten mag, z.B. die Duldung und die Gewährung des Gastrechtes, wäre als Verhalten gegenüber der Ehefrau und den Kindern oder auch gegenüber den eigenen Eltern unzureichend. Die *Beziehung* gibt die Kriterien für die Bestimmung des gerechten Verhaltens vor.

In Hinsicht auf die Gottesbeziehung sind die Vorgaben in der breiten alttestamentlichen Tradition im entscheidenden Punkt überraschend einheitlich und weitgehend. Ob wir an die drei ersten der Zehn Gebote denken (2Mose 20,1ff.; 5Mose 5,6ff.) oder an das bis in die Gegenwart hinein von Juden gebetete »Höre Israel, der Herr ist unser Gott, der Herr allein« (*Schᵉma Jisrael*) samt dem nachfolgenden Gebot der Liebe zu Gott (5Mose 6,4f.), die hier beschriebene Relation ist nicht nur eine von vielen personalen Beziehungen, sie zeichnet sich vielmehr durch ihre *Ganzheitlichkeit* und *Ausschließlichkeit* aus. Die Beziehung zu Gott ist Israel von Gott selbst als eine *ganzheitlich*-personale eröffnet, oder um es mit den Worten der »Zugehörigkeitsformel« zu sagen, Gott spricht zu Israel: »Ich will unter euch wandeln und will *euer Gott* sein, und ihr sollt *mein Volk* sein« (3Mose 26,12; vgl. Hes 37,27; Offb 21,3).

(4) Wenn aber die Beziehung zu Gott in solch radikaler und umfassender Weise als »Liebe von ganzem Herzen, von ganzer Seele und mit aller Kraft« (5Mose 6,5) beschrieben wird und wenn die Loyalität und Treue zu Gott in der Ausschließlichkeit des ersten Gebotes bestimmt wird – »Ich bin der Herr, dein Gott, du sollst keine anderen Götter neben mir haben!« (2Mose 20,2f.) –, dann erscheint auch das Verständnis der Ungerechtigkeit, der Verfehlung und Sünde in einem neuen Licht. »Ungerechtigkeit« ist dann nicht nur ein konkretes unmoralisches Verhalten, sondern im Kern eine *Verletzung der persönlichen Beziehung*; und als Sünde erscheint nicht vorrangig eine bestimmte Gebotsübertretung, sondern vielmehr die *Abwendung von der Gemeinschaft*.

Das eigentliche Vergehen liegt in der *Verfehlung der Bestimmung zur Gemeinschaft*, und die Sünde ist ihrem Wesen nach *Trennung von Gott*. Alles, was von Gott trennt, ist Sünde, denn es gefährdet die Gottesbeziehung und damit das Leben. Und alles, was der Beziehung zu Gott, zum Nächsten und dem Menschen selbst schadet, wird in Geboten und Weisungen – d.h. im Gesetz – als Verfehlung bestimmt. Auf diesem

Hintergrund wird deutlich erkennbar, dass es bei dem biblischen Verständnis von Gerechtigkeit keineswegs um einen primär *moralischen* oder einen ausschließlich *forensisch-juristischen* Begriff geht, sondern hinsichtlich der Gottesbeziehung um einen spezifisch *theologisch* gefüllten: Als Gerechtigkeit gilt das der *ganzheitlich-personalen Beziehung* entsprechende Verhalten – von Gott aus gegenüber den Menschen und von Seiten der Menschen gegenüber Gott. Das konkrete Denken, Reden und Handeln wird als Ausdruck dieser Beziehung gewertet; es kann weder an die Stelle der Beziehung treten, noch könnte das moralische Verhalten seinerseits die Beziehung konstituieren, d.h. begründen oder wiederherstellen.

Auf dem Hintergrund dieser alttestamentlich-jüdischen Tradition erscheint die Frage nach der Möglichkeit der Rechtfertigung des Menschen umso spannender. Im Hinblick auf die ganzheitlich-personale Beziehung, die dem Menschen von Gott zugedacht ist, und in Anbetracht des gefüllten Verständnisses von Gerechtigkeit, könnte kein Mensch – ob Jude oder Heide – aufgrund seines Denkens, Redens und Tuns vor Gottes Angesicht als gerecht erwiesen werden. Diese grundsätzliche Einsicht formuliert Paulus in Gal 2,16 gleich dreifach: »Kein Mensch wird aufgrund von Werken des Gesetzes gerechtfertigt werden!« In Röm 1,18 – 3,20 wird er diese erschütternde Erkenntnis dann später ausführlich entfalten (vgl. Röm 3,9.19f.23). Der Ausgang eines *analytischen* Urteils durch Gott am Tag des Gerichts ist nach Paulus also gar nicht offen, sondern bereits entschieden.

Rechtfertigung im Sinne des endgültigen und verbindlichen Freispruchs zum Leben durch Gott kann es unter dieser Voraussetzung nicht aufgrund eines *analytischen* richterlichen Urteils – und somit nicht auf der Grundlage des Gesetzes – geben (s. Gal 3,10–12), sondern ausschließlich als *Begnadigung* der als schuldig Erwiesenen und zu Recht Verurteilten. So wie ein Schuldiger und rechtskräftig Verurteilter hinsichtlich seines gelebten Lebens auch von einem König oder Präsidenten nicht anders beurteilt werden, wohl aber durch sie *begnadigt* werden kann, so wird den an Christus Glaubenden im Evangelium zugesagt, dass sie allein aufgrund der Erlösung in Christus (Gal 1,4; 2,19f.; 3,13; 4,4f.) und im Glauben an ihn und sein Evangelium gerechtfertigt werden (Gal 2,16f.21; 3,2–14). – »Sie sind *geschenkweise* gerechtfertigt worden, d.h. sie haben *umsonst* den rettenden Freispruch empfangen, durch seine *Gnade* kraft der Erlösung, die in Christus Jesus [geschehen] ist« (Röm 3,24).

Gott als Richter rechtfertigt die unter dem *Gesetz* als schuldig Erwiesenen und bei ihrer Schuld Behafteten (Gal 3,22f.), indem er sie im *Evangelium* begnadigt und sie geschenkweise freispricht, ihnen wirksam zusagt: »Du bist frei!« Dieser Freispruch aber basiert eindeutig auf einem Gerechtigkeit schaffenden Urteil Gottes: Die Rechtfertigung bewirkt selbst, was sie zuspricht; sie setzt die Gerechtigkeit und Freiheit des Menschen nicht voraus, sondern schafft sie erst durch das vollmächtige Wort. »Ich spreche dich gerecht und begnadige dich!«, ist eine *performative* – die Handlung selbst vollziehende – Aussage. Die Freiheit des Verurteilten wird durch den, der die Autorität hat, Schuldige zu begnadigen, nicht *festgestellt*, sondern *hergestellt*. In diesem Fall sprechen wir logisch von einem »synthetischen«, nicht von einem »analytischen« Urteil. Die Kraft des Evangeliums und die Gewissheit der Rechtfertigung liegen damit also allein in der Autorität dessen begründet, der sie zuspricht, verantwortet und verwirklichen kann.

Die Zuversicht der an Christus Gläubigen basiert also nicht etwa auf der Hoffnung, dass ihr eigenes Leben seit ihrem Gläubigwerden im Endgericht nach den Maßstäben der umfassenden Liebe und der uneingeschränkten Beziehungstreue bestehen könnte. Vielmehr beruht sie allein auf der im Evangelium zugesprochenen Gewissheit, dass Gott, der Vater, uns aufgrund seiner erwiesenen Liebe und grenzenlosen Treue – trotz aller berechtigten und unberechtigten Anklagen gegen uns! – endgültig begnadigen und freisprechen will (Röm 8,31–33). Und sie basiert auf der Zusage, dass Christus, der für uns Gestorbene und Auferstandene, der nun zur Rechten seines Vaters ist, trotz aller Verurteilungen hinsichtlich unseres gelebten Lebens für uns eintritt und Fürsprache für uns einlegt (Röm 8,34)! Vater und Sohn, Richter und Fürsprecher kommen in ihrem Urteil und Plädoyer überein. Bei gleichzeitiger Begnadigung durch den Vater und zusätzlicher Fürsprache durch den Sohn kann man im Sinne von Röm 8 davon sprechen, dass bei der Rechtfertigung in Christus *Gott sich selbst zuvorkommt*!

Nur unter dieser Voraussetzung wird verständlich, dass der Apostel von der endzeitlichen Rechtfertigung als einem *gegenwärtigen* Geschehen sprechen kann: »Da wir nun *gerechtfertigt worden sind* durch den Glauben, *haben* wir Frieden mit Gott durch unseren Herrn Jesus Christus« (Röm 5,1). Stünde nach Paulus das endgültige Urteil Gottes über die Glaubenden noch aus und wäre es von der Bewährung und dem eigenen Verhalten der Gläubigen noch abhängig, ob sie im Endgericht freigesprochen oder endgültig verurteilt werden, dann wären weder die *präsentischen* Aussagen über Rechtfertigung und Heilsempfang noch auch die Zeugnisse der *Heilsgewissheit* (s. Röm 8,38f.; 11,29; 14,4; 1Kor 1,8f.; 10,13; Phil 1,6; 1Thess 5,24) nachvollziehbar. Nicht die eigene Gerechtigkeit der Gläubigen macht gewiss, dass fortan keine Macht und keine Größe mehr die Gerechtfertigten von Gott trennen können, sondern ausschließlich die im Evangelium erklärte Liebe und Treue Gottes (s. Röm 5,5–8; 8,35–39), d.h. die »Gerechtigkeit *Gottes*«.

Selbstverständlich darf die Rechtfertigung des Gottlosen nach Paulus nicht als Rechtfertigung der *Gottlosigkeit* missverstanden werden; und ohne Zweifel sind die aus Gnaden Gerechtfertigten zum Leben in der

Gerechtigkeit gemäß der Weisung Christi und durch dessen Geist befähigt und berufen. Dennoch versteht der Apostel das *Gerechtsprechen Gottes* keineswegs im Sinne der gegen die Reformatoren vertretenen *iustificatio effectiva*, der sogenannten »wirksamen Gerechtmachung«, die den Ungerechten zum faktisch ganz gerecht Lebenden machen soll, so dass dieser im Endgericht dann infolge seiner *eigenen* Werke als Gerechter anerkannt werden wird. Nicht erst für Martin Luther, sondern vor allem für Paulus selbst ist und bleibt es die Gerechtigkeit *Christi*, auf die sich die Hoffnung der Christen allein gründet.

Zusammenfassend lässt sich also zum Verständnis der im Evangelium offenbarten »Gerechtigkeit Gottes« nach Paulus festhalten, dass die Gerechtigkeit sowohl als Gottes *Eigenschaft* im Blick ist (Röm 3,5.26) wie auch als Gottes *Heilshandeln*, sowohl als Gottes rettende *Heilsmacht* als auch als Gottes *Heilsgabe* an den Menschen (Phil 3,9; 1Kor 1,30; vgl. Jes 54,17). Sie wird als geprägte Wendung bei Paulus gerade *nicht* für das gerechte Richten und Verurteilen gemäß der *iustitia distributiva* – der »zuteilenden Gerechtigkeit« – verwandt, sondern speziell für die »heilbringende« – d.h. freisprechende und begnadigende – Gerechtigkeit, die *iustitia Dei salutifera*. Wenn Paulus von dem Vollzug der Rechtfertigung und Gerechtmachung durch Gott spricht, meint er durchgängig die »Rechtfertigung des Gottlosen um Christi willen allein aus Gnade durch den Glauben« – also die *iustificatio impii propter Christum sola gratia per fidem* (Röm 3,24.26.28; 4,5; 5,1.9; Gal 2,16; 3,8.11.24).

II. Gal 3,1 – 5,12: Rechtfertigung und Befreiung liegen allein in Christus – nicht im Gesetz; sie werden allein im Glauben gewonnen – nicht aus Gesetzeswerken

1. Der gepredigte Christus als alleiniger Grund des Heils (Gal 3,1–5)

Mit Gal 3,1–5 wird der zweite, durch theologische Argumentation und Schriftauslegung bestimmte Hauptteil 3,1 – 5,12 eröffnet, dem sich dann 5,13 – 6,10 ein ermahnender, ethisch-paränetischer Hauptteil als letzter anschließen wird. Der ganze systematische Hauptteil ist der grundlegenden ›Wahrheit des Evangeliums‹ gewidmet: Rechtfertigung und Befreiung liegen allein in Christus – nicht im Gesetz; sie werden allein im Glauben gewonnen – nicht aus Gesetzeswerken.

Die Eingangsverse Gal 3,1–5 sind – wie dann später auch Gal 4,12– 20 – im Vergleich zu dem theologisch sachlichen Stil des Umfelds sehr persönlich gehalten. Paulus appelliert mit fünf aufeinanderfolgenden Fragen an die Erfahrung und Einsicht der Galater, wobei die Antwort auf die erste und die letzte Frage auf der Hand liegt (vgl. Gal 3,14), während die Antwort zur zweiten und dritten Frage nur von den Galatern selbst gegeben werden kann.

»Oh, ihr unverständigen Galater, wer hat euch behext, denen doch Jesus Christus [in aller Deutlichkeit] als der Gekreuzigte vor Augen gestellt worden ist?« (Gal 3,1).

Mit der affektvollen, tadelnden Anrede wendet sich Paulus erstmals seit 1,11 den Briefempfängern wieder unmittelbar zu. Während er sie dort gewinnend als »Brüder« anspricht, nennt er sie hier eindrücklich beim Namen. »Unvernünftig« und »unverständig« sind die Galater in Hinsicht auf die richtige geistliche Einsicht. Denn sie lassen sich von den judenchristlichen Gegnern irremachen (1,6f.; 5,10) und geraten so in Widerspruch zur ihren eigenen Grundlagen und Erfahrungen des Glaubens, bei denen sie deshalb mit den folgenden Fragen behaftet werden sollen.

Wie in 5,7 drückt Paulus seine Verwunderung und Bestürzung über die Abwendung der Galater vom Evangelium in einer mit »wer« eingeleiteten rhetorischen Frage aus. Für ihn kann es bei diesem unerklärlichen Phänomen der Loslösung von Christus (5,4) nicht mehr mit normalen, menschlichen Dingen zugehen. Menschliches Überreden allein kann solche Verwirrung (1,7; 5,10) nicht angerichtet haben. Von daher ist die Rede vom »Behexen«, »Bezaubern« keineswegs nur bildlich oder ironisch zu verstehen, wenn sie auch übertragen gemeint ist (vgl. 2Kor 4,3f.).

Solches Unverständnis (3,1.3) findet sich bei denen, denen doch Jesus Christus in aller Deutlichkeit als der Gekreuzigte – wörtlich: wie in einer öffentlichen Ausschreibung, wie durch eine amtliche Bekanntmachung – vor Augen gestellt worden ist. Denn die missionarische Verkündigung des Paulus ist als feierliche Proklamation des Evangeliums aufzufassen, vergleichbar einem Edikt, das öffentlich angeschlagen wird. Die verbreiteten Wiedergaben der Wendung mit »vorzeichnen«, »ausmalen«, »vor Augen malen« dürfen diesen zentralen Aspekt nicht verdecken.

Er erinnert die Adressaten also an die Glauben weckende Verkündigung des Evangeliums Gottes (Röm 1,1f.; 15,16; 1Thess 2,2, Genitiv des Subjekts), das als solches das Evangelium von seinem Sohn ist (Röm 1,3f.9; Gal 1,7, Genitiv des Objekts). Denn das Evangelium hat Jesus Christus als den »für uns« Gekreuzigten zum zentralen Inhalt (1Kor 1,23; 2,2), weshalb es von Paulus auch pointiert als das »Wort vom Kreuz« (1Kor 1,18) bezeichnet werden kann. Durch die nachdrückliche Hervorhebung des »Gekreuzigten« unterstreicht Paulus – in Anlehnung an Gal 2,19–21 und im Vorgriff auf das in 3,13f. Ausgeführte –, dass für ihn die Frage der Bedeutung des Gesetzes vom Sinai mit dem stellvertretenden Sterben Christi am Kreuz definitiv entschieden ist. Wer Christus als den für ihn und seine Sünde Gekreuzigten erkannt hat, der müsste eigentlich auch die Bedeutung sowie die Grenze und Begrenzung des Gesetzes verstehen.

Unter Absehung von anderen möglichen Gesichtspunkten konzentriert sich Paulus auf den einen und zentralen Sachverhalt, das gewichtigste Argument (*grave argumentum*, J.A. Bengel): »Dies allein will ich von euch [unmittelbar und persönlich] erfahren: Habt ihr den Geist aufgrund der Werke des Gesetzes empfangen oder aufgrund der Glauben weckenden Verkündigung?« (Gal 3,2).

Selbst wenn er gegenüber den Galatern nichts anderes vorzubringen hätte, so will er ihnen doch ihre eigene unbezweifelbare Erfahrung, die *ipsa experientia* (M. Luther), entgegenhalten. Denn diese völlig offenkundige Erfahrung der durch die Evangeliumsverkündigung des Paulus zum Glauben gekommenen Galater streitet gegen sie und bezeugt, dass sie als Heidenchristen den Geist Gottes faktisch gar nicht aus der Befolgung des Gesetzes empfangen haben können, sondern allein aufgrund der Glauben weckenden Verkündigung, der »Kunde«, »Predigt«, »Verkündigung des Glaubens« (Röm 10,17; 1 Thess 2,13).

Mit dem Empfangen des Geistes meint Paulus nicht nur die spezifischen Geistesgaben (Röm 12,6–8; 1 Kor 12 – 14) oder wie dann in Gal 3,5 die offensichtlichen Krafterweise, die Wundertaten (1 Kor 12,10.28f.), sondern das einmalige Ereignis des Geistempfangs, das die christliche Existenz eröffnet (Röm 8,15; 1 Kor 2,12; 2 Kor 11,4). Denn in Gestalt des Geistes Gottes und Jesu Christi (Röm 8,9b; Gal 4,6) sind Vater und Sohn selbst in den Gläubigen gegenwärtig (Gal 2,20; vgl. Röm 8,10f.; 2 Kor 13,5). Wenn Gott seinen Geist in das Herz der Menschen gibt (Röm 5,5; 2 Kor 1,21f.; 5,5; 1 Thess 4,8) bzw. sendet (Gal 4,6), kommt es infolgedessen zu der dem »natürlichen Menschen« (1 Kor 2,14) verschlossenen Glaubenserkenntnis und zu dem für den Glauben konstitutiven Bekenntnis: »Herr ist Jesus« (Röm 10,9; 1 Kor 12,3). Die Gegenwart des Geistes ist es also, welche die Zugehörigkeit zu Christus (Röm 8,9) und die Gotteskindschaft eröffnet und bezeugt (Röm 8,14–16; Gal 4,6). Der Geist Gottes, der als »Unterpfand« (2 Kor 1,22; 5,5; vgl. Eph 1,13f.) und »Erstlingsgabe« (Röm 8,23) das Angeld und die Zusicherung der endzeitlichen Vollendung darstellt, wohnt fortan im Gläubigen und gilt somit als bleibende Gabe an ihn (Röm 8,9.23; vgl. Gal 5,25; 6,1).

Mit seiner *zweiten* an die Einsicht der Galater appellierenden Frage in Gal 3,3 greift Paulus die vorwurfsvolle Anrede von V.1 auf und verdeutlicht, worin für ihn die Inkonsequenz und Unvernunft der Galater besteht: »Seid ihr dermaßen unverständig, dass ihr, nachdem ihr im Geist begonnen habt, nun im Fleisch enden wollt?« (Gal 3,3).

Das »Anfangen«, »Beginnen« bezieht sich auf den in 3,2 angesprochenen Empfang des Geistes aufgrund der Verkündigung der Glauben weckenden Verkündigung. Wie in Gal 1,6; 2,18.21; 5,1–4 setzt Paulus voraus, dass die Anerkennung des Gesetzesgehorsams als Bedingung für die Heilsteilhabe die Galater erneut als Übertreter des Gesetzes erweisen und sie somit wieder unter die Verurteilung des Gesetzes bringen würde (Gal 2,18; 3,10). Dies käme aber einer Nichtigkeitserklärung und Bestreitung der Gnade Gottes gleich, die in Christus eindeutig und verbindlich offenbart worden ist (2,21). Würden die Galater so »enden«, »abschließen« und »zu Ende kommen«, dann würden sie sich also selbst aus der Verbindung mit Christus lösen und damit aus der Gnade fallen (Gal 5,1–4). Sie stünden nicht mehr mit dem Geist im Einklang und würden ihm weder folgen noch in ihm leben (Gal 5,25). Wer sich aber nicht mehr vom Geist regieren lässt und somit nicht mehr im Geist seinen Lebenswandel führen will, der wird unweigerlich wieder von der Sphäre des »Fleisches«, des gegen Gott und seinen Willen gewandten Antriebs, bestimmt (Gal 5,16–21). Durch dieses Prinzip des Widerspruchs und der Feindschaft Gott gegenüber wäre er gewiss nicht mehr auf dem Weg des Lebens, sondern auf dem des Todes (vgl. Röm 8,4–8).

Die Frage von **Gal 3,4** knüpft unmittelbar an V.3 an: »So Großes habt ihr vergeblich erlebt? Wenn denn wirklich [überhaupt] vergeblich.«

Mit dem Empfang des Geistes und zu Beginn ihres Glaubens haben sie »so Großes«, »so Gewaltiges« erlebt und erfahren! Sollte das alles wirklich »vergeblich«, »umsonst« und »ohne Erfolg« (vgl. Gal 4,11) gewesen sein? Mit dem verkürzten – elliptischen – Satz: »Wenn denn wirklich vergeblich«, mag Paulus seiner Hoffnung Ausdruck verleihen, dass es bei den Galatern noch nicht wirklich so weit gekommen ist und sie sich durch das Schreiben des Paulus vor der drohenden Gefahr warnen lassen. Er mag aber auch die Gewissheit ansprechen, dass Gott diejenigen, die er erwählt und berufen hat, aufgrund seiner Treue auch bewahren und vollenden wird (Röm 8,28–39; 11,29; 1Kor 1,8f.; Phil 1,6; 1Thess 5,24).

Mit der letzten Frage **Gal 3,5** appelliert Paulus nochmals wie in V.2 an die Erfahrung der Galater, während er sich in den beiden eingeschlossenen Fragen (V.3f.) kritisch an ihre Vernunft gewandt hat: »Der euch nun den Geist gewährt und wirkt Machterweise unter euch, [hat er es] aufgrund von Werken des Gesetzes oder aufgrund der Glauben wirkenden Verkündigung [getan]?«

Durch die Wiederholung des Gegensatzes »aufgrund von Werken des Gesetzes« und »aufgrund der Verkündigung des Glaubens« gewinnt der Abschluss der fünf eindrücklichen Fragen besonderes Gewicht. Hier wird nun Gott selbst als Subjekt und Initiator der Gabe wie der Wirksamkeit des Geistes benannt. Entsprechend wird Gott, der Vater, auch in 1Thess 4,8; 2Kor 1,21f.; 5,5; Röm 5,5 und Gal 4,6 ausdrücklich als Geber des Geistes genannt. Neben dem grundlegenden Geistempfang kommen jetzt auch die offenkundigen Krafterweise des Geistes, die Wundertaten, in den Blick (1Kor 12,10.29f.; 2Kor 12,12; vgl. Röm 15,19; 1Thess 1,5). Diese sind sowohl durch den Apostel (Röm 15,19; 2Kor 12,12; 1Thess 1,5) als auch aufgrund der speziellen Geistesgabe der »Wunderkraft« durch einzelne Gemeindeglieder (1Kor 12,10.28f.) unter den Galatern geschehen. Wie in V.2 kann auch in V.5 über die einzig zutreffende Antwort kein Zweifel bestehen. Wurden die bereits gläubigen Galater doch erst nachträglich durch die judaistischen Gegner des Paulus mit der Forderung der Befolgung der Tora konfrontiert.

Rhetorisch gesehen gewinnt der überleitende Abschnitt 3,1–5 durch diese nachdrücklich und persönlich formulierten Fragen des Apostels deutlich an Gewicht. Aufgrund von Erfahrung und Einsicht müssen die Galater bestätigen, dass sie den Geist – und mit ihm die Rechtfertigung im Glauben (2,16) und das neuen Leben für Gott (2,19f.) – allein aus der Glauben wirkenden Verkündigung des Gekreuzigten empfangen haben und keinesfalls auf der Grundlage von Gesetzesgehorsam.

2. Die Segensverheißung an Abraham und ihre Erfüllung in Christus (Gal 3,6–14)

Mit Gal 3,6 geht Paulus von der Argumentation mit der *persönlichen Erfahrung* der Galater (3,1–5) zur ausführlichen Begründung seiner Darlegungen aus der *Schrift* über, die von Juden wie Christen, von Heidenchristen wie Judenchristen als verbindliche Grundlage und Norm anerkannt wird. Der nächste Einschnitt wird durch die – nun wieder verbindliche und gewinnende – Anrede der Adressaten als »Brüder« in V.15 gekennzeichnet. So gibt sich Gal 3,6–14 als ein erster, klar strukturierter Argumentationsgang innerhalb der fundamentalen Ausführungen von Gal 3,6 – 4,7 zu erkennen. Gal 3,6–14 handeln grundlegend von der Segensverheißung an Abraham und ihrer Erfüllung in Christus. Zwar wird es auch in 3,15–18 noch um Abraham gehen, dort aber dann um den *Vorsprung* und *Vorrang* der in Christus erfüllten Abrahamsverheißung vor dem Gesetz vom Sinai.

Ziel der Argumentation von Gal 3,6–14 ist nicht etwa nur die Beantwortung der Frage von 3,5, die ja wie die in 3,2 wegen der Eindeutigkeit als eine rein rhetorische zu verstehen ist. Wie das in 3,14 festgehaltene Ergebnis zeigt, geht es Paulus in 3,6–14 darum, die Schriftgemäßheit der Rechtfertigung (2,16f.21) und des Geistempfangs allein im Glauben (3,2.5) zu erweisen – und zwar im Hinblick auf Juden (2,15–17) wie Heiden (3,1–5.8.14a) zugleich (s. die 1. Pers. Pl. in 3,13a.14b).

Als *Textgrundlage* verwendet Paulus eine ganze Reihe von Zitaten, die er wohl vor allem wegen ihrer für die Argumentation wesentlichen Begrifflichkeit ausgewählt hat (»Glauben«, »Gerechtigkeit«, »Segen« usw.). Dabei dient ihm 1Mose 15,6 in Gal 3,6 als entscheidendes Eingangszitat, während es ihm im Folgenden dann vor allem um die Segensverheißung an Abraham geht, die er in Gal 3,8 als zweites Zitat einführt. An der Art der Interpretation und Wiedergabe in Gal 3,8 und 3,16 wird deutlich, dass Paulus neben der *Grundverheißung* von 1Mose 12,1–3 bei seiner Auslegung auch die späteren *Wiederholungen* und *Variationen* der Segensverheißung Gottes an die Väter in 1Mose 12,7; 13,15; 17,4–8; 18,18; 22,17f.; 24,7; 26,4 und 28,13f. vor Augen stehen.

Paulus eröffnet seine Darlegung in Gal 3,6 mit dem Abschnitt der Schrift, in dem er die Erfüllung der Verheißung für *Abraham selbst* erkennt. Denn nach 1Mose 15,6 erfüllte sich die *Segens*-Verheißung an Abraham *persönlich* (»Ich will dich segnen ...«, 1Mose 12,2) dadurch, dass er von Gott die Rechtfertigung, d.h. das Heil, empfing (vgl. Gal 3,8.11.21f.24). Durch 1Mose 15,6 sieht Paulus sowohl die Zuordnung des Glaubens zu Abraham als auch die – seit Gal 2,16 vorausgesetzte – exklusive Verbindung von »Glaube« und »Gerechtigkeit« / »Rechtfertigung« als schriftgemäß belegt.

Zu dem für die Ausführungen von 2,16 – 3,5 fundamentalen Begriffspaar »Glaube« und »Gesetz« bzw. »Gesetzeswerke« kommt in Gal 3,6–14 das Gegensatzpaar »Segen« und »Fluch« neu hinzu. Mag der Abschnitt mit der Aneinanderreihung von Schriftzitaten und gedrängten Schlussfolgerungen zunächst verwirrend wirken, so zeigt sich bei näherem Hinsehen eine klare Struktur und Abfolge. Im ersten Unterabschnitt, 3,6–9, wird die ausschließliche Zuordnung des *Segens*, d.h. der Rechtfertigung, zum *Glauben* im Zusammenhang der Abrahamsverheißung entfaltet. In einem zweiten Schritt, 3,10–12, wird die Verflechtung der »*Werke* des Gesetzes«, d.h. der Torabefolgung, mit dem *Fluch* des Gesetzes aufgewiesen. Die Überwindung dieses vom Gesetz über die Übertreter ausgesprochenen Fluches durch Christus und das Empfangen des verheißenen Segens durch den Glauben sind dann Gegenstand der abschließenden Verse 3,13f.

2.1 Gal 3,6–9

Der erste Argumentationsgang in 3,6–9 besteht aus zwei gleich strukturierten Teilen – V.6f. und V.8f. Auf eine durch ein Schriftzitat ergänzte These (V.6 und V.8) folgt jeweils eine an das Schriftzitat anknüpfende Folgerung (V.7 und V.9). Die nachdrücklichen Hinweise auf Abraham am Anfang von V.6 (»wie Abraham«) und am Ende von V.9 (»mit dem gläubigen Abraham«) bilden dabei eine wirkungsvolle Rahmung (*inclusio*).

Gal 3,6: »[Es erging euch] wie Abraham: Er glaubte Gott, und das wurde ihm zur Gerechtigkeit angerechnet.«

Durch die – wiederum verkürzt (elliptisch) formulierte – Wendung »wie Abraham« wird V.6 mit dem vorhergehenden Zusammenhang verbunden. Hinsichtlich der Rechtfertigung aus Glauben und des Empfangs des Segens in Gestalt des Geistes verhält es sich nach Paulus bei den Galatern wie bei Abraham. V.6a ist also als die erste knapp formulierte These zu verstehen: »Euch Galatern ist es somit ebenso ergangen wie Abraham«. Damit setzt Paulus wie gesagt voraus, dass sich die Segensverheißung an Abraham mit seiner in 1Mose 15,6 bezeugten Rechtfertigung durch Gott bereits erfüllt hat, dass der ihm zugesagte Segen im Empfangen des Heils, d.h. in der Rechtfertigung durch Gott, besteht (Gal 3,8f.; vgl. 3,11.21.24). Der innere Zusammenhang zwischen der Aussage von V.6 und den zuvor an die Galater gerichteten Fragen in Gal 3,2.5 erschließt sich dem Leser spätestens mit der Schlussfolgerung in Gal 3,14: Der Segen Abrahams, der in Christus zu den Heiden gekommen ist, wird *allen* Gläubigen (1. Pers. Pl.) durch die Gabe des verheißenen Geistes zuteil (vgl. Gal 4,6).

Es mag zunächst erstaunen, dass Paulus die Verbindung zwischen Abraham und denen, die auf der Grundlage des Glaubens an Christus das Heil suchen (Gal 3,7–9.11), allein durch den Hinweis auf 1Mose 15,6 schon als erwiesen ansieht; aber er setzt im Folgenden ganz offensichtlich voraus, dass es sich bei dem heilbringenden Glauben an den Sohn Gottes (2,20; 4,4) um eben den gleichen Glauben handelt, den schon Abraham bei seiner Rechtfertigung dem Vater Jesu Christi gegenüber hatte.

Da Paulus an dieser Stelle keine ausführliche Interpretation seines Ausgangszitats bietet, lässt sich sein Verständnis von 1Mose 15,6 nur aus dem Zusammenhang seiner Ausführungen in Gal 3 – wie dann ergänzend aus seiner späteren ausführlichen Kommentierung in Röm 4 – erschließen. Durchgängig bestimmt Paulus hier den »Glauben« im Gegensatz zu den »Werken des Gesetzes«. Diejenigen, die aufgrund des Gesetzesgehorsams das Heil erlangen wollen, rechnen mit der Rechtfertigung nach dem Gesetz auf der Basis ihres gelebten Lebens, d.h. mit dem Freispruch als einem *analytischen* Urteil infolge ihres eigenen Tuns (Gal 3,12). Demgegenüber gründet die Rechtfertigung im Glauben nach Paulus ausschließlich in der Gnade Gottes, die er in Christus offenbart hat (Gal 2,21; 5,4). Die Rechtfertigung in Christus (2,16f.) wird von Paulus somit als das *synthetische* – d.h. zusprechende und herstellende – Urteil Gottes verstanden, als der gnädige Freispruch für die, die aufgrund ihres gelebten Lebens nur als Sünder und Übertreter festgestellt werden können (Gal 2,15.17f.; 3,10; 5,2–4; 6,13).

In genau diesem Sinne versteht Paulus aber auch die Aussage über die Rechtfertigung Abrahams in 1Mose 15,6, wie durch seine gegensätzliche Formulierung in Gal 3,18 bestätigt wird: Wenn das Erbe, d.h. der im Heil bestehende Segen, aufgrund des Gesetzes erlangt werden könnte, dann käme es nicht aus der Verheißung. »Dem Abraham aber hat Gott es durch Verheißung aus Gnaden geschenkt«. Auch in Röm 4 eröffnet Paulus seine Auslegung von 1Mose 15,6 mit dem Hinweis auf die *Gnade*, die Abraham nach 1Mose 18,3 vor Gott gefunden hat. Abraham widerfuhr das gnädige Zurechnen, das unverdiente Zuteilen der Gerechtigkeit durch Gott »aus Gnade« (Röm 4,4.16). Abraham selbst beruft sich vor Gott allein auf dessen Gnade (1Mose 18,3; vgl. Röm 4,1), weshalb auch sein Glaube ausschließlich auf dem Hintergrund der Gnade Gottes zu verstehen ist – »Deshalb gilt: ›aus Glauben‹, damit auch gilt: ›aus Gnade‹« (Röm 4,16).

Mit dieser exklusiven Zuordnung des »Glaubens« zur »Gnade« – und dies in Abgrenzung zu den »Werken« und dem »Verdienst« – bestreitet Paulus nicht nur die verbreitete jüdische Auffassung, dass Abraham aufgrund seiner Werke gerechtfertigt wurde (etwa durch seine Bewährung in der Versuchung nach 1Mose 22,1–19), sondern schließt er auch zugleich aus, dass der in 1Mose 15,6 erwähnte Glaube Abrahams als verdienstvolle Leistung missverstanden werden kann.

Nun hat Paulus mit seinem Vergleich offensichtlich noch eine weitere Entsprechung zwischen dem Glauben Abrahams und dem Glauben der Galater im Blick. Das Ausgangszitat bildet den Abschluss einer Verheißungserzählung, 1Mose 15,1–6, die auffälligerweise mit einer von den Propheten her bekannten »Wortereignisformel« (»es geschah das Wort des Herrn zu Abram«, 1Mose 15,1) und einem »Heilsorakel«, einem geprägten Heilszuspruch (»Fürchte dich nicht, Abram«), eingeleitet wird. Auf die Klage des kinderlosen Abraham hin (1Mose 15,2f.) ergeht an diesen – wieder unter ausdrücklichem Hinweis auf das Reden Gottes (15,4) – sowohl die Sohnes- (V.4) wie dann auch die Mehrungsverheißung (V.5), auf die Paulus in Gal 3,7.16.19.29 noch Bezug nehmen wird.

Somit ist die Aussage über den Glauben Abrahams in 1Mose 15,6 unmittelbar auf das an ihn ergangene Wort des Heilszuspruchs und der Verheißung bezogen (1Mose 15,1f.4f.). Auch der Glaube Abrahams gründet einzig in dem »Wort Gottes« (15,1) bzw. in der »Stimme des Herrn« (15,4). Infolge dieses unmittelbar von Gott vernommenen Wortes glaubte Abraham, und in diesem Glauben auf das Wort hin empfing er von Gott das Heil, d.h. die Rechtfertigung. Das Anrechnen des Glaubens »*zur* Gerechtigkeit« versteht Paulus hier wie in Röm 4,6.11 als Zurechnen und Zueignen »*der* Gerechtigkeit« durch den Glauben. Damit aber hat aus der Sicht des Paulus schon Abraham selbst den Segen »aus der Predigt des Glaubens«, d.h. aus der »Glauben weckenden Verkündigung«

(Gal 3,2.5), erlangt; und insofern erging es den Galatern beim Empfang des Heiligen Geistes tatsächlich »wie Abraham« (Gal 3,6).

Damit aber erscheint der Glaube Abrahams hier – entgegen der verbreiteten jüdischen Interpretation – nicht als Voraussetzung und Bedingung der Rechtfertigung, sondern vielmehr als die *Art und Weise* – der *Modus* – des Heilsempfangs. Denn der im Heilszuspruch Gottes gründende Glaube (1Mose 15,1.4f.) ist selbst von Gott hervorgerufen; und dieses Glauben an Gott (vgl. Röm 4,5.24) ist die Grundlage, auf der Gott seine Gerechtigkeit zuspricht und zueignet.

Bei solch prinzipiellen und weitreichenden Gemeinsamkeiten zwischen dem ersten Empfänger der Verheißung und den späteren Empfängern des Segens sieht Paulus in Abraham wohl mehr als nur ein »Beispiel« für den Glauben der Heiden- und Judenchristen. Abraham ist für den Apostel vielmehr ein *Exempel* im Sinne von *Urbild, Typos* und *verbindliches Vorbild*. Was sich in Hinsicht auf den Glauben Abrahams als schriftgemäß erweist, das hat auch für die Nachkommen Abrahams als verbindlich und vorbildlich zu gelten. Der so prägnant eingeführte Vergleich in Gal 3,6 – »Wie Abraham« – hat für die Galater als »Söhne Abrahams«, als die sie sich kaum noch zu erkennen vermögen, keineswegs nur eine illustrierende, sondern vielmehr eine *begründende* und *legitimierende* Funktion.

Angeschlossen mit »also«, »folglich« formuliert Paulus in Gal 3,7 die erste Schlussfolgerung (*conclusio*) des Abschnitts, indem er die theologische Konsequenz aus der vorangehenden These (3,6a) und dem ihr unmittelbar folgenden Schriftbeleg (V.6b) zieht: »**Ihr erkennt also, dass die, die aus dem Glauben sind, [gerade] diese sind Söhne Abrahams**« (Gal 3,7).

Ob Paulus die Galater auffordert: »erkennt also!«, oder wie sonst meist feststellend in der Aussageform formuliert: »ihr erkennt also« (vgl. Röm 6,6; 2Kor 8,9; beides ist als Übersetzung grundsätzlich möglich), für Paulus handelt es sich bei der Aussage von V.7 durchaus um einen zwingenden Schluss aus 1Mose 15,6 bzw. des ganzen Abschnitts 15,1–6.

Mit der Wendung: »die aus Glauben sind«, bezeichnet Paulus hier wie in Gal 3,9 prägnant diejenigen, die an Jesus Christus gläubig geworden sind und in diesem Glauben das Heil erlangt haben, d.h. gerechtfertigt worden sind (Gal 2,16f.20). Paulus spricht also wie in 3,2.5 auch in 3,7.9 von denen, die aus der Glauben wirkenden Verkündigung vom Gekreuzigten den Geist empfangen haben. Der Glaube ist hier wie sonst im ganzen Galaterbrief der Glaube an Jesus Christus (Gal 2,16.20; 3,22ff.). Mit der Wendung »aus etwas sein« wird die *Herkunft*, der *Ursprung* angegeben (vgl. Röm 2,8; 4,12; 16,10f.; Gal 2,12; Phil 4,22), wobei der Aspekt der *Zugehörigkeit* zu jemandem oder etwas in den Vordergrund tritt. In den hier vorliegenden Verbindungen mit abstrakten Begriffen wie »Glaube« und »Werke des Gesetzes« wird angegeben, worauf die Betreffenden ihre Existenz vor Gott gründen und worin sie selbst die Basis ihres Gottesverhältnisses erkennen.

Durch das betont vorangestellte »diese« wird der exklusive Sinn der Bestimmung nachdrücklich hervorgehoben: »gerade diese – und keine anderen«. Die Abrahamskindschaft wird also ausschließlich mit dem Glauben an Christus verbunden, während dann antithetisch in Gal 3,10–12 die Torabefolgung im unausweichlichen Zusammenhang mit dem vom Gesetz ausgesprochenen Fluch gesehen wird. Folglich bestreitet Paulus mit seiner Schlussfolgerung aus 1Mose 15,6 schlichtweg, dass es unabhängig und außerhalb von Christus (*extra Christum*) als dem »*einen* Samen«, von dem die Verheißung spricht (Gal 3,16.19), »Söhne Abrahams« gibt, gegeben hat oder auch nur geben könnte.

Die leibliche Abstammung an sich und allein kann also die Abrahamssohnschaft noch nicht begründen (Röm 9,6f.; vgl. 1Mose 21,12). Die leiblichen Kinder Abrahams sind nämlich nicht schon an sich Kinder Gottes, sondern nur die »Kinder der Verheißung« werden als »Same« und »Nachkommen« angesehen, denen die Verheißung gilt (Röm 9,8). Entsprechend wird Paulus in Gal 4,21–31 die »Kinder der Verheißung nach der Weise Isaaks / wie Isaak« (4,28; vgl. 4,23) – d.h. die »nach dem Geist« geborenen Kinder (4,29) – von den »nach dem Fleisch« geborenen (4,23.29) scharf unterscheiden. Überraschend ist für die jüdischen und judenchristlichen Gegner des Paulus dabei weniger, dass er sogar geborenen Juden die wahre »Abrahamskindschaft« streitig machen kann; wirklich provozierend ist vielmehr die exklusive Bindung des Abrahamssegens an den »*einen* Samen«, Jesus Christus. Herausfordernd ist die Verknüpfung des Segens mit dem Glauben an Christus in scharfer Abgrenzung von dem Weg der Werke des Gesetzes – und dies unter Einbeziehung der »Sünder aus den Heiden«, d.h. der sprichwörtlich sündigen Heiden.

Damit sind die Themen des folgenden Dreischritts von These, Schriftargument und Schlussfolgerung in Gal 3,8f. bereits vorgezeichnet: »Weil nun – wie ja die Schrift lehrt und bezeugt – Gott vorherbestimmt hat, dass er die Heiden gerecht macht *aus Glauben*, [deshalb] hat er – nach der Schrift – dem Abraham im Voraus verkündet: Gesegnet werden sollen in dir alle Heiden« (Gal 3,8).

Subjekt des Satzes ist eigentlich »die Schrift«, denn wörtlich übersetzt beginnt V.8: »Weil nun *die Schrift* vorausgesehen hat, dass Gott ...« Paulus spricht von der Schrift in personifizierender Redeweise, um zu verdeutlichen, dass hinter der als Einheit verstandenen Schrift – unseres Alten Testaments – die Person Gottes selbst zu sehen ist, die ihren Willen in Zeugnis und Lehre der Schrift verbindlich kundtut. So wird er auch in Gal 3,22 davon sprechen, dass »die Schrift« alles unter die

Sünde eingeschlossen hat, was bedeutet, dass *Gott – in der Schrift* und *nach dem Zeugnis der Schrift* – alle Menschen unter die Sünde eingeschlossen, d.h. sie dabei behaftet hat. Noch klarer erscheint die übertragene Bedeutung in Röm 9,17: »Es sagt die Schrift zum Pharao ...«, was offensichtlich nur bedeuten kann: »Gott spricht – wie die Schrift bezeugt – zum Pharao.« In Gal 3,8 ist also Gott selbst das eigentliche Subjekt nicht nur des Rechtfertigens der Heiden, sondern auch des Vorherbestimmens und des Vorausverkündigens, was im Zusammenhang des Zitates der Segensverheißungen aus 1Mose 12,3; 18,18 nicht strittig sein sollte.

»Voraussehen« bedeutet wie »vorauserkennen« (Röm 8,29; 11,2) Gottes vorherbestimmendes Wissen und erwählendes Erkennen, sein Vorausbestimmen und Erwählen. Dieses Vorherbestimmen Gottes kann in diesem Fall mit Hilfe der Schrift – nämlich anhand von 1Mose 12,3 – aufgewiesen und wahrgenommen werden, weshalb in Gal 3,8 auch die Schrift als das grammatische Subjekt angegeben wird.

Die Bestimmung »aus Glauben« wird von Paulus in Gal 3,8 durch hervorgehobene Stellung nachdrücklich betont – »dass er die Heiden *aus Glauben* gerecht macht« –, womit das Ergebnis des ersten Argumentationsgangs (Gal 3,6f. mit dem Zitat von 1Mose 15,6) aufgegriffen und gesichert wird. Dementsprechend muss der Apostel mit dem folgenden Schriftbeleg nicht nochmals den Zusammenhang von »Glaube« und »Abrahamssegen«, sondern lediglich die Einbeziehung der *Heiden* – zu denen ja die Adressaten als Heidenchristen gehören – von der Schrift her begründen.

Dass Paulus vom »Gerechtmachen« der Heiden durch Gott in der Gegenwartsform spricht, versteht sich von daher, dass es dabei um die reale Gegenwart der Heidenmission als der Zeit der Erfüllung der Verheißung geht. Denn der Sohn Gottes ist Paulus offenbart worden, damit er ihn *unter den Heiden* verkündige (Gal 1,16); von Gott ist ihm das Apostelamt und das Evangelium *für die Heiden* als Gnade anvertraut worden (Gal 2,7.9; vgl. Röm 1,5). Folglich ist es also Gott selbst, der durch den Apostel unter den Heiden wirkt (Gal 2,8) und durch sein Wort unter den Heiden den Gehorsam des Glaubens, d.h. den Gehorsam, der im Glauben besteht, hervorruft (Röm 1,5; vgl. Röm 10,17; 1Kor 2,4f.; 1Thess 2,13). So gilt also, dass Gott gegenwärtig unter der Verkündigung seines Evangeliums von Jesus Christus auf der Grundlage des Glaubens Heiden rechtfertigt – und eben dies hat Gott nach dem Zeugnis der Schrift schon vorherbestimmt und dem Abraham im Voraus verkündet (Gal 3,8).

Indem Paulus in der gegenwärtigen Rechtfertigung der Heiden durch Gott die Erfüllung der Segensverheißung für die Völker aus 1Mose 12,3; 18,18 erkennt, bestimmt er wie in Gal 3,6 wieder den Segen Abrahams als Rechtfertigung des Gottlosen. Denn dass die Heiden mit dem gläubigen Abraham gesegnet werden, kann er in Gal 3,9 deshalb folgern, weil er zuvor in 3,6 die in 1Mose 15,6 beschriebene Zurechnung der Gerechtigkeit als Erfüllung der Segensverheißung an Abraham von 1Mose 12,3 verstanden hat. Wenn Paulus dann in Gal 3,14 zusätzlich den Empfang des verheißenen Geistes mit dem Segen Abrahams verbindet, entspricht dies dem Nebeneinander und der Ergänzung von *Rechtfertigung* und *Geistempfang* in Gal 2,16–21 und 3,1–5. Da der Geist den Glauben wirkt, in dem das Heil und die Gotteskindschaft empfangen werden, fallen für Paulus Rechtfertigung und Geistempfang zeitlich zusammen – sie sind zwei Aspekte ein und desselben Geschehens des »Zum-Glauben-Kommens«, des »Gläubigwerdens« (Gal 2,16b; 3,2f.).

Besondere Beachtung verdient der im Neuen Testament wie im Griechischen Alten Testament, der Septuaginta, einmalige Begriff für das »Verkündigen« der Schrift Abraham gegenüber. Wörtlich heißt es nämlich nicht nur »verheißen« oder »vorankündigen«, sondern »als *Evangelium* zuvor verkündigen«. Dem Abraham wurde das Evangelium also schon im Voraus verkündet, soll heißen: ihm wurde das »Evangelium Gottes« vor der in Gal 1,12; 2Kor 4,6; 5,18f. beschriebenen Offenbarung an die Apostel von Gott persönlich bereits wirksam mitgeteilt, wodurch er auch schon selbst den Segen empfangen, auf sein Wort glauben und gerechtfertigt werden konnte. Objektiv gesehen ist das Evangelium Christi nach Überzeugung des Apostels auch durch die Propheten in der Heiligen Schrift verheißen worden (Röm 1,2; 1Kor 15,3f. »nach der Schrift«); und die in Christus offenbarte »Gerechtigkeit Gottes« ist bereits von »Gesetz und Propheten« – d.h. von der Schrift als ganzer – zuvor bezeugt worden (Röm 3,21; 3,31 – 4,25; 9,25ff.; 10,6ff. u.ö.). Dass Israel in der Geschichte zum großen Teil und dass die jüdischen Gegner des Apostels gegenwärtig dennoch beim Lesen der Schrift dieses Evangelium von Gottes gnädigem Handeln in Christus nicht erkennen, liegt also nach Paulus nicht an der mangelnden Schriftbezeugung, sondern an der Decke, die verblendete Leser vor ihren Augen haben und die nur durch Christus selbst abgenommen werden kann (2Kor 3,14; 4,3f.).

Dabei setzt Paulus keineswegs voraus, dass die Propheten das Evangelium, das sie ankündigten, selbst nicht verstanden oder die Erwählten – ausgenommen Abraham selbst – es nicht geglaubt hätten. Sein »christozentrisches« – d.h. ganz von Christus her orientiertes – Heilsverständnis lässt den Apostel vielmehr zu einem ganz anderen Schluss kommen: Die Erwählten – d.i. der Same Abrahams – hatten es von Anfang an bereits mit Christus zu tun, der als der »*eine* Same Abrahams« (Gal 3,16, vgl. V.14.19) der einzige Segens- und Heilsmittler ist.

»Abraham wurde vor der Zeit des Evangeliums das Evangelium verkündet. Das Evangelium ist älter als das Gesetz« (J.A. Bengel). Denn in Gestalt der Verheißung empfing Abraham bereits das Evangelium selbst, was für Paulus deshalb wichtig ist, weil so das Evangelium in Gestalt der Verheißung dem Gesetz vom Sinai zeitlich *vor*geordnet ist – und damit in seiner Autorität dem Gesetz *über*geordnet. Denn was von Gott zuerst verbindlich eingesetzt wurde, hat sachlich den Vorrang (s. Gal 3,15–19; Röm 4,9–12). Indem Paulus in Gal 3,8 ganz ausdrücklich von der »Zuvor-Verkündigung des Evangeliums« (und nicht nur vom »Zuvor-Verheißen« wie in Röm 1,2) spricht, hebt er auch sprachlich hervor, dass die *Verheißung* an Abraham und das *Evangelium* als inhaltlich und wesentlich identisch zu verstehen sind.

Das Futur der Segenszusage: »in dir *sollen* gesegnet *werden*«, bezieht der Apostel, wie aus Gal 3,14.16.19 klar hervorgeht, auf die Erfüllung der Verheißung in Christus: »auf dass der Segen Abrahams unter die Heiden käme in Jesus Christus« (3,14). Das Subjekt des Segnens ist – wie dann auch in 3,9 bei »werden gesegnet« – Gott selbst, dessen Wirken mit der Passivform umschrieben wird (*passivum divinum*).

Mit seinem Schriftzitat nimmt Paulus in Gal 3,8 die Grundverheißung von 1Mose 12,3 auf, die durch die Einbeziehung von 1Mose 18,18 – mit der Erwähnung der »Heiden« statt der »Stämme der Erde« – nochmals zugespitzt erscheint. Wie sich in den Bezugnahmen von Gal 3 und Röm 4 vielfältig erkennen lässt, sind die verschiedenen Formulierungen der Väterverheißungen in 1Mose 12,1–3.7; 13,15; 17,4–8; 18,18; 22,17f.; 24,7; 26,4 und 28,13f. für Paulus zusammen zu sehen und in ihrem jeweiligen Kontext auszulegen (s. zu 1Mose 15,6 im Kontext von 15,1–6 in Gal 3,6f.). Wie sich in der Schlussfolgerung von Gal 3,9 erweist, hat Paulus auch bei seinem Zitat in 3,8 den Abschnitt 1Mose 12,1–3 insgesamt im Blick, führt aber wie meist nur die für seine Argumentation entscheidende Passage an.

Die Wendung »in dir« wird Paulus anschließend in doppelter Weise anwenden. Zunächst ist Abraham gemäß Gal 3,6.9 und 1Mose 12,2 (vgl. 22,17f.) selbst Segens*empfänger*. Wenn Juden- und Heidenchristen den verheißenen Segen allein im Glauben empfangen sollen wie Abraham, bedeutet das Gesegnetwerden »in Abraham« zunächst, dass sie als Glaubende *mit* Abraham gesegnet werden, wie Gal 3,9 ausdrücklich formuliert. Ein anderer Aspekt des »in dir« kommt dann in Gal 3,14.16.19 zur Geltung. Die Verheißung des Gesegnetwerdens »in Abraham« sieht Paulus in den späteren Variationen der Verheißung 1Mose 18,18; 22,17f.; 26,4; 28,14 präzisiert und erläutert. Denn ab 1Mose 22,18 erscheint der »Same Abrahams« ausdrücklich als Segens*mittler*: »Und es sollen *durch deinen Samen* gesegnet werden alle Völker der Erde«. Diese Aussagen über die Verwirklichung der Segensverheißung »*durch* den Samen Abrahams« bezieht Paulus dann konsequent auf *Christus* und versteht hier die Bezeichnung »Samen«, »Nachkommen« nicht wie bei den späteren Segens*empfängern kollektiv* auf viele bezogen (wie etwa Gal 3,29; Röm 4,13.16.18), sondern *individuell* »als von *einem*: ›und deinem Samen‹, dieser ist Christus« (Gal 3,16).

Mit Gal 3,9 wird nun die Schlussfolgerung aus These und Schriftbeweis von V.8 gezogen (parallel zu V.6f.): »Folglich werden diejenigen, die aus Glauben sind, gesegnet mit dem gläubigen Abraham.«
»Die aus Glauben sind« meint wie in 3,7 (vgl. Röm 3,26; 4,16) diejenigen, die ausschließlich auf der Grundlage des Glaubens an Christus Rechtfertigung und Heil suchen (Gal 3,8.11; vgl. 2,16f.; 3,2.5.14. 22.24). Mit »aus Glauben« wird wieder die Sache angegeben, die für die betreffenden Menschen charakteristisch und normativ ist. Der Glaube ist also die Größe, auf welche die Angesprochenen ihre Existenz vor Gott gründen und in der sie selbst die Basis ihres Gottesverhältnisses erkennen. Das Subjekt des Satzes steht wieder an hervorgehobener Stelle und trägt wie in 3,7 den Ton, was der Aussage eine exklusive Bedeutung verleiht: »sie, die an Christus Glaubenden, und nur sie« / »gerade diese, und keine anderen«. Bestätigt wird die Exklusivität der Bestimmungen von 3,7 und 3,9 dann durch die Ausführungen 3,10–12, die den Gegensatz zu den vorhergehenden Aussagen formulieren.

Mit dem »Gesegnetwerden« der Gläubigen wird der bereits *gegenwärtige* Segensempfang in Christus bezeichnet, der sich in der Rechtfertigung im Glauben (Gal 3,6.8.11) und im Empfang des Geistes (Gal 3,14; vgl. 3,2.5; 4,6) beim Gläubigwerden äußert. Selbstverständlich sind Rechtfertigung und Empfang des Geistes als des Unterpfands der zukünftigen Erlösung des Leibes und der Vollendung zugleich auf die *Zukunft* ausgerichtet und für diese relevant (vgl. 2Kor 1,22; 5,5; Röm 8,23), aber in der galatischen Situation konzentriert sich Paulus aus gegebenem Anlass ganz auf das »Schon-Jetzt« des Glaubens an Christus.

Die Zusammengehörigkeit von *Rechtfertigung* und *Glaube* hat der Apostel mit seiner Argumentation Gal 3,6f. erwiesen; mit 3,8f. klärt er, inwiefern auch die *gläubigen Heiden*, die ja die Beschneidung und die konsequente Gesetzesbefolgung nicht auf sich nehmen, zu den »Söhnen Abrahams« gerechnet werden können. Er kann nachweisen, dass Gott von Anfang an die Heiden in gleicher Weise dazu ausersehen hat, wie Abraham und mit Abraham im Glauben gerechtfertigt zu werden, d.h. an dem ihm verheißenen Segen teilzuhaben. Denn dass auch die »Völker«, d.h. die »Heiden«, mit Abraham gesegnet werden sollen, ist in Anbetracht von 1Mose 12,3; 18,18 unbestreitbar.

Während Paulus in Gal 3,6–9 die Einbeziehung der gläubigen Heiden in den Kreis der Segensempfänger *positiv* begründet, hatte er in Gal 2,15–17 gerade umgekehrt argumentiert. Denn dort hatte er die Gleichstellung von Juden und Heiden von der Sünderverfallenheit beider her begründet und von der generellen Unmöglichkeit der Rechtfertigung aufgrund von Gesetzeswerken her abgeleitet. So ist also das Ergebnis des ersten Argumentationsgangs in Gal 3,6–9, dass nach dem Zeugnis der Schrift lediglich die an Christus Glaubenden als Söhne Abrahams gerechnet werden (3,7). Zu diesen aus dem Glauben Lebenden, die mit dem glaubenden Abraham gesegnet werden, gehören nach Gottes Vorsehung und Verheißung auch die Heidenchristen (3,8f.). Damit können sich auch die überwiegend heidenchristlichen Galater – sowohl hinsichtlich der exklusiven Zuordnung der Rechtfertigung zum Glauben als auch im Hinblick auf die ausschließliche Verbindung des göttlichen Segens mit dem Glauben an Christus – zu Recht auf Abraham berufen. Dies hebt Paulus durch die wirkungsvolle Rahmung mit »*wie* Abraham« (Gal 3,6) und »*mit* Abraham« (3,9) auch formal nochmals nachdrücklich hervor.

2.2 Gal 3,10–12

Als nächster Unterabschnitt lassen sich die Verse 3,10–12 abtrennen. Sie sind *antithetisch* zu den Versen 3,6–9 formuliert und bieten wieder einen Beweis aus der Unmöglichkeit des Gegenteils (*argumentum e contrario*, vgl. Gal 2,18.21). In dem letzten Argumentationsgang – dem zusammengehörigen Satzgefüge 3,13f. – werden dann sowohl die positiven Aussagen von 3,6–9 als auch die negativen von 3,10–12 abschließend noch einmal aufgenommen werden. In der Struktur weichen die drei Verse 10–12 von den vorhergehenden insofern ab, als sie jeweils in der ersten Hälfte eine Behauptung bieten, auf die dann in der zweiten Hälfte – und zwar in 3,11 wie in 3,12 – ein Schriftzitat als eigenständiges Argument folgt. Die Argumentationsschritte sind hier also nicht mehr drei-, sondern zweiteilig durchgeführt.

Während in den Schlussfolgerungen von Gal 3,7.9 ausschließlich von denjenigen gesprochen wird, die aufgrund des Glaubens ihr Heil suchen, kommen in 3,10 nun im Kontrast diejenigen in den Blick, die auf der Grundlage der Torabefolgung – der Werke des Gesetzes – nach der Rechtfertigung vor Gott trachten. Gal 3,6–9 ist ausschließlich durch das Stichwort »Glauben« bestimmt, in Gal 3,10–12 steht jeweils der Begriff »Gesetz« im Zentrum der Aussagen. Da in V.8f. der Begriff des »Segens« bzw. des »Segnens« neu eingeführt worden ist, ergibt sich für V.10 konsequenterweise die Aufnahme des Gegenbegriffs, des Antonyms »Fluch«. Dabei handelt die These in 3,10 von dem zwangsläufigen Zusammenhang zwischen dem *Fluch* und den *Gesetzeswerken*, womit implizit die Verbindung von *Gesetz* und *Segen* bereits ausgeschlossen ist.

Gal 3,11 und 12 heben sich hinsichtlich der Struktur von V.10 nochmals ab. Sie sind parallel strukturiert: In beiden Versen folgt auf die negativ formulierte Behauptung eine positiv formulierte Antithese in Gestalt eines Schriftzitats. So wird in V.11 festgehalten, dass die *Rechtfertigung* nicht dem *Gesetz* zuzuordnen ist, sondern vielmehr dem *Glauben*, und in V.12, dass das *Gesetz* nicht dem *Glauben* zuzuordnen ist, sondern vielmehr dem *Tun*. Damit sind auf kunstvolle Weise in Gal 3,6–9 und 10–12 alle möglichen Relationen zwischen dem Begriffspaar »Verheißung« / »Gesetz« und den *Gegensatz*paaren »Segen« / »Fluch«, »Glaube« / »Tun«, »Rechtfertigung« / »Nichtrechtfertigung«, Abrahamskindschaft und Nichtzugehörigkeit zu Abraham definiert. Mag die Argumentation mit ihrer Aneinanderreihung verschiedener Bestimmungen auf den ersten Blick zunächst auch etwas verwirrend oder gar unverbunden wirken, erweist sich die Gedankenführung bei Berücksichtigung dieser Strukturmerkmale als stringent und durchdacht.

Zugehörigkeiten und Gegensätze nach Gal 3,6–12

Verheißung	≠	Gesetz
Segen	≠	Fluch
Glaube	≠	Tun / Gesetzeswerke
Rechtfertigung	≠	Nichtrechtfertigung
Abrahamssohnschaft	≠	Nichtzugehörigkeit zu Abraham

Gal 3,10: »Alle aber, die aufgrund der Werke des Gesetzes sind [ihr Heil suchen], die sind unter dem Fluch. Denn es steht geschrieben: ›Verflucht ist jeder, der nicht bleibt in all dem, was geschrieben ist im Buch des Gesetzes, dass er es tut.‹«

Die Allgemeingültigkeit der negativen Aussage wird durch das »welche« = »alle, welche« nachdrücklich unterstrichen (vgl. Gal 3,7.9: »die«). Als die, die »aufgrund der Werke des Gesetzes sind«, werden nun im Kontrast diejenigen bezeichnet, die ihr Heil auf der Grundlage der Gesetzesbefolgung zu gewinnen suchen, die »durchs Gesetz gerechtfertigt werden wollen« (s. Gal 5,4). Wie in Gal 3,7.9 mit »Glaube«, so wird mit »Werken des Gesetzes« wiederum die Größe angegeben, auf welche die Betreffenden ihre Existenz vor Gott gründen und in der sie selbst die Basis ihres Gottesverhältnisses erkennen.

Wie wir bereits zu Gal 2,16 sahen, ist der Ausdruck »Werke des Gesetzes« bei Paulus als neutrale Bezeichnung für die umfassende Torabefolgung – das Bemühen um den umfassenden Gesetzesgehorsam – zu verstehen. Weder kann man die Kritik also nur auf einzelne Gesetzestaten beschränken noch auch auf ein »gesetzliches« Missverständnis des Gesetzesgehorsams, d.h. lediglich auf die »Gesetzlichkeit« des Tuns.

Angesprochen sind in Gal 3,10 sowohl die *Juden*, die nicht an Christus glauben, als auch diejenigen *Judenchristen*, die – wie die galatischen Gegner – die Befolgung des mosaischen Gesetzes abermals als verbindlich »aufrichten« wollen (Gal 2,18), damit von Christus abkommen und aus der Gnade fallen (5,4). Denn auch sie werden dann vom Gesetz wieder als die »Übertreter« überführt und behaftet, die sie *ohne* Christus und *außerhalb* von Christus (*extra Christum*) zwangsläufig sind (Gal 2,18; vgl. Röm 4,15). Insofern drohen auch die galatischen *Heidenchristen* mit ihrer Bereitschaft zur Beschneidung und zur Übernahme der Gesetzesbefolgung (1,6; 4,21; 5,2–4) zu solchen zu werden, die »aus den Werken des Gesetzes sind« und somit wieder unter den Fluch des Gesetzes geraten.

Dass die übrigen Heiden, die den Gesetzesgehorsam nicht auf sich nehmen, sich ebenfalls unter der Anklage und Gewalt des Gesetzes befinden (Gal 3,23; 4,4f.21; 5,18; Röm 6,14.15), steht sowohl für Paulus wie für die anderen geborenen Juden ganz außer Frage – sie sind aus jüdischer Sicht ja sprichwörtliche »Sünder aus den Heiden« (Gal 2,15; vgl. Röm 1,18–32). Dies muss aber in Gal 3,10 – weil es unbestritten ist – nicht eigens hervorgehoben werden. Hier geht es dem Apostel vielmehr um die ungeheuerliche Erkenntnis, dass eben dieser Fluch, den das Gesetz über alle »Sünder« und »Übertreter« zu Recht ausspricht, in gleicher Weise und ohne Ausnahme auch diejenigen trifft, die »aufgrund von Werken des Gesetzes« ihr Heil suchen.

Einen Beleg für diese zwangsläufige Verbindung von Torabefolgung und Verfluchtsein erkennt Paulus nach Gal 3,10b in 5Mose 27,26. Wie auch bei dem anschließenden Zitat von 3Mose 18,5 in Gal 3,12 handelt es sich um Aussagen der Tora selbst (vgl. Röm 10,5: »Mose aber schreibt ...«). Nach der Überzeugung des Paulus ist seine vorgebliche »Gesetzeskritik« also keineswegs als Kritik *am* Gesetz zu verstehen, sondern als Widerlegung des judaistischen Missverständnisses des Gesetzes *mit Hilfe* des Gesetzes selbst.

Der Wortlaut des Zitats von 5Mose 27,26 in Gal 3,10b erinnert zugleich an 5Mose 28,58. Paulus hat offensichtlich wieder den ganzen Textzusammenhang 5Mose 27 – 30 vor Augen, wobei der unmittelbare Bezug der Aussage den zwölf Fluchworten in 5Mose 27,11–26 – dem sogenannten »sichemitischen Fluchdodekalog« – gilt. Diese Schlussreden sind grundsätzlich durch das Gegensatzpaar »Segen« und »Fluch« geprägt, wobei sie auffälliger Weise ganz überwiegend und schwerpunktmäßig von der Androhung des Fluches bei *Nicht*einhalten all des darin Geschriebenen handeln. 5Mose 27,26 bildet den Abschluss des großen »Fluchzeremoniells«, dem in diesem Zusammenhang keine Segensworte entsprechen, so dass nicht erst für Paulus, sondern schon für 5Mose 27,11ff. der drohende Fluch im Fall der Übertretung ganz real und dominant erscheint.

Während sich in 5Mose 27 – 30 selbst noch Segensverheißung und Fluchandrohung nebeneinander formuliert finden, erkennt Paulus das Gesetz ausschließlich als das verurteilende Wort Gottes, das wegen der Sünde des Menschen von Adam an grundsätzlich niemals Segen vermitteln konnte und kann (Gal 3,19ff.; Röm 3,19f.; 5,20; 7,7–24; 8,3).

Unter dem Fluch sind – nach Aussage des Gesetzes selbst wie nach Paulus – die *Übertreter* der Weisungen des Gesetzes, die erwiesenen, faktischen Sünder. Paulus kritisiert also nicht etwa das *Befolgen* der Gebote Gottes oder das *Bemühen*, Gottes Willen nach dem Gesetz zu tun, an sich, wie gelegentlich gefolgert wird. Das Gesetz verurteilt den Menschen als *Übertreter* des Gesetzes, nicht etwa als den *Täter* seiner Gebote!

Allerdings hat Paulus seit seiner Christusbegegnung vor Damaskus erkannt, dass es Gottes »heiliges Gesetz« und sein »gerechtes und gutes Gebot« (Röm 7,12) von Anfang an grundsätzlich nur mit Sündern zu tun hat, so dass das Gesetz nicht nur *faktisch* und *nachträglich*, sondern *prinzipiell* nur als Ankläger fungieren kann und somit als Heilsweg ausscheidet. Als Apostel Jesu Christi hat der ehemalige Pharisäer und Eiferer für das Gesetz verstanden, dass das Gesetz in Wahrheit gar nicht von Gott gegeben worden war, um die Rechtfertigung zu bringen und lebendig zu machen (vgl. Gal 3,21: »Denn nur wenn ein Gesetz gegeben worden *wäre*, das da lebendig machen *könnte*, *käme* die Gerechtigkeit *wirklich* aus dem Gesetz.«).

Mit Gal 3,10 = 5Mose 27,26 will Paulus offensichtlich keinen *empirischen* oder *logisch-argumentativen* Beweis der allgemeinen Sündhaftigkeit bieten, sondern einen Schriftbeweis der *Zusammengehörigkeit* von Fluch und Gesetz und der *Unvereinbarkeit* von Gesetz und Segen. Dass alle Menschen – auch die Juden – »Sünder wie die Heiden« sind, leitet Paulus nicht etwa aus einer Übertonung des »*alle* Worte des Gesetzes« aus 5Mose 27,26 oder aus einer übertrieben perfektionistischen Interpretation des Gesetzesgehorsams überhaupt ab. Vielmehr gewinnt er diese Einsicht aus der Christuserkenntnis und der Erfahrung der Rechtfertigung allein aus Gnaden im Glauben durch Gott, wie er in Gal 2,15ff. ausgeführt hat. Dass das Gesetz freilich in der Tat einen uneingeschränkten und ausnahmslosen Gehorsam fordert, bringt Paulus dann den Galatern in Gal 5,3 in Erinnerung – und zwar ganz im Sinne von 5Mose 27 – 30. Denn darin stimmen das Gesetz, Paulus und sogar der Jakobusbrief ganz überein, dass jemand, der sich im Bereich der Tora befindet, »verpflichtet ist, das ganze Gesetz zu halten« (Gal 5,3). – »So jemand das ganze Gesetz hält und sündigt an einem, der ist ganz schuldig« (Jak 2,10).

Gal 3,11 beginnt wie V.10 als selbständiger Argumentationsschritt mit einer Feststellung des Apostels, die in V.11b durch ein Prophetenzitat als schriftgemäß erwiesen wird: »Dass aber durch das Gesetz niemand bei Gott gerechtfertigt wird, ist offenkundig, denn [es steht geschrieben]: ›der aus Glauben Gerechte wird leben‹.«

Mit V.11a greift Paulus den in Gal 2,16 eingeführten Grundsatz auf, den er dort bereits mit dem Zitat aus Ps 143,2 belegt hatte. Der Gedankenfortschritt liegt also nicht in der Aussage der Unmöglichkeit der

Rechtfertigung »im Gesetz«, »durch das Gesetz« – wie Paulus hier ganz prägnant formulieren kann (vgl. Gal 5,4; Phil 3,9) –, sondern in dem zusätzlichen positiven Schriftbeweis mit Hilfe von Hab 2,4. Als »klar« und »offenkundig« bezeichnet Paulus diese Feststellung nicht etwa im Hinblick auf die Erfahrung oder Geschichte, sondern in Hinsicht auf das Zeugnis der Schrift, auf das er sich bei seiner sachlich geprägten Argumentation in Gal 3,6–14 ausschließlich bezieht (vgl. dagegen 3,1–5).

»Bei Gott«, d.h. »in Gottes Augen«, »vor Gott« (*coram deo*) wird *grundsätzlich* und *prinzipiell* – wie die präsentische Formulierung festhält – niemand aufgrund seines gelebten Lebens gerechtfertigt. Diese traditionell geprägte Formulierung in Gal 3,11 lässt die ursprüngliche Bedeutung der Rechtfertigungsaussage anklingen: nach dem Urteil Gottes und am Tag seines Gerichts »als gerecht erfunden werden«, »als gerecht dastehen« (vgl. Röm 2,13; 3,20; Gal 2,16).

Nachdem Paulus den »Glauben« in Gal 2,16.20 als Glauben an Jesus Christus, den Sohn Gottes, charakterisiert hat, kann er eben diesen auf Christus bezogenen Glauben auch einfach kurz und absolut mit »[der] Glaube« bezeichnen (Gal 3,2.5.7.8.9.12.14.23.24.26). So erkennt der Apostel in Habakuk 2,4 (Gal 3,11; Röm 1,17) – neben 1Mose 15,6 (Gal 3,6) – einen weiteren Beleg der Schrift für die strikte Zuordnung von *Glauben an Christus* und *Rechtfertigung*. Wenn die Rechtfertigung uneingeschränkt mit dem Glauben verbunden ist, dann kann es den durch das Gesetz Gerechtfertigten nach der Schrift gar nicht geben – so das Argument des Apostels.

Die Zuordnung der Bestimmung »aus Glauben« wäre grundsätzlich in doppelter Hinsicht möglich – entweder man verbindet sie mit dem Prädikat »er wird leben« (*adverbial*) oder mit dem Nomen »der Gerechte« (*adnominal*). Sowenig die Aussage: »Der Gerechte wird aus Glauben leben«, paulinisch unzutreffend wäre, geht es Paulus hier doch wohl um den Gegensatz von »aus Werken gerecht werden« (Gal 3,11a) und »aus Glauben gerecht werden« (Gal 3,11b). Für Gal 3,11 wie für Röm 1,17 ergibt sich also die Übersetzung: »Der aus Glauben Gerechte – wird leben«.

Hab 2,4 bestätigt nach Paulus also, dass der in Christus schon gegenwärtig gerechtfertigte Sünder im Endgericht gerettet und mit dem ewigen Leben beschenkt werden wird, d.h. dass er ewig leben wird. Der Beginn dieses Lebens ist mit der Gabe des Geistes bereits gegeben (Gal 3,2.5.14; 4.6). Im Unterschied zum Gesetz macht dieser nämlich schon gegenwärtig lebendig (Gal 3,21; Röm 8,2–4); durch ihn wohnt Christus selbst als der Auferstandene (Gal 1,1) in den Glaubenden (Gal 2,20). Dass das »ewige Leben« (Gal 6,8b) selbstverständlich nicht auf die Existenz im vergänglichen Leib (»im Fleisch«, Gal 2,20) beschränkt ist, muss in der galatischen Situation nicht neu entfaltet werden, weil es in diesem Konflikt nicht strittig ist. Den Galatern ist nicht ungewiss, ob es ein Erscheinen Christi, eine Auferstehung der Toten (1Kor 15,1–58;

1Thess 4,13–18) und das ewige uneingeschränkte Zusammensein der Gläubigen mit ihrem Herrn (2Kor 5,8; Phil 1,23; 1Thess 4,17; 5,10) geben wird, sondern ob sie als Heidenchristen daran teilhaben werden, ob auch sie als Söhne Abrahams mit Abraham an der himmlischen Gemeinschaft teilnehmen dürfen.

Mit Gal 3,12 wendet sich Paulus den nun noch verbleibenden Verhältnisbestimmungen zu, indem er wieder zunächst in V.12a eine negative eigene These formuliert, der er in V.12b die positiv formulierte Antithese in Gestalt eines Schriftzitats folgen lässt: »Die Tora aber hat nichts mit dem Glauben zu tun, sondern wer sie [die Gebote] *tut*, wird in ihnen leben« (Gal 3,12)

Mit dieser letzten Bestimmung kommt Paulus auf den neuralgischen Punkt in der Auseinandersetzung mit den judaistisch-judenchristlichen Gegnern zu sprechen: auf die Frage der Vereinbarkeit von Gesetzesbefolgung und Glauben – und damit auf das Verhältnis von Gesetz vom Sinai und Jesus Christus. Im Gegensatz zu seinen Gegnern lehnt der Apostel eine Kombination von Glauben und Befolgung des Gesetzes kategorisch ab: »Das Gesetz hat nichts mit dem Glauben zu tun«, wörtlich: »Das Gesetz ist nicht ›aus Glauben‹«. Formal knüpft diese Bestimmung mit der Wendung »aus Glauben« also wörtlich an Hab 2,4 in Gal 3,11 an, inhaltlich geht es um die Frage der *Zugehörigkeit* und *Beziehung* der angesprochenen Größen zueinander: »Das Gesetz hat nichts mit dem Glauben zu schaffen.« Danach hat das Gesetz nichts mit dem in 1Mose 15,6 und Hab 2,4 sowie seit Gal 2,16 bezeichneten Glauben an Jesus Christus zu tun, durch den allein die Rechtfertigung vermittelt und infolgedessen das ewige Leben zugeeignet wird. Der Glaube an Christus und das Gesetz als Grundlage des Heils sind unvereinbar; das Gesetz ist in seiner begrenzten Funktion mit dem Kommen Christi endgültig abgelöst worden (Gal 2,19; 3,19.21ff.).

Mit dem Schriftbeleg 3Mose 18,5 zitiert Paulus in Gal 3,12b (vgl. Röm 10,5) eine zentrale Aussage des sogenannten »Heiligkeitsgesetzes« 3Mose 17 – 26, mit dem Kernstück 3Mose 18 – 20. In 3Mose 18 findet sich eine lange Reihe von Verboten, deren Übertretung unweigerlich die Todesstrafe nach sich ziehen würde: »Denn alle, die solche Greueltaten tun, werden ausgerottet werden aus ihrem Volk« (3Mose 18,29). Hingegen ist 3Mose 18,5 selbst positiv formuliert: »Darum sollt ihr meine Satzungen halten und meine Rechte. Denn der Mensch, der sie tut, wird durch sie leben; ich bin der Herr.« Wie seine Gegner hätte auch Paulus selbst vor seiner Christuserkenntnis diese Aussage des Gesetzes als Verheißung verstanden – durch Gehorsam gegenüber den Geboten und Verboten des Gesetzes sein Leben erhalten bzw. gewinnen zu können. Nachdem er aber angesichts des für ihn gekreuzigten Sohnes Gottes begreifen musste, dass auch er wie alle anderen in Wahrheit schon immer ein Übertreter des Gesetzes und ein Sünder wie die Heiden war (Gal 1,13–16; 2,15–17), erkannte er den bedrohlichen Aspekt der an sich positiven Formulierung von 3Mose 18,5: *Nur* wenn der Mensch das Gebotene *uneingeschränkt tut*, wird er darin Leben finden – wenn *nicht*, trifft ihn die in 3Mose 18,29 ausdrücklich formulierte Verurteilung und Verdammung. Dabei wird sowohl in 3Mose 18,5 wie in 5Mose 27,26 sowohl von Paulus selbst wie von seinen judenchristlichen Gegnern in der Tat davon ausgegangen, dass dies für *alle* Gebote und Verbote des Gesetzes gilt, die uneingeschränkt zu halten sind (vgl. auch Jak 2,10f.). Bei Damaskus hat sich für Paulus also weniger *das Gesetz* verändert – es ist nach wie vor Gottes Wort im gleichen Wortlaut –, sondern vielmehr die Sicht auf die *eigene Situation* und *Existenz*. Hielt er sich als Pharisäer zuvor für gerecht und im Bereich der Lebensverheißung des Gesetzes handelnd, so hat er durch die Offenbarung Jesu Christi erkannt, dass er selbst ohne Christus vom Gesetz nur seiner Übertretungen und Schuld überführt werden könnte und ihn somit die Verdammung und der Fluch des Gesetzes träfe.

Damit aber ist 3Mose 18,5 für Paulus ein Beleg dafür, dass das Gesetz die Lebensverheißung nicht aus Gnaden und auf der Grundlage des Glaubens zuspricht, sondern – unbestreitbar und unbestritten – an das Tun der Gebote bindet: »Das Gesetz ist nicht ›aus Glauben‹« (Gal 3,12b). Da außer Jesus Christus selbst keiner den Gehorsam gegenüber Gott, seinem Vater, vollkommen gelebt hat (Röm 5,19; Phil 2,8), scheidet das Gesetz – selbst angesichts solcher positiven Formulierungen wie in 3Mose 18,5 – als »Heilsweg« und lebendigmachende Größe aus. Es kann den Menschen als Übertreter nicht gerecht erklären oder gerecht machen, sondern nur verklagen und verurteilen.

2.3 Gal 3,13f.

In Gal 3,13f., dem dritten Unterabschnitt der Argumentation von Gal 3,6–14, werden nun sowohl die positiven Aussagen von 3,6–9 als auch die in Antithese zu ihnen formulierten negativen Aussagen von 3,10–12 nochmals aufgenommen und vom Christusgeschehen her entfaltet. Wie der ganze Abschnitt ist auch sein Höhepunkt formal kunstvoll aufgebaut und inhaltlich beziehungsreich durchgeführt. Die Aufnahme der Motive und Stichworte der bisherigen Ausführungen – unter Einbeziehung von 3,1–5 – erfolgt nämlich nun kreuzweise, in sogenannter »chiastischer« Stellung (nach dem griech. Buchstaben Chi = X), also in der Anordnung: A-B-C / C-B-A.

So handelt 3,13 von der Überwindung des »Fluches des Gesetzes«, der mit V.10 in die Argumentation eingeführt worden ist. Der Segen für Abraham und die Seinen (V.14a) ist zuvor in der Schlussfolgerung V.9 und davor in dem Schriftzitat von 1Mose 12,3 in Gal 3,8 thematisiert worden. In der hervorgehobenen Bestimmung »*in* Christus Jesus«, Gal

3,14, ist die vertiefende Auslegung des »in dir« / »in deinem Samen« von Gal 3,8c (= 1Mose 12,3; 18,18) zu erkennen. Die Erwähnung der »Heiden« in Gal 3,14a, die nach den Ausführungen von 3,10–12 zunächst überraschen mag, nimmt die Aussage von 3,8f. wieder auf, in der es ja um die Einbeziehung der Heiden in den Kreis der Segensempfänger geht.

Schon hier in 3,13, noch auffälliger aber beim zweiten »dass«-Satz in 3,14b wird deutlich, dass Paulus hier nochmals an den persönlichen Appell an die Galater in 3,1–5 anknüpft. Denn dass die Erfüllung des verheißenen Segens nicht nur in der Rechtfertigung (3,6–12), sondern auch in der Gabe des Geistes besteht und dass das Empfangen des Geistes aufgrund der Glauben wirkenden Verkündigung geschieht, ist den Galatern bereits durch die eindringlichen Fragen in Gal 3,2.5 in Erinnerung gerufen worden. So entsprechen also die Ausführungen von Gal 3,13 denen von 3,10–12, die von 3,14a kreuzweise denen von 3,6–9 und die von 3,14b nehmen nochmals die Fragen von 3,1–5 auf.

Gal 3,13: »Christus hat uns von dem Fluch des Gesetzes losgekauft, indem er für uns zum Fluch wurde, denn es steht geschrieben: ›Verflucht ist jeder, der am Holz hängt.‹«

Durch den unmittelbaren Anschluss und die betonte Voranstellung des Subjekts »Christus« erhält die Aussage von 3,13 ein ganz besonderes Gewicht. Der unvermittelte Einsatz gibt dem Bekenntnis geradezu die Bedeutung: »Christus allein«, »nur Christus« – *solus Christus!* So stellt der Apostel den Galatern noch einmal in aller Deutlichkeit Christus als den Gekreuzigten vor Augen (Gal 3,1b) und kommt damit zur Begründung seiner Ausführungen über die Rechtfertigung im Glauben von 3,6–12 im Christusgeschehen.

Mit der 1. Pers. Pl. »uns« fasst Paulus alle diejenigen zusammen, die durch das stellvertretende Sterben Christi am Kreuz erlöst worden sind (3,13) und im Glauben den Geist erlangt haben (3,14b) – und das sind vom gesamten Zusammenhang her zweifellos beide, Juden- wie Heidenchristen. Dass auch die Heiden durch die Erlösung in Christus den Segen Abrahams (Gal 3,9.14a), d.h. die Rechtfertigung und den Geist (3,2.3.5.14; 4,6; 5,16–25), empfangen, stellt Paulus angesichts der irritierten Galater besonders nachdrücklich heraus.

Von dem Fluch – d.h. der Anklage und Verurteilung, den das Gesetz ganz zu Recht über alle Übertreter der Rechtsforderung Gottes verhängt (s. Gal 3,10) – hat Christus »uns« im Kreuzesgeschehen befreit. Dass Paulus bei der Erlösungsaussage von Gal 3,13 – und parallel dazu auch in Gal 4,4f. – speziell an die stellvertretende Lebenshingabe Jesu Christi am Kreuz denkt, kann angesichts des Schriftbeweises mit 5Mose 21,23 (»am Holz hängen«) und der »für uns«-Formel nicht strittig sein. Auf den gekreuzigten Christus (3,1), der sich »zur Sühne für unsere

Sünden« (1,4), der sich aus Liebe »an unserer Stelle« und »uns zugute« selbst dahingegeben hat (2,20) – auf diesen Christus hat der Apostel die Galater sowohl bei der grundlegenden Verkündigung des Evangeliums (s. 3,1; 4,13ff.) als auch an zentralen Stellen des Briefes nachdrücklich und feierlich hingewiesen.

Hier und in Gal 4,5 beschreibt Paulus die im Kreuzesgeschehen erfolgte Befreiung mit dem Bild des »Freikaufens«, des »Loskaufens« aus der Sklaverei. Indem er die alte, durch das Gesetz bestimmte Existenz als *Sklaverei* und die im Glauben verwirklichte neue Existenz als *Freiheit* bezeichnet, führt er mit 3,13 das Gegensatzpaar ein, das für seine ganze folgende Argumentation in 3,19 – 4,7; 4,8–20; 4,21–31 und 5,1–12 grundlegend sein wird. Paulus beschreibt den Vorgang in Gal 3,13; 4,4f. nicht nur im weiteren Sinne als »Erlösen« oder wie das Einkaufen eines Sklaven auf einem Markt, sondern als ein Geschehen personaler Stellvertretung in Gestalt eines *Tausches*. Er denkt also nicht nur an die Bezahlung eines Preises, sondern vielmehr an den stellvertretenden Eintritt in die Sklaverei zur Auslösung eines Versklavten. Nach dem 1. Clemensbrief 55,2 soll es unter den Christen Roms zu einer solchen freiwilligen Übernahme von Gefangenschaft und Sklaverei zugunsten anderer, d.h. zu deren Loskauf und Unterhalt gekommen sein. Auch in 1Kor 13,3 steht Paulus bei seinem zweiten Beispiel äußerster Opferbereitschaft vielleicht – nach einem Teil der Textzeugen – das Aufbrennenlassen des Sklavenmals und somit eine Selbsthingabe an die Sklaverei vor Augen: »und wenn ich meinen Leib hingäbe, um gebrannt zu werden«.

Die Sklaverei und Gefangenschaft, von der Christus durch seine Selbsthingabe befreit hat, ist der »Fluch des Gesetzes«. Im Anschluss an Gal 3,10–12 und im Gesamtzusammenhang des Galater- und Römerbriefs kann kein Zweifel daran bestehen, wie die Genitivverbindung zu verstehen ist. Der »Fluch« ist das Verdammungsurteil, welches das Gesetz zu Recht über jeden Übertreter der in ihr bezeugten Rechtsforderungen Gottes (Gal 3,10) ausspricht. Da niemand allen begründeten Rechtsforderungen Gottes entspricht, hat sich diese Verurteilungsinstanz aller Menschen »bemächtigt«: Sie sind »*unter* dem Fluch« (Gal 3,10). Davon, dass das Gesetz selbst »der Fluch« – dass es unheilig, ungerecht oder ungöttlich – wäre, kann bei Paulus keine Rede sein (vgl. Röm 7,12.14). Der Mensch und seine Sünde sind das Problem, nicht das Gesetz, das die todbringende Sünde als Übertretung dokumentiert.

Es fällt auf, dass Paulus formuliert, dass Christus für uns stellvertretend »zum Fluch« wurde, wo man die Aussage »zum Verfluchten« erwarten würde. Diese übertragene (metonymische) Redeweise, die in diesem Fall einen abstrakten Begriff statt eines konkreten verwendet (*abstractum pro concreto*), hebt die Größe hervor, welche die betreffende Person in ihrem ganzen Sein bestimmt und ausmacht. Der Übertreter des Gesetzes ist in seiner gesamten Existenz von dem Fluch bestimmt, den er auf sich geladen hat: Er ist selbst zum Fluch geworden. Dem entsprechend wird in 2Kor 5,21 formuliert, dass der Mensch, für den Christus »zur Sünde wurde«, nicht nur gesündigt hat, sondern in seinem ganzen Sein von der Sünde und ihren Folgen gezeichnet war.

Das gilt zunächst für den dem Tode verfallenen Menschen, aber hinsichtlich des stellvertretenden Sterbens am Kreuz in eben dieser Weise auch für Christus – er wurde im Kreuzesgeschehen persönlich und in letzter Konsequenz zu dem Verfluchten und Sünder, der der Mensch seinsmäßig ohne Christus ist. In Gal 3,13 wird somit in der Tat vorausgesetzt, dass Christus die Erlösung von der Macht des Fluches dadurch bewirkt hat, dass er selbst am Kreuz zu dem von Gott verurteilten Übertreter wurde und mit seinem Sterben auch die letzte Konsequenz der menschlichen Sünde stellvertretend auf sich nahm. Wie in der späteren Aufnahme von Gal 3,13 in 4,4f. die Formulierung »unter das Gesetz getan« (4,4d) in Hinsicht auf Gottes Handeln und als Folge seiner Sendung des Sohnes (4,4b) zu verstehen ist, so wird auch in Gal 3,13 Gottes eigenes Handeln im Sohn umschrieben (s. 2Kor 5,18.19.21).

Bevor Paulus in Gal 3,14 Ziel und Folge dieses für die Menschen »süßen Tauschs« (Diognetbrief 9,5) und »fröhlichen Wechsels« (M. Luther) entfaltet (vgl. 2Kor 5,21; Gal 4,4; Phil 2,6ff.), führt er nochmals einen Schriftbeleg an, den er mit der bei ihm einmaligen Formel »denn es steht geschrieben« einleitet. Dass Christus selbst stellvertretend zu dem Fluch wurde, den das Gesetz zwangsläufig über alle Menschen ausspricht (3,10), und dass er den Sünder gerade darin von der Anklage des Gesetzes – und damit vom Gesetz selbst (Gal 2,19f.; 3,19ff.) – befreit hat, ist bisher noch nicht aus der Schrift begründet worden. Mögen seine Gegner das »für uns« des Kreuzesgeschehens grundsätzlich teilen, so können sie doch den radikalen Konsequenzen, die der Apostel hinsichtlich des Gesetzes vom Sinai und seiner Verbindlichkeit aus dem Kreuzestod ableitet, absolut nicht zustimmen. Deshalb soll mit 5Mose 21,23 als einem Zitat aus eben diesem Gesetz selbst diese grundlegende These bewiesen werden, dass Christus in der Tat ein vom Gesetz – d.h. von Gott – »Verfluchter« wurde. Denn es ist Gott selbst, der durch das Gesetz die Sünde als Übertretung kennzeichnet und hinsichtlich des Übertreters den Tod als Konsequenz der Sünde verkündet (Gal 3,19ff.).

Während in 5Mose 21,22f. ursprünglich von dem schmachvollen Aufhängen eines bereits Hingerichteten die Rede ist, bezieht Paulus die Aussage mit dem zeitgenössischen Judentum auch auf die von den Römern durchgeführte brutale Hinrichtungsart der Kreuzigung durch das »Ans-Holz-Hängen« (vgl. auch Apg 5,30; 10,39). Wahrscheinlich hat Paulus selbst vor seiner Christusbegegnung als Pharisäer gerade deshalb an dem »gekreuzigten Christus« Anstoß genommen (1Kor 1,23; 2,2; Gal 3,1) und um des »Wortes vom Kreuz« willen (1Kor 1,18) die Gemeinde Gottes leidenschaftlich verfolgt (1Kor 15,9; Gal 1,13; Phil 3,6;

vgl. Gal 6,12b). Der Skandal und Anstoß hat auch für ihn selbst als Juden darin bestanden, dass die Gemeinden den als »Herrn« angerufen und als »Sohn Gottes« bekannt haben, der sich durch sein Sterben am Kreuz doch offensichtlich als ein von Gott Verfluchter erwiesen hatte. Damit aber haben die Christen nach Überzeugung ihrer Verfolger eindeutig den Tatbestand der Blasphemie erfüllt.

Wenn nun aber Paulus infolge der »Offenbarung Jesu Christi« (Gal 1,12.15f.) den Gekreuzigten als den Sohn Gottes erkennt und statt der Verfluchung fortan das »Herr ist Jesus« bekennt (1Kor 12,3; Röm 10,9), dann gewinnt für ihn auch die Aussage über das Verfluchtsein des an das Holz Gehängten von 5Mose 21,22f. eine völlig neue Bedeutung. Da Jesus selbst seinen Tod nicht schuldhaft auf sich geladen hat und da Gott, der Vater, ihn mit der Auferweckung von den Toten als seinen gerechten und gehorsamen Sohn bestätigt hat – erweist sich der Fluch des Kreuzes als das stellvertretend für die Sünder übernommene Verdammungsurteil des Gesetzes über die Übertreter.

Die Aussage des Gesetzes in 5Mose 21,22f. und die daraus folgende Beurteilung des Gekreuzigten als eines von Gott Verfluchten werden also durch die Erkenntnis Christi (Phil 3,8; 2Kor 4,6) keineswegs aufgehoben und annulliert – sondern vielmehr ins Recht gesetzt und bestätigt. Von einer Falsifikation und Widerlegung des Gesetzes kann nach Paulus auch – ja gerade angesichts des Kreuzes keineswegs gesprochen werden (Röm 3,31; Gal 2,19). Denn dass der Gekreuzigte den Fluchtod starb, wird vom Apostel weder bestritten noch abgeschwächt, sondern gerade als das Geheimnis seiner Sendung zur Erlösung der Menschen erkannt. Das Neue an der Beurteilung des Kreuzestodes Jesu durch Paulus, das die Wende vom Christenverfolger zum Verkündiger des Glaubens markiert, liegt somit in den beiden Worten »für uns«! »Stellvertretend« und »zugunsten« der Menschen gab der Sohn Gottes sich selbst aus Liebe zu ihnen dahin (Gal 2,20; vgl. 1,4; 4,4f.) und erlöste die Menschen von der Sklaverei und Verdammnis, die Folge ihrer Sünde war.

Die Entfaltung des *Ziels* und der *Folge* des Christusgeschehens in Gal 3,14 knüpft motivisch wie gesagt – über 3,10–12 und 3,13 hinweg – an die Argumentation in Gal 3,6–9 und mit der Aussage von Gal 3,14b sogar an den persönlichen Appell von Gal 3,1–5 an. Durch die kreuzweise (chiastische) Anordnung und die sich damit ergebende Rahmung mit der Wendung »den Geist empfangen« in 3,2 und 3,14b werden die beiden Argumentationsgänge 3,1–5 und 3,6–14 eindrücklich und wirkungsvoll abgerundet. Denn der Geistempfang ist die Erfahrung, auf die Paulus die verunsicherten Galater ansprechen kann.

»Damit der Segen Abrahams zu den Heiden käme *in Christus Jesus*, damit wir die Verheißung des Geistes empfingen *durch den Glauben*« (Gal 3,14).

Die beiden Aussagen zu der göttlichen *Absicht* und dem heilsgeschichtlichen *Sinn* wie auch zu der heilvollen *Folge* und *Wirkung* des Kreuzesgeschehens bilden eine Parallelkonstruktion (*Parallelismus membrorum*). Es entsprechen sich die Wendungen »Segen Abrahams« (V.14a) / Verheißung des Geistes« (V.14b) und »in Christus Jesus« (V.14a) / »durch den Glauben« (V.14b), wobei auf den letzteren in beiden Fällen der Ton liegt.

Mit »Heiden« sind wie in Gal 3,8 eindeutig die »Heidenvölker« im Gegensatz zu Israel gemeint, die aus jüdischer und judaistischer Perspektive als die sprichwörtlichen »Sünder aus den Heiden« (Gal 2,15) gelten. Sie hebt Paulus in 3,14a hervor, da ihre vollwertige Einbeziehung ja in der Jerusalemer, der antiochenischen wie vor allem in der galatischen Auseinandersetzung umstritten ist. Die Einbeziehung des Volkes Israel – und damit auch der als Juden geborenen Christen wie Paulus, Petrus und Jakobus – in die Segensverheißung an Abraham bedarf in dieser innerjudenchristlichen Debatte weder eines Schriftbeweises noch eines zusätzlichen Arguments; sie verstehen sich nach ihrem Selbstverständnis ohnehin und unbestritten in das »Wir« von V.14b einbezogen.

Der »Segen Abrahams« – d.h. der Abraham zugesprochene Segen (*Genitivus obiectivus*) – ist der Segen, der Abraham grundlegend und umfassend in 1Mose 12,2f. verheißen worden ist (s. zu Gal 3,8f.) und der sich nach Paulus für ihn persönlich schon zu Lebzeiten in Gestalt der Rechtfertigung im Glauben verwirklicht hat (Gal 3,6 = 1Mose 15,6; vgl. Gal 3,18). Aufgrund dieser Gleichsetzung von *Segensempfang* und *Rechtfertigung aufgrund des Glaubens* (vgl. 3,11.21f.24) kann Paulus folgern, dass die Rechtfertigung der Heiden dem Abraham schon im Voraus verkündet worden ist (Gal 3,8; 1Mose 12,3/18,18) und dass die an Christus Glaubenden *wie* Abraham (Gal 3,6) und *mit* Abraham gesegnet worden sind (Gal 3,9). Der Abraham zugesagte Segen bedeutet schon in 1Mose 12,1ff. die Überwindung des vom Menschen in seiner Abwendung von seinem eigenen Schöpfer hervorgerufenen Fluches (1Mose 3 – 11); der fünfmaligen Erwähnung des Fluches in der Unheilsgeschichte des Menschen in 1Mose 3,14.17; 4,11; 5,29; 9,25 entspricht so die fünffache Verwendung des Stichworts »Segnen« bzw. »Segen« beim Zuspruch des Heils in 1Mose 12,2f. Wo der Segen Gottes nicht wirksam ist, bleibt der Fluch bestimmend (Gal 3,10–12), und wo der Fluch durch Gott überwunden wird, da kommt sein Segen an Abraham zur Entfaltung (Gal 3,13f.; vgl. 3,6–9).

Mit der »Verheißung des Geistes« in 3,14b ist im Zusammenhang der Erfüllungsaussage das Verheißungs*gut* gemeint, das im Geist besteht (*Genitivus epexegeticus*). Diese Verheißung ist dem Abraham von Gott unmittelbar (3,16–20) und bereits 430 Jahre vor dem Gesetz vom Sinai (3,17) gegeben worden, um nun von den durch Christus Erlösten empfangen zu werden. Die späteren prophetischen Heilsworte, in denen ausdrücklich die Verleihung des Geistes an das Gottesvolk angekündigt werden (Jes 32,15; 44,3; 59,21; Hes 36,27; 37,14; 39,29; Joel 3,1f.; Sach 12,10), begreift Paulus somit als Wiederholungen und Erläuterungen der Grundverheißung von 1Mose 12,1–3 – einschließlich ihrer Variation in den verschiedenen »Verheißungen an die Väter« (1Mose 12,7; 13,15; 17,4–8; 18,18; 22,17f.; 24,7; 26,4; 28,13f.). Man denke nur an den Heilszuspruch in Jes 44,3b, in dem sich die ungewöhnliche Parallelisierung von »Segen« und »Geist« ausdrücklich findet: »Ich will meinen *Geist* auf deine Kinder gießen und meinen *Segen* auf deine Nachkommen.«

Damit aber hat Paulus das Ziel seiner ersten großen systematischen Entfaltung der »Wahrheit des Evangeliums« anhand der Schrift in Gal 3,6–14 erreicht: Infolge des Kreuzesgeschehens ist der Segen Abrahams *allein in Christus* zu den Heiden gekommen – und eben *nicht* durch das *Gesetz* – und der verheißene Geist ist von Juden- wie Heidenchristen ausschließlich *auf der Grundlage des Glaubens* empfangen worden – und damit *nicht* durch *Beschneidung* und Befolgung des *Gesetzes*.

3. Vorsprung und Vorrang der in Christus erfüllten Abrahamsverheißung vor dem Gesetz (Gal 3,15–18)

Die grundsätzlichen Ausführungen von Gal 3,6–14 werden nun in Gal 3,15–18 durch die Verhältnisbestimmung von Verheißung an Abraham und Gesetz vom Sinai vertieft. Wie die ausdrückliche – gewinnende und herzliche – Anrede signalisiert, setzt Paulus mit 3,15 zu einem neuen, eigenständigen Argumentationsgang an: »Brüder, ich will nach menschlicher Weise reden. Schon eines *Menschen* rechtskräftig gewordene Verfügung kann niemand aufheben oder durch eine andere ersetzen« (Gal 3,15).

Nachdem Paulus seine Ausführungen zuvor mit Zitaten aus der Schrift begründet hat, wechselt er jetzt die Argumentationsebene und Begründungsstruktur, indem er das Gesagte nun anhand eines Beispiels aus dem menschlichen Leben verdeutlicht. Denn das Reden »nach menschlicher Weise« ist hier nicht abwertend gemeint und bezeichnet nicht etwa den Gegensatz zu Gottes Reden und seiner Offenbarung. Es handelt sich in Gal 3,15 – wie auch in Röm 6,19; 1Kor 9,8 – vielmehr um eine geprägte Formel, mit der angezeigt wird, dass nun nicht mehr wie in 3,6–14 die Schrift bzw. eine bestimmte Schriftstelle Grundlage des Beweisganges ist, sondern aus dem menschlichen Leben gegriffene Tatsachen und Vergleiche.

Dabei handelt es sich in Gal 3,15–18 nicht nur um einen Vergleich oder ein Beispiel, sondern um eine – für einen Schriftgelehrten wie Paulus geläufige – Schlussfolgerung »vom Geringeren auf das Größere«

(*a minore ad maius*): »Schon bei einem Menschen gilt ..., *wie viel mehr bei Gott!*« Eingeschoben sind in 3,16a und 3,18b zwei gleichlautende Faktizitätsbeweise (»dem Abraham aber ...«) und in 3,16b nochmals eine Schriftauslegung der Formulierung: »und seinem Samen« (1Mose 13,15; 17,8; 24,7).

Dass Paulus die Verbindlichkeit und Unabänderlichkeit der von Gott gegebenen Verheißung am Beispiel einer menschlichen »Verfügung« verdeutlicht, ist insofern naheliegend, als sich der Begriff »Verfügung« in 1Mose 15,18 und 17,1–8 in der griechischen Übersetzung wortgleich wie in Gal 3,15ff. mehrfach im Zusammenhang der Abrahamsverheißung findet. Aber welches spezifische Verständnis von »Verfügung« liegt in Gal 3,15 vor? Ausgeschlossen ist wohl die Übersetzung mit »Bund« oder »Vertrag«, weil es sich nach dem Wortlaut in beiden Fällen nicht um eine Übereinkunft zweier Parteien, sondern um die einseitige Willenserklärung, die Verfügung eines einzelnen geht. Außerdem weisen die rechtstechnisch gebrauchten Begriffe in V.15.17 (»rechtskräftig machen«, »außer Kraft setzen«, »durch Zusatz verändern«) und die Folgerung in V.18 (mit den Begriffen »Erbschaft«, »aus Gnade schenken«) eher auf das *Schenkungs-* bzw. *Erbrecht* hin.

So wird die »Verfügung«, von der Paulus spricht, in Übersetzung und Auslegung häufig auf ein menschliches »Testament« – d.h. die letztwillige Verfügung für den Fall des Todes – bezogen. In diesem Fall ergibt sich allerdings das Problem, dass gerade der entscheidende Aspekt der Unabänderlichkeit nicht zur Geltung kommt. Denn nicht nur heute, sondern sowohl im griechisch-hellenistischen wie im römischen Erbrecht ist die Abänderung des Testaments durch den Erblasser grundsätzlich möglich, sei es durch Aufsetzen eines neuen Testaments oder durch Ergänzung einer Klausel und Veränderung mithilfe eines Zusatzes. Die Unveränderbarkeit der Verfügung lässt sich also am Beispiel eines »Testaments« gerade nicht illustrieren, wenn man nicht den Tod des Erblassers voraussetzen will, was die Argumentation in Hinsicht auf die Anwendung auf Gott unnötig komplizieren würde.

Die Lösung ist vielmehr im *jüdischen* Erbrecht zu suchen, dem Paulus sein Beispiel entnimmt. Denn hier gibt es neben dem Testament als der letztwilligen Verfügung eines Schwerkranken noch das Institut der »Schenkung«, der »Mattanah« (vgl. Sir 33,20ff.; Lk 15,31). Denn für diese »Schenkung« gelten (mit E. Bammel) folgende Merkmale: (1) Der Gegenstand der rechtlichen Schenkung geht unmittelbar in den Besitz des Beschenkten über; nur das Nutzungsrecht verbleibt beim Verfügenden. (2) Die rechtskräftige Verfügung kann – anders als ein »Testament« – unter keinen Umständen abgeändert oder widerrufen werden. (3) Bei der Mattanah handelt es sich um die Verfügung eines Gesunden; der Aspekt des Todes des Erblassers ist nicht ausschlaggebend.

Die Schwierigkeiten der Auslegung von Gal 3,15–18 lösen sich von selbst, wenn einmal erkannt ist, dass Paulus hier weder von einem »Bund« noch von einem »Testament« im engeren Sinne, sondern von einer »Verfügung« nach den Vorgaben des Rechtsinstituts der »Schenkung«, der Mattanah, ausgeht. Auf die »Schenkung« in diesem Sinne trifft der in Gal 3,15 formulierte Grundsatz uneingeschränkt zu, und von ihm aus lässt sich der Schluss vom Geringeren auf das Größere in V.17f. gut nachvollziehen. Gemäß Gal 3,6.9 und 3,17f. war die Verheißung, die Abraham empfing, nicht nur »rechtsgültig«, sondern bereits »rechtskräftig« geworden. Abraham hat die Gabe der Rechtfertigung bereits empfangen. So wurde ihm persönlich das Erbe bereits durch die Verheißung geschenkt, womit sich die Segensverheißung und nicht erst das spätere Gesetz vom Sinai als die von Gott rechtskräftig gemachte »Schenkungsverfügung« erwiesen hat. Der Zeitpunkt dieses »Rechtskräftigwerdens« wird in V.16 klar bezeichnet: »Nun sind aber *dem Abraham* die Verheißungen zugesprochen worden«. Mit der Verkündigung der Verheißung ist die rechtsgültige – d.h. verbindliche und unverbrüchliche – Verfügung Gottes an Abraham zugleich rechtskräftig geworden, so wie auch bei der »Schenkung« die Verfügung bei ihrer Verkündigung sofort rechts*kräftig* wird.

Wie schon bei einer rechtskräftigen menschlichen Schenkung »niemand« – d.h. auch der Verfügende selbst nicht – diese nachträglich »annullieren«, »außer Kraft setzen«, »aufheben« oder sie durch eine andere ersetzen kann, so gilt dies umso mehr für Gottes »rechtkräftige« Verheißung. Doch bevor Paulus nun den Schluss auf die Unverbrüchlichkeit der göttlichen Segenszusage durchführt, sichert er mit 3,16 die theologisch richtige Anwendung des juristischen Grundsatzes mit 3,17. Dabei argumentiert er – wie es der Rede »nach menschlicher Weise« entspricht – mit einem Beweis aufgrund von Tatsachen (V.16a) und dann mit dem Wortlaut der Schrift und einer knappen Anmerkung zur Auslegung (V.16b). »Nun sind aber dem *Abraham* die Verheißungen zugesprochen worden – *und seinem Samen*. Es heißt nicht: ›und *den Nachkommen*‹, als [wäre] von vielen [die Rede], sondern wie [man] von einem einzelnen [redet]: und ›*deinem* Nachkommen‹, welcher ist *Christus*« (Gal 3,16).

Von den Verheißungen spricht Paulus im Plural, weil er die grundlegende Segensverheißung an Abraham von 1Mose 12,1–3 (vgl. Gal 3,8) in den zahlreichen späteren Variationen aufgegriffen und erläutert sieht (s. 1Mose 18,18; 22,18; 26,4; 28,14). Mit dem ergänzenden Zitat: »und deinem Nachkommen«, werden speziell die Zusagen von 1Mose 13,15; 17,8; 24,7 in Erinnerung gerufen. Könnte man »Samen« / »Nachkommen« an sich auch kollektiv als Bezeichnung der »Nachkommenschaft« verstehen (wie es z.B. in Gal 3,29 auf die »Söhne Abrahams« bezogen wird), so liegt Paulus hier besonders an der singularischen Formulierung und an dem Hinweis auf den *einen*, den *einzelnen* Nachkommen im Unterschied zu den vielen. Denn hier spricht Paulus von dem *einen* Samen, der nicht wie die vielen Söhne Segens*empfänger* (3,6–9.14), sondern Segens*mittler* ist, *in* dem und *durch* den die Verheißung für »alle Heidenvölker« verwirklicht wird, »welcher ist Christus«. In diesem Zusammenhang und unter den an Christus Glaubenden muss Paulus diese Identifizierung nicht weiter entfalten, und er selbst hat diese Erkenntnis auch nicht durch ein einzelnes Schriftzitat, sondern durch die Offenbarung des Sohnes Gottes ihm gegenüber gewonnen. Er will zum Zweck der eindeutigen Anwendung des Vergleichs nur kurz festhalten: Es gibt *eine* Verfügung Gottes, die der menschlichen Schenkungsverfügung entspricht, und das ist die *Segenszusage an Abraham*; und es gibt *einen* Nachkommen Abrahams, durch den allein die Segensverheißung erfüllt wird, und das ist *Jesus Christus* (Gal 2,16; 3,13f.22ff.).

Gal 3,17: »Dieses aber will ich sagen: Eine von Gott vorher rechtskräftig gemachte Verfügung kann das 430 Jahre später ergangene Gesetz nicht außer Kraft setzen, so dass sie die Verheißung unwirksam machen würde.«

Paulus knüpft wieder an den Grundsatz von 3,15 an und führt nun den Schluss »vom Geringeren zum Größeren« – hier: »vom weniger Bedeutenden zum Bedeutenderen« (*a minore ad maius*) durch: »Wenn es schon bei Menschen gilt ..., wie viel mehr bei Gott ...«

Während in 1Mose 15,13 (vgl. Apg 7,6) eigentlich 400 Jahre und in 2Mose 12,40 allein für die Fremdlingschaft in Ägypten 430 Jahre vorausgesetzt werden, rechnet Paulus mit einer Spanne von 430 Jahren für die gesamte Zeit zwischen der Segensverheißung an Abraham und dem Aufenthalt Israels am Sinai. Diese Tradition findet sich aber bereits in der griechischen Übersetzung von 2Mose 12,40 und wurde nicht etwa erst hier eingeführt. Paulus geht es aber vor allem um die prinzipielle Abfolge der Ereignisse: Eine spätere Verlautbarung kann die zuvor rechtskräftig gemachte Verfügung grundsätzlich nicht aufheben. Allerdings wird durch den großen zeitlichen Abstand der Vorrang der Verheißung noch zusätzlich unterstrichen. »Die Größe des Intervalls steigert die Autorität der Verheißung« (J.A. Bengel).

Das »später ergangene Gesetz« ist – für Paulus wie für seine Gesprächspartner selbstverständlich – ebenfalls von *Gott* »verordnet« (Gal 3,19) und durch *ihn* »gegeben« (Gal 3,21). Es darf nicht etwa als eine Gott feindliche Macht oder als von widergöttlichen Mächten gegebene Verfügung verstanden werden. Würde nicht auch das Gesetz vom Sinai als eine Verlautbarung Gottes verstanden, dann brauchte die Frage nach seiner Funktion und nach seinem Verhältnis zur Verheißung Gottes und zum Glauben von Paulus gar nicht so breit behandelt werden. Die Einzigartigkeit und Endgültigkeit der Verheißung wäre dann von vornherein geklärt. Gerade weil neben der Verheißung als der ersten Verfügung auch das Gesetz vom Sinai als göttliche »Verfügung« (vgl. Gal 4,24; 2Kor 3,14) anerkannt wird, ist es sinnvoll, unter Verweis auf das menschliche Schenkungsrecht die Unverbrüchlichkeit der Segensverheißung an Abraham hervorzuheben. Da das Gesetz nachweislich später ergangen ist, kann es die längst zuvor rechtskräftig gewordene Schenkung Gottes weder modifizieren noch ablösen; denn beides würde auf die »Außerkraftsetzung« und das »Unwirksam-Machen« der göttlichen Verheißung selbst hinauslaufen.

Gal 3,18: »Wenn nämlich das Erbe auf der Grundlage des Gesetzes [zugeteilt wird], dann [zwangsläufig] nicht aufgrund der Verheißung. Dem Abraham aber hat Gott es [das Erbe] durch die Verheißung aus Gnaden geschenkt.«

Mit V.18 wird die Schlussfolgerung von V.17 nicht bewiesen oder begründet, sondern erläutert. Die exklusive Gegenüberstellung von Gesetz und Verheißung bzw. von Gesetz und Glaube ist bereits in 2,16; 3,2.11f. für die Argumentation bestimmend gewesen. In Gal 3,18 gewinnt sie aber auf dem Hintergrund von 3,15–17 nochmals an Plausibilität, denn nur eine der beiden Verlautbarungen Gottes kann im schenkungsrechtlichen Sinne als »rechtskräftige Verfügung« verstanden werden. Statt des ausformulierten Umkehrschlusses zu V.18a findet sich in V.18b – wie schon in V.16 – ein Tatsachenbeweis zugunsten der »Verheißung«. Faktisch hat Gott durch die Verheißung allein seinen Segen mit dauernder Gültigkeit und Wirkung zugeeignet (resultatives Perfekt), d.h. »aus Gnaden geschenkt« (vgl. Röm 8,32; 1Kor 2,12; Phil 1,29; 2,9).

Der Begriff »das Erbe« ergibt sich für Paulus aus den Landverheißungsstellen 1Mose 15,7.18; 21,10 (vgl. Gal 4,30); 22,17. In Gal 3,18 ist mit »Erbe« konkret der Abraham zugesagte Segen gemeint (Gal 3,8.14), der in der Rechtfertigung (Gal 3,6.8.11.21.24) und der Befreiung vom Fluch (Gal 3,13; 4,4f.), in der Gabe des Lebens (Gal 3,11.21f.) und der Sendung des Geistes (Gal 3,2.5.14; 4,6) – d.h. in der Gotteskindschaft (Gal 3,26; 4,5–7) besteht. Auch in dem Paralleltext Röm 4,13 wird die Verheißung an Abraham nicht etwa innerweltlich und innergeschichtlich auf das Land Kanaan bezogen, sondern sie wird auf die »zukünftige Welt« als das verheißene Land gedeutet: Die »Erben der Welt« sind die Erben der Königsherrschaft Gottes (Gal 5,21; 1Kor 6,9f.; 15,50).

In Anbetracht der von der Schrift bezeugten Tatsachen und im Hinblick auf die Unverbrüchlichkeit schon einer menschlichen »rechtskräftigen Verfügung« kann für Paulus nach Gal 3,15–18 kein Zweifel daran bestehen, dass Gott sein Heil unwiderruflich und ausschließlich auf der Grundlage der Verheißung – d.h. durch Christus als den einen verheißenen Samen Abrahams – zugeeignet hat.

Exkurs 4: *Glaube und glauben*

Der »Glaube« bzw. »glauben« bilden für das Christentum von Anfang an einen – wenn nicht *den* – theologischen Zentralbegriff zur Beschreibung des richtigen Gottesverhältnisses und zur Bezeichnung des Besonderen der christlichen Religion überhaupt. Dies zeigt sich schon rein formal an der Häufigkeit der Verwendung des Glaubensbegriffs im Neuen Testament: Substantiv und Verb sind je 243-mal belegt. Dabei kommen »Glaube« und »glauben« allein in den Paulusbriefen (*Corpus Paulinum*) zusammen 196-mal vor.

Paulus besteht in Gal 2,16 und Röm 3,20 unter Aufnahme eines Psalmzitats (Ps 143,2) auf dem Grundsatz, dass »aus Werken des Gesetzes kein Mensch vor Gott im Gericht bestehen und zum Heil gelangen kann, d.h. gerechtfertigt wird«. Dabei bezieht er dieses Urteil nicht nur auf die aus jüdischer Sicht selbstverständlich »sündigen Heiden«, sondern entgegen seiner eigenen früheren Selbstwahrnehmung auf alle Menschen, unter Einschluss der »Juden von Geburt« (Gal 2,15). Bei der Ablehnung der »Werke des Gesetzes« als Segens- und Lebensgrundlage denkt der Apostel nicht etwa nur an eine »gesetzliche« Form selbstgefälliger Werkgerechtigkeit oder an eine formalisierte spitzfindige Gesetzlichkeit, sondern auch an das ernsthafte und eifrige Bestreben, das Gesetz vom Sinai zu befolgen, also an die »Torabefolgung« im umfassenden Sinn. Die »Werke des Gesetzes«, aufgrund deren kein Mensch von sich aus vor Gott bestehen kann, bezeichnen in der konkreten geschichtlichen Situation der Auseinandersetzung mit den judenchristlichen Gegnern den Weg der jüdischen »Torabefolgung«; sie repräsentieren aber das Denken, Streben und Tun des Menschen schlechthin. In Anbetracht seines gelebten Lebens insgesamt verfehlt der Mensch seine ihm von Gott gegebene Bestimmung (Röm 3,9.20.23).

»Denn wir sind der Überzeugung, dass der Mensch durch den Glauben gerechtfertigt, d.h. freigesprochen wird – unabhängig von den Werken des Gesetzes« (Röm 3,28; vgl. Gal 2,16). Was versteht der Apostel unter dem »Glauben«, dem er allein zuschreibt, was dem Menschen an sich verschlossen bleibt, selbst wenn er sich darum eifrig bemüht? Wenn wir im Folgenden dieses Glaubensverständnis im Einzelnen entfalten wollen, dann soll gleich zu Beginn mit Nachdruck unter strichen werden, dass Paulus den für ihn entscheidenden Glaubens-Begriff grundsätzlich aus der alttestamentlich-jüdischen Tradition übernehmen kann, in der »glauben« und »Glaube« bereits differenziert gebraucht worden sind. Spezifisch paulinisch ist nicht etwa der Sprachgebrauch an sich, sondern vielmehr seine inhaltliche Bestimmung und seine theologische Gewichtung.

(1) Bis in die Gegenwart hinein verbreitet ist zunächst die Wendung »glauben, dass ...« in der Bedeutung »für wahr halten«. Die Geretteten »glauben, dass Jesus gestorben und auferstanden ist« (1Thess 4,14), »glauben, dass Gott Jesus von den Toten auferweckt hat« (Röm 10,9). In diesem Sinne lässt sich der Inhalt des Glaubens auch von Anbeginn an in bekenntnishaften Sätzen formulieren. So wurde den Korinthern nach 1Kor 15 in der Verkündigung bezeugt und so haben sie geglaubt (V.11), »dass Christus gestorben ist für unsere Sünden nach der Schrift und dass er begraben worden ist, und dass er auferstanden ist am dritten Tage nach der Schrift und dass er erschienen ist Kephas, dann den Zwölfen« (1Kor 15,3–5).

Diese Erkenntnis wird nun nicht etwa deshalb als Glaubensaussage bezeichnet, weil ihr Wahrheitsgehalt dem Bekenner ungewiss oder zweifelhaft wäre – so dass er also das Besagte im umgangssprachlichen Sinne von »glauben« nur »annehmen« und »vermuten« würde. Der Glaubende darf sich seiner Überzeugung durchaus gewiss sein. Was seine Glaubenserkenntnis vom sonstigen menschlichen Wissen unterscheidet, ist nicht etwa ein Mangel an Gewissheit, sondern lediglich die Weise, in der diese Gewissheit zustande kommt. Zum Glauben an Gottes Heilshandeln in Christus kommt es nicht aufgrund von »Beweisen« und »eigenen Erfahrungen«, sondern vielmehr dadurch, dass der Mensch von Gott angesprochen und das Evangelium von Christus ihm zugesprochen wird. Der Glaubende wird von der Wahrheit des Evangeliums eingeholt, ohne dass er selbst Zeuge der beschriebenen Ereignisse gewesen ist. Er kann sich darauf einlassen und verlassen, ohne dass er sie wie andere Tatsachen seines Lebens persönlich nachprüfen und belegen könnte.

Als Gegensatz zum »Glauben« in diesem spezifischen Sinne nennt Paulus deshalb nicht etwa das »Wissen«, sondern das »Schauen« – bzw. sprachlich korrekter: die »Anschaulichkeit«, »das Sichtbare« – »denn wir wandeln im Glauben und nicht im Sichtbaren« (2Kor 5,7). Die Gläubigen sind davon überzeugt, *dass* Gott ist und dass er *für sie* ist; aber sie können dieses Wissen nicht aus der Geschichte und Erfahrung – unabhängig und außerhalb von Christus *(extra Christum)* – ableiten. Müssten sie von der Offenbarung Gottes in Christi Kommen, Sterben und Auferstehen absehen (also *remoto Christo*), dann blieben ihre Erkenntnis von Gott und ihre Erfahrung mit der Welt und mit dem eigenen Glauben mehrdeutig und widersprüchlich – und damit gerade nicht glaubengründend.

Exkurs 4: Glaube und Glauben

Infolge der Zusage des Evangeliums hingegen vertrauen sie fest darauf, dass sich Gott den unheilvollen Mächten dieser Welt gegenüber bereits behauptet hat und sich endgültig durchsetzen wird; aber sie nennen diese Gewissheit »Hoffnung«, weil sie noch nicht »augenscheinlich« und »offensichtlich« ist. – Röm 8,24: »Denn zu solcher Hoffnung sind wir gerettet; die Hoffnung aber, die man sieht [d.h. die man schon erfüllt sieht], ist nicht Hoffnung.«

Der christliche Glaube schließt somit durchaus »Wissen«, »Erkenntnis« und »Fürwahrhalten« ein (d.h. es geht ihm auch um *notitia* und *cognitio*). Jedoch wird diese »Überzeugung« weder durch »historischen Beweis« herbeigeführt noch überhaupt als losgelöster und bloßer »Faktenglauben« (*fides historica*) dem Menschen selbst vorweg abgefordert. Die Offenbarung Gottes in Jesus Christus ist für die ersten Christen – wenn man es mit neuzeitlicher Begrifflichkeit ausdrücken wollte – sehr wohl »historisch«, d.h. in Zeit und Raum hinein geschehen, aber eben nicht »historisch *verifizierbar*«. Und die Glaubensüberzeugung wird sehr wohl als »objektiv begründet« und nicht nur »subjektiv vermutet« verstanden – sowenig sie sich auch gegenüber dem Unglauben zur jetzigen Zeit schon »objektiv beweisen« lässt.

(2) Ob in den alttestamentlich-jüdischen oder in den neutestamentlichen Traditionen – durchgängig wird vorausgesetzt, dass das, was der Glaube »erkennt« und »für wahr hält«, zugleich das Leben der Glaubenden bestimmt und prägt; dass der Glaube nicht rein theoretisch und unverbindlich bleibt, sondern Konsequenzen für die eigene Existenz und das persönliche Denken und Handeln hat. Diejenigen, die in ihrem Herzen glauben, dass Gott Jesus von den Toten auferweckt hat, die *er*kennen, *an*erkennen und *be*kennen diesen zugleich als den von Gott eingesetzten Kyrios – d.h. als den Herrn der Welt und so auch ihres eigenen Lebens, wie Paulus es in Röm 10,9 unter Aufnahme zweier formelhafter Wendungen als für die erlöste Existenz grundlegend darstellt.

Die Verkündigung des Evangeliums zielt auf Glaube und Gehorsam; sie zielt auf den »Gehorsam des Glaubens« (Röm 1,5; 16,26); nicht etwa so, dass der »Gehorsam« als ein zweites zum Glauben erst hinzutreten müsste, sondern in dem Sinne, dass der Glaube selbst den intendierten zustimmenden Gehorsam darstellt (vgl. Röm 1,8; 1Thess 1,8 mit Röm 15,18; 16,19). Wenn die »Heiden« das von Paulus verkündete Evangelium von Jesus Christus »hören« und Gott »aufs Wort glauben«, dann kommt es damit zu dem »Gehorsam des Glaubens«, zu dessen Förderung sich der Apostel nach Röm 1,5 und 16,26 entschieden gesandt weiß. Und kommt es umgekehrt trotz der Verkündigung nicht zum Glauben, dann ist dieses »Nicht-Hören« und »Nicht-hören-Wollen« in umfassender Bedeutung »Ungehorsam« (Röm 11,30–32).

So gründet der »Gehorsam des Glaubens« – der Gehorsam, der im zustimmenden Glauben besteht – in der Verkündigung des Evangeliums, die den Glauben weckt (Gal 3,2.5; Röm 10,8.17). Oder um das Wortspiel der griechischen Originalformulierung im Deutschen wenigstens anzudeuten: Der *Gehorsam* verdankt sich dem *Hören*! – »So kommt der Glaube aus der Verkündigung, die Verkündigung aber durch das Wort Christi« (Röm 10,17).

(3) Sosehr die beiden Bestimmungen des Glaubens als »Für-wahr-Halten« und als »Anerkennen« bzw. »Gehorsam« für das biblische Verständnis insgesamt zutreffend sind, so wenig können sie doch schon als hinreichend gelten. Es ist nämlich als – für die christliche wie für die alttestamentlich-jüdische Tradition – wesentlich festzuhalten, dass der Glaube sich nicht nur auf eine Idee, eine Mitteilung oder einen Sachverhalt bezieht, sondern zunächst und vor allem auf eine *Person*!

Rein sprachlich spiegelt sich das darin wider, dass nicht nur die Wendungen »glauben, *dass*« (Röm 6,8; 10,9; 1Thess 4,14) und »*etwas* glauben« (s. 1Kor 13,7; vgl. 2Thess 1,10b) erscheinen, sondern vor allem »*jemandem* glauben« (mit Dativ der Person; Röm 4,3.17; Gal 3,6) und »*an jemanden* glauben« (Gal 2,16; Röm 10,14a; Phil 1,29). Indem das Moment des »Vertrauens«, des »Sich-Anvertrauens« und des »Sich-Verlassens« auf ein Gegenüber in den Vordergrund tritt, erweist sich das Wort »Glaube« als ein *Beziehungsbegriff* – ein Begriff also, der nicht nur die Überzeugung eines einzelnen für sich, sondern das Verhältnis einer Person zu einer anderen beschreibt. So wie der Begriff der »Liebe« eine *personale Relation* voraussetzt, so wird hier mit »Glaube« nicht nur die individuelle Haltung, Überzeugung und Zustimmung bezeichnet, sondern das »Sich-Verhalten« und »Sich-bestimmen-Lassen« hinsichtlich eines personalen Gegenübers.

Wer dem Vater Jesu Christi seine Zusage und Verheißung glaubt und ihn beim Wort nimmt, der »vertraut« auf ihn und seine Treue. Wer an den Gott glaubt, der die Gottlosen gerecht macht – d.h. begnadigt und freispricht (Röm 4,5) –, der hat sich selbst, so wie er ist, diesem Gott vorbehaltlos »anvertraut«; und wer an Jesus Christus als den für ihn gestorbenen und auferstandenen Herrn glaubt und sich fortan im Leben und Sterben von ihm her versteht und auf ihn bezogen leben will, der *verlässt sich* – in des Wortes doppelter Bedeutung – mit seiner ganzen Existenz auf ihn.

Von hier aus wird deutlich, dass die zunächst skizzierten Aspekte des Glaubens erst von dieser Perspektive des persönlichen »Vertrauens« her ihre wesentlichen Konturen und ihre Eindeutigkeit gewinnen. Nur wenn der »Glaube« als *personal* und *positiv* bestimmter Beziehungsbegriff erfasst wird, erscheinen die Gesichtspunkte des »Glaubenswissens«, des »Anerkennens« und des »Gehorsams« im rechten Licht. Oder um es

Exkurs 4: Glaube und Glauben 109

mit den traditionellen Begriffen der Dogmatik zu sagen: Nur wenn der Glaube als »vertrauender Glaube« (als *fiducia*) erfasst wird, erscheinen die Gesichtspunkte der Glaubenserkenntnis (der *cognitio* bzw. der *notitia*) und des Anerkennens (des *assensus* bzw. der *assensio*) im rechten Licht. Denn sowohl das Verständnis von »Glauben« als »Für-wahr-Halten« als auch die Betonung des »Glaubensgehorsams« und des »Auslebens« von Glaubensüberzeugungen können für sich genommen zu ganz anderen als den von Paulus beabsichtigten befreienden und lebensfördernden Konsequenzen führen.

(4) Nun hat freilich die Wirkungsgeschichte gezeigt, dass allein ein personales Verständnis des Glaubens vor Missverständnissen an einem für Paulus wesentlichen Punkt noch nicht bewahrt. Wenn wir in Theologie und Verkündigung davon sprechen, dass das Vertrauen zu Gott unsere »Antwort« auf Gottes »Wort« sei, dass wir nur den Willen aufzubringen und uns zu entscheiden hätten, ja dass unser Glaube an Gott der *eine* Schritt sei, der uns nach Gottes vielen Schritten des Entgegenkommens nun unsererseits zu tun bleibe, – wenn wir so sprechen, dann erfahren viele diese Form des Wechsels von den »Werken des Gesetzes« hin zu der Forderung nach »dankbarer Liebe« nicht etwa als Erleichterung, sondern als eine lediglich verdeckte Form der religiösen Überforderung. Das Ritualgesetz kann man studieren und zu »guten Werken« kann man sich überwinden, aber wie bringt man sich selbst dazu, das Unglaubliche zu glauben und aus Notwendigkeit freiwillig zu lieben?

Stellt der Glaube dabei nicht doch eine neue, wenn auch feinsinnigere Form der »Leistungsforderung« und der »Bedingung« dar, die der Mensch nun seinerseits anstelle der »Gesetzeswerke« zu erfüllen hat? Richtig gesehen wird mit der Betonung der *Notwendigkeit* des Glaubens, dass die Gemeinschaft mit Gott und das neue Leben in Christus im Neuen Testament durchgängig mit dem Glauben verbunden werden: Es gibt danach keine christliche Identität ohne Glauben!

Zutreffend ist auch, dass es der *Mensch* ist, der glaubt, denn der »Glaubensbegriff« wird als solcher in unserer Sprache ja nicht in Hinsicht auf Gottes Haltung der Welt gegenüber gebraucht; diese wird vielmehr mit Begriffen wie »Liebe«, »Erbarmen«, »Gerechtigkeit« und »Treue« umschrieben. Auch die Rede von dem »Glauben Christi« in Röm 3,22.26; Gal 2,20; Phil 3,9 spricht nicht etwa vom »Glauben, den *Christus* hatte« (im Sinne eines *Genitivus subiectivus*), sondern – wie auch Gal 2,16; Röm 10,14; Phil 1,29 ausdrücklich bestätigen – vom »Glauben *an* Christus« im umfassenden Sinn.

Hingegen ist es unzutreffend, dass der »Glaube« bei Paulus als menschliche Möglichkeit oder als vom Menschen selbst zu erbringender Beitrag dargestellt wird. Ob es heißt, dass der rettende Freispruch »auf der Grundlage des Glaubens« (Röm 1,17; 3,26.30; 5,1; 9,30; 10,6; Gal

2,16c; 3,8.11.22.24; 5,5) empfangen wird, oder ob betont wird, dass das Heil »vermittels des Glaubens«, »durch den Glauben« (Röm 3,22.30; Gal 2,16a; Phil 3,9) erlangt wird – in jedem Fall versteht Paulus den Glauben nicht als *Voraussetzung* und *Vorbedingung*, die der Mensch von sich aus zu erfüllen hätte, um anschließend dafür das Heil zu erlangen. Vielmehr beschreibt er den Glauben als die *Art und Weise*, in der Gott dem Menschen schon gegenwärtig Anteil an seiner Gerechtigkeit gibt.

Der Mensch muss nicht zuerst glauben, damit Gott ihm infolgedessen das Leben schenkt, sondern indem der Mensch glaubt, hat er bereits das Leben. Der *Glaube selbst* ist schon Geschenk (Röm 3,24; Phil 1,29; vgl. Eph 2,8), denn er ist die *gegenwärtige Gestalt der Gottesbeziehung*. Oder – um es wiederum mit den traditionellen Begriffen der christlichen Dogmatik zusammenzufassen: Der Glaube ist nach Paulus nicht die »Bedingung« (die *conditio*), sondern die Art und Weise (der *modus*) des Heilsempfangs; die Gerechtigkeit wird dem Menschen nicht »wegen seines Glaubens« (d.h. *propter fidem*), sondern »durch den Glauben«, »in Gestalt des Glaubens« (*per fidem*) zugeeignet.

Nur unter diesen Voraussetzungen wird es auch nachvollziehbar, dass der Apostel in der Auseinandersetzung mit der Position seiner judenchristlichen Gegner die Rechtfertigung im Glauben konsequent der göttlichen Gnade zuordnet (s. Röm 3,24; 4,4.16; 5,2.15.17.20.21; 6,14f.; 11,5f.; Gal 1,6.15; 2,21; 5,4 u.ö.). Und er stellt den Glauben als Gegensatz dar – nicht nur zu einem menschlichen »Verdienst« und »Anspruch« (Röm 4,4) oder dem menschlichen »Rühmen« (Röm 3,27; vgl. Röm 2,17.23; 4,2; 1Kor 1,29–31; Gal 6,13f., vgl. auch Eph 2,9), sondern zu dem faktisch gelebten Leben der Menschen überhaupt (Röm 3,21ff.; 4,1ff.; 5,1f.; Gal 2,16; 3,1ff.). – Röm 3,23f.: »Denn es gibt keinen Unterschied: Alle haben sie gesündigt und entbehren der Herrlichkeit Gottes. Sie werden aber *geschenkweise* in seiner *Gnade* gerechtfertigt durch die Erlösung in Christus Jesus.« Nur unter diesen Voraussetzungen wird verständlich, warum das Evangelium selbst als wirkmächtige Kraft Gottes zu verstehen ist (Röm 1,16; 1Kor 1,18) und weshalb schon das Zustandekommen des Glaubens auf das Wirksamwerden des Geistes und der Kraft Gottes zurückgeführt wird (1Kor 2,4f.; 1Thess 2,13).

Wir könnten nun weiter fortfahren mit den paulinischen Ausführungen zur vorangehenden *göttlichen Erwählung* und *Berufung* (Röm 8,28–30; 9,11f.15f.23f.; 11,5–7.28f.; 1Kor 1,27; 1Thess 1,4), zum Begründetsein des Glaubens in der *Gewissheit* (Röm 3,2f.; 5,1; 6,22f.; 8,1.16f.28–39; 10,9–13; 11,29; 14,4; 1Kor 1,8f.; 10,13; 2Kor 1,21f.; 5,5–8; Phil 1,6), zu seiner *Bewährung* in Anfechtung und Leiden und zur endgültigen Erfüllung der Verheißungen Gottes gegenüber *Israel* (Röm 9 – 11). Doch ergeben sich auch schon durch das bisher Gesagte hinreichend viele Fragen und Einwände, die gegen die Bestimmung des Wesens des

Exkurs 4: Glaube und Glauben 111

christlichen Glaubens durch Paulus nicht erst heute, sondern von Anfang an erhoben werden. Auf einige von ihnen soll zum Abschluss mit zumindest stichwortartigen Antworten – wo nicht im Wortlaut, so doch hoffentlich im Sinne des Apostels – in aller Kürze eingegangen werden.

So wird häufig entgegengehalten: »*Der Mensch hat aber doch den einen Schritt des Glaubens selbst zu gehen!*« – Er soll nicht nur *einen*, sondern unzählige Schritte im Glauben gehen; entscheidend ist, dass er keinen einzigen Schritt seines Lebens fortan *allein* und *ohne Gott* zu gehen braucht. Wir sollen wohl selbst Schritte des Glaubens machen, aber nicht isoliert und allein gelassen. Denn wäre es anders, und der Mensch hätte den ersten – oder wenn man will: den letzten – Schritt des Glaubens von sich aus und allein zu machen, dann würde das neue Leben mit genau dem Problem erneut beginnen, von dem es den Menschen erlösen soll: der Unabhängigkeit von Gott. Wir sollten uns in Theologie und Verkündigung davor hüten, die *Unverzichtbarkeit* des Glaubens auf eine Weise zu beschreiben, die andere nur auf die *Unerreichbarkeit* des Glaubens schließen lässt. Man kann den Vorgang des »Beschenktwerdens« auch so verkomplizieren, dass das Annehmen des »bedingungslosen« Geschenkes zum eigentlichen Problem wird. Dann gewinnt der Empfänger den Eindruck, als hätte er sich durch sein Verhalten die »voraussetzungslose« Zuwendung erst zu verdienen, als müsse er durch seine Haltung auf eine ganz subtile Weise die Kosten für das »kostenlose« Geschenk selbst aufbringen.

»*Ist damit aber der Mensch nicht zu völliger Passivität verurteilt?*« – Von »Passivität« im Glauben kann man wohl sprechen, wenn man den Aspekt des *Empfangens* und des *Beschenktwerdens* durch Gott betonen will. Der Glaubende weiß, dass er sein ganzes Leben der voraussetzungslosen Liebe Gottes verdankt, und lässt sich das Beschenktwerden durch Christus gefallen. Der Begriff der »Passivität« ist aber dann irreführend, wenn man damit den Gedanken an ein untätiges, duldendes und teilnahmsloses Verhalten verbindet. Der von Gottes Geist bewegte Mensch (Röm 8,14) wird im Gegensatz dazu gerade als zielstrebig, willensstark, belastbar, liebesfähig und lebensorientiert beschrieben (Röm 8,1–14; 1Kor 13; Gal 5,22f.) – und in diesem Sinne dann wohl als ausgesprochen »aktiv«.

»*Wie kann man denn den Glauben noch als freie Entscheidung verstehen, wenn der Mensch dazu von Gott überwunden werden muss?*« – Der »freie Wille« des Menschen wird bei Paulus nicht als Vorbedingung, sondern – wenn man es überhaupt so nennen will – als Folge der Erlösung dargestellt. Im Unterschied zu mancher individualistischen Sicht des Menschen weiß die paulinische Vorstellung um das Eingebunden- und Bestimmtsein des Menschen durch die ihn prägenden Einflüsse. Dass Paulus die »Freiheit« des Menschen nicht als Voraussetzung zum Glauben denkt, sondern vielmehr als dessen Konsequenz, macht er durch die Rede vom »Versklavtsein« und »Gefangensein« des Menschen unter der Herrschaft der lebensabträglichen Sünde anschaulich (Röm 5,12ff.; 6,1ff.; 7,7ff.; 8,1ff.). Die Befreiung in Christus wird dann dementsprechend als rechtskräftige Auslösung aus der Sklaverei und als Adoption zur Gotteskindschaft beschrieben (Röm 8,14–17; 8,21.23; Gal 3,26; 4,5f.). In Hinsicht auf die Töchter und Söhne Gottes spricht Paulus dann in der Tat von einer herrlichen Freiheit der Kinder Gottes (Röm 8,21) – nämlich der Freiheit innerhalb der erlösten und lebensfördernden Beziehung mit Gott.

»*Wen soll man sich bei einem so konsequent durchgeführten Gnadenverständnis denn dann als Subjekt des Glaubens denken?*« – In der Tat stoßen wir an diesem Punkt an die Grenze einer durch menschliche Analogien und Bilder bestimmten Argumentation. Durch den Vergleich mit einer Eltern-Kind-Beziehung (Gott als Vater, Röm 8,14ff.; Gal 3,26; 4,5f.) oder einer partnerschaftlichen Liebe (Christus als Bräutigam, die Gemeinde als Braut, 2Kor 11,2; vgl. Eph 5,25f.) lassen sich die Momente einer positiven personalen Beziehung und einer bedingungslosen und umfassenden Zuwendung eindrücklich veranschaulichen. Die Grenze dieser bildhaften Rede liegt freilich darin, dass keines der angeführten menschlichen Beispiele wirklich die Ganzheitlichkeit der Gottesbeziehung illustrieren kann.

Kinder sollen erwachsen werden, Schüler von ihren Lehrern unabhängig; und selbst – bzw. gerade – in einer partnerschaftlichen Liebe besteht das Ideal keineswegs in der Abhängigkeit und dem bleibenden Angewiesensein des einen Partners auf den anderen. Insofern kann es hilfreich sein, Gott nicht nur in Analogien zu menschlichen Autoritäten wie Eltern und Lehrern zu denken, sondern sich darauf zu besinnen, dass er als »Schöpfer« und »Bewahrer der Welt« zugleich in grundsätzlicher Unterschiedenheit von seinen »Geschöpfen« gedacht wird. Er wird nicht nur als ein »Lebender« unter anderen beschrieben, sondern als der Ursprung des Lebens und als das Leben selbst; er wird nicht nur als Liebender erkannt, sondern als die Liebe in Person. Gott selbst ist die Liebe. Oder wenn man es mit philosophischen Begriffen sagen will: Gott ist nicht nur als ein »Seiender« vorzustellen, sondern als das »Sein« selbst.

Ein Geschöpf kann durch die Zuordnung zu seinem Schöpfer nur gewinnen; und ein Lebender kann sich nichts mehr wünschen, als dass das Leben sich in ihm uneingeschränkt und dauerhaft entfaltet. Wer wäre zu stolz, sich von der Liebe überwältigen zu lassen, oder fühlte sich bevormundet, nur weil er auf das Leben bleibend angewiesen ist?

Im Kontext einer solchen – alle menschlichen Bilder überschreitenden – Rede von der Ganzheitlichkeit und Unbedingtheit der Gottesbeziehung lässt sich gedanklich nachvollziehen, warum Paulus in der anfangs skizzierten Debatte davon sprechen kann, dass nicht er selbst Subjekt seines Glaubens ist, sondern letztlich der für ihn gestorbene und auferstandene Sohn Gottes und dass er gerade die Zuordnung zu dem ihn liebenden Christus als das Wesen seines christlichen Glaubens versteht. Wer nämlich an Christus glaubt, der »verlässt sich« – in des Wortes doppelter Bedeutung – mit seiner ganzen Existenz auf ihn: »Denn ich bin durch das Gesetz dem Gesetz gestorben, damit ich Gott lebe. Ich bin mit Christus gekreuzigt. Also lebe nicht mehr *ich*, sondern *Christus* lebt in mir. Was ich aber nun in meiner irdischen Existenz lebe, das lebe ich im Glauben an den Sohn Gottes, der mich geliebt und sich selbst für mich dahingegeben hat.« (Gal 2, 19f.).

4. Funktion und Grenze des Gesetzes. Die Befreiung der Kinder Gottes durch Christus (Gal 3,19 – 4,7)

Nachdem der zeitliche Vorsprung und der prinzipielle Vorrang der Abrahamsverheißung vor dem Gesetz vom Sinai so nachdrücklich hervorgehoben sind, stellt sich nun unausweichlich die Frage nach dem *Wesen* und der *Funktion* des Gesetzes. Denn den bisherigen Ausführungen in 2,16.21; 3,2.5.10–12.17f. ist nur die *negative* Aussage zu entnehmen, dass das Gesetz nach der Überzeugung des Apostels keine Heilsfunktion hat oder auch nur haben kann. So geht es im Folgenden also nicht etwa um die »wahre Heilsfunktion« des Gesetzes, sondern um die wahre Funktion des Gesetzes bei der Verwirklichung des Heils in Christus. Für den zusammenhängenden Abschnitt 3,19 – 4,7 findet sich in 3,19–22 die grundlegende Aussage, die dann in 3,23 – 4,7 in drei Schritten (3,23; 3,24–29; 4,1–7) entfaltet wird.

4.1 Gal 3,19f.
Gal 3,19: »Was [ist und] soll demnach das Gesetz? Es ist um der Übertretungen willen hinzugefügt worden, solange bis der Same kommt, dem die Verheißung gilt, verordnet durch Engel, durch die Hand eines Vermittlers.«

Mit einer prägnanten Frage eröffnet Paulus seine Erörterungen sowohl zu *Wesen* und *Qualität* als auch zu *Zweck* und *Funktion* des Gesetzes. Dazu werden in 3,19 gleich vier Bestimmungen geboten. Die erste Bestimmung: »Es ist um der Übertretungen willen hinzugefügt worden« (V.19b), knüpft an die Argumentation von 3,17 an, da es das »Hinzufügen« des Gesetzes 430 Jahre nach Ergehen der Verheißung aufgreift.

Auch hier ist – für Juden und Judenchristen selbstverständlich – bei der passiven Formulierung »ist hinzugefügt worden« als Subjekt wieder Gott vorausgesetzt (*Passivum divinum*). Auf Gott als Urheber weisen auch die Aussagen über die zuvor bestimmte zeitliche Begrenzung (Gal 3,23.24; 4,2) und die Einführung der »Schrift« als Subjekt in Gal 3,22. Zudem würde sich die gesamte Frage nach dem theologischen Sinn in

Gal 3,19 – 4,7 erübrigen, wenn nicht Gott als Ursprung auch der zweiten Verfügung – nämlich des Gesetzes – gedacht wäre.

So rätselhaft die knappe Angabe »um der Übertretungen willen« für sich genommen erscheinen mag, so klar und eindeutig wird die Funktion des Gesetzes sowohl zuvor in 3,10.13 als auch in der folgenden Entfaltung der Grundthese in 3,23ff. beschrieben, so dass sich eine sinnvolle Auslegung keineswegs erst von den späteren Erörterungen im Römerbrief her ergibt. Nach Gal 3,10 stellt das Gesetz die Menschen »unter den Fluch«, d.h. es qualifiziert die Sünde als Übertretung der Rechtsforderung Gottes, dokumentiert die Todverfallenheit der Übertreter und spricht über sie das Verdammungsurteil aus.

Entsprechend wird in 3,21f. hervorgehoben, dass das Gesetz nicht etwa gegeben worden ist, um zu rechtfertigen und um Leben zu vermitteln, sondern um die Sünder – und somit alle Menschen (»alles«; vgl. 2,15–17) bei ihrem Sein unter der Sünde zu »behaften«. »Unter der Sünde« werden die Menschen bis zum Kommen des Glaubens insofern »eingeschlossen« (V.22), als sie »unter dem Gesetz« – und somit »unter dem Fluch«, d.h. unter dem Verdammungsurteil des Gesetzes (vgl. 3,10.13) – »in Haft gehalten« (V.23), »beaufsichtigt« (V.24f.) und »bevormundet« werden (4,2). Die vorher vorhandenen Sünden sollen als Übertretungen qualifiziert und verurteilt werden. In diesem Sinne ist das Gesetz also »um der Übertretungen willen« zur Verheißung hinzugefügt worden. Vom Zusammenhang des Galaterbriefs – wie dann auch der anderen Paulusbriefe – her scheiden demnach verschiedene alternative Deutungen der knappen Bestimmung in Gal 3,19b aus:

(1) »Wegen der Sünden« meint bei Paulus nicht – gemäß einem *finalen* Verständnis der Wendung – »um die Übertretungen *herbeizuführen, hervorzurufen* bzw. zu *bewirken*«. Denn Zweck des Gesetzgebers ist nach Paulus keinesfalls, die Menschen in Sündentaten zu treiben und zur Übertretung des Gesetzes zu veranlassen. Die Herrschaft der Sünde und des Todes bestimmte bereits seit Adam alle Menschen und somit starben diese auch schon vor dem Kommen des Gesetzes infolge ihres eigenen Sündigens, wie Paulus eingehend in Röm 5,12ff. selbst entfalten wird. Allerdings war die Sünde, bevor das Gesetz erging, noch nicht entlarvt und dokumentiert, d.h. den Menschen noch nicht bescheinigt und »auf die Rechnung gesetzt« worden (Röm 5,13; vgl. Phlm 18). Infolgedessen hatten die Sünden der todverfallenen Menschen damals – anders als bei Adam selbst – nicht die Gestalt konkreter Gebotsübertretungen (Röm 5,14b). Denn als »Übertretungen« im spezifischen Sinne wurden die »Sünden« erst durch das Gesetz qualifiziert.

(2) Damit scheidet aber auch die Interpretationsmöglichkeit aus, gemäß der das Gesetz gegeben worden sei, »um die Sünden zu mehren, zu *stei-*

gern, zu *entzünden*«. Die Vorstellung, Gott habe durch das Gesetz den Ungehorsam und die Auflehnung gegen sich »mehren« und »steigern« wollen, ist in Gal 3,10ff. und 19ff. durch nichts angedeutet, und sie entspricht auch keineswegs den Aussagen von Röm 5,20 und 7,13. Gemäß der rhetorischen Frage in Röm 6,1 und angesichts der vertiefenden Entfaltung in 7,7–25 soll die Sünde durch das Gesetz vielmehr »als groß *erscheinen*«, »sich als groß *erweisen*«. Denn Röm 7,7–25 dient gerade dem Nachweis, dass Gottes Gebot und das Gesetz vom Sinai nicht auf Sünde abzielen und dass sie selbst den Sünde-Tod-Zusammenhang gerade nicht initiieren. Ursache des Unheils ist vielmehr ausschließlich die Sünde, die angesichts des göttlichen Gebotes im Menschen Begierde, Übertretung und folglich den Tod bewirkt – wie sich nach Paulus an 1Mose 2 und 3 zeigen lässt (s. Röm 7,7–13). Das Gesetz selbst erweist sich hingegen als »heilig« (Röm 7,12) und »geistlich« (7,14), da es lediglich die Sünde als Sünde offenbar macht und somit als solche entlarvt – »damit die Sünde als überaus sündig erscheine durch das Gebot« (Röm 7,13).

(3) Auf der anderen Seite sind aber auch die Versuche auszuscheiden, die dem Gesetz in Gal 3,19ff. eine *positive, das Heil vorbereitende* und *zum Heil hinführende* Funktion zuschreiben wollen. Danach ist das Gesetz hinzugefügt worden, um die Übertretungen zur Erkenntnis zu bringen, um die Erlösungsbedürftigkeit offenbar zu machen und um den Menschen auf die Gnade in Christus hinzuweisen. Traditionell spricht man dann von einer »überführenden« bzw. »pädagogischen« Funktion des Gesetzes (*usus elenchticus* bzw. *usus paedagogicus*). Zwar wird das Gesetz in Gal 3,24 als »Zuchtmeister« / »Aufpasser« – griech. *paidagōgos* – bezeichnet, doch lässt die Argumentation in Gal 3,22 – 4,7 keine positive Bestimmung der Funktion des Gesetzes erkennen. Der Vergleichspunkt der Bilder vom Gefängnis (3,23), vom Aufseher (3,24ff.) und vom Vormund (4,1ff.) ist jeweils in dem Moment der *Unfreiheit*, nicht aber in dem der Erziehung und der Vorbereitung zu sehen, was auch durch die Anwendung in 4,3.5.7 bestätigt wird: »wir waren versklavt« – »damit er die, die unter dem Gesetz waren, erlöste« – »so bist du nun nicht mehr Sklave«. Gemäß der Grundthese von 3,22 wird durch die drei Bilder lediglich illustriert, dass das Gesetz die Übertreter *ohne Hoffnung auf Entkommen einschließt*.

Das positive Verständnis von Gal 3,24a im Sinnes des überführenden und pädagogischen Gebrauchs beruht hingegen auf einer Überinterpretation des Begriffs »Zuchtmeister« / »Aufpasser« (griech. *paidagōgos*) und einer Fehlinterpretation der näheren Bestimmung »auf / bis Christus« (s. zu 3,24). Paulus geht nirgendwo davon aus, dass es bei der Existenz »unter dem Gesetz«, d.h. »unter dem Fluch«, zur Einsicht des von Gott beschuldigten, der Schuld überführten und rechtskräftig verurteilten Menschen kommt. Vielmehr wird die Verblendung, d.h. die Verkennung der eigenen Situation, allererst durch Christus aufgehoben (Röm 1,21; 9,30 – 10,21; 1Kor 1,18 – 2,16; 2Kor 3,14–16; 4,4.6) – wie es auch bei Paulus selbst gewesen ist (Gal 1,13–16; 2,15–17; Phil 3,5–11). So ist die Erkenntnis der Schuld und Erlösungsbedürftigkeit des Menschen nach Paulus *Folge* und nicht Voraussetzung, *Ausdruck* und nicht Vorbedingung der Christusoffenbarung und des Glaubens an Christus.

Gal 3,19c: »... solange bis der Same kommt, dem die Verheißung gilt«. Auch die *zweite* Bestimmung in Gal 3,19 bezieht sich auf die *Funktion* des Gesetzes: Die Aufgabe des Gesetzes ist nicht nur *sachlich*, sondern auch *zeitlich* begrenzt! Es ist 430 Jahre nach der Verheißung gegeben worden und soll die Sünder bis zu dem Zeitpunkt bei ihrer Sünde behaften, da der Nachkomme erscheint, dem die Verheißung gilt. Mit »der Same« wird in Aufnahme von 3,16 Christus als der *eine* Nachkomme Abrahams im individuellen Sinne bezeichnet. Christus als der *eine* Segensmittler, von dem die Verheißungen sprechen, ist derjenige, durch den der verheißene Segen als die Überwindung des Fluches bis zu den Heiden kommt (3,14). Deshalb ist die Funktion des Gesetzes nach Paulus auf die Zeit bis zum Kommen Christi beschränkt, weil Christus durch seine stellvertretende Lebenshingabe am Kreuz selbst zu dem von dem Gesetz Verfluchten wurde und durch seinen Fluchtod die Verfluchten erlöste (3,13). Er kaufte die frei, die zu Recht unter dem Verdammungsurteil des Gesetzes standen, indem er stellvertretend den Tod der von dem Gesetz Verfluchten starb – er wurde dem Gesetz unterworfen (4,5).

Dass der von Gott gegebene Auftrag des Gesetzes begrenzt ist, kommt auch in den näheren Bestimmungen in Gal 3,23.24 (»bis zu dem Zeitpunkt«) und in den Finalsätzen in 3,22.24 (»damit«) zum Ausdruck. Der verheißene Segen aber soll nach der Bestimmung Gottes aufgrund des Glaubens an Jesus Christus den Glaubenden gegeben werden (3,22), und die vom Gesetz bewachten Übertreter sollen ausschließlich aufgrund des Glaubens gerechtfertigt werden (3,24). Folglich sind die, die Christus freigekauft hat von der Gewalt und Herrschaft, der Verurteilung und Inhaftnahme des Gesetzes (3,23; 4,5), dem Gesetz nicht länger unterstellt (3,23.25).

Wenn nun die Galater – als an Christus Glaubende – sich in den Einflussbereich des Gesetzes vom Sinai begeben wollen (4,21) und auf der Grundlage der Gesetzesbefolgung ihr Heil zu erlangen suchen (5,4), dann verkennen sie die Funktion des Gesetzes gleich in doppelter Hinsicht; denn *erstens* ist das Gesetz des Mose von Gott gar nicht zum Heil, sondern zur Anklage und Verurteilung des Sünders gegeben worden, so dass es grundsätzlich gar nicht lebendig machen kann (3,21; vgl. Röm 8,3); und *zweitens* soll dieses Gesetz nach Gottes Absicht den Menschen nur bis zur Überwindung des Fluches und der Erfüllung der Segensverheißung in Christus bestimmen.

Die *dritte* und die *vierte* Bestimmung in Gal 3,19 betreffen nun das *Wesen* des Gesetzes: »Es ist verordnet durch Engel, durch die Hand eines Vermittlers«. Während die Verheißung *unmittelbar* von Gott zugesprochen worden ist und Abraham die Segenszusage *persönlich* erhalten hat (3,17: »von Gott«; 3,18: »Gott«), wurde das Gesetz vom Sinai nur *mittelbar* von Gott – nämlich *durch Engel* – gegeben, und hat Israel diese spätere Verfügung nur *mittelbar* von Gott – nämlich durch Mose – empfangen. Der *Vorrang* der Verheißung vor dem Gesetz besteht somit nicht nur in dem zeitlichen *Vorsprung* und in dem *Vorrecht*, rechtskräftige Verfügung des Erbes zu sein (3,17f.), sondern auch darin, dass sie das *unmittelbare Wort Gottes* ist, während das Gesetz *mittelbar* ergangen ist und nur *mittelbar* von Gott empfangen wurde.

Sowohl in Gal 3,15–18 wie in 3,19ff. wird also durchgängig die *Priorität* und der *Primat* der Verheißung herausgestellt. *Absolut* gesehen wird das Gesetz allerdings in beiden Abschnitten keineswegs abgewertet. Eine »Unterlegenheit« und »untergeordnete Stellung« des Gesetzes ergibt sich nach Paulus ausschließlich im Verhältnis zur Verheißung als Gottes *erstem* und *unmittelbaren* Wort. Das *Vorrecht* und die *Überlegenheit* der Verheißung besteht darin, dass sie den Segen zusprechen darf – und damit Rechtfertigung und Leben übermitteln kann.

Mit der Erwähnung der Engel im Zusammenhang der Gesetzgebung knüpft Paulus an eine altjüdische Tradition an, die auch in Hebr 2,2 und Apg 7,38.53 als bekannt vorausgesetzt wird und sich bereits in der griechischen Übersetzung von 5Mose 33,2 und von Ps 68,18 findet. Über die Aufgabe der Engel bei der Gesetzgebung macht Paulus keine näheren Angaben, weil es ihm hier ausschließlich um das Moment der *Vermittlung* geht (»durch Vermittlung von Engeln«) und um den Gegensatz zur *Unmittelbarkeit* der Verheißung. Gemäß der Beschreibung der Gesetzesfunktion in Gal 3,10.13 und 3,22ff. und entsprechend der ausführlichen Darstellung des »Dienstes der Verurteilung und des Todes« in 2Kor 3,6–11 hat er die Engel wohl als die Anwälte der göttlichen Heiligkeit und der strengen richterlichen Gerechtigkeit Gottes verstanden. Davon, dass die Engel nach Gal 3,19 etwa selbständig und nicht im Auftrag Gottes gehandelt hätten oder dass es sich bei ihnen gar um dämonische Mächte gehandelt hätte, wie vereinzelt ausgelegt wird, kann hier folglich keine Rede sein.

Die *vierte* Bestimmung: »durch die Hand eines Vermittlers«, bezieht sich eindeutig auf Mose. »Durch die Hand« ist eine im Alten Testament gebräuchliche Umschreibung zur Verstärkung der vorausgehenden Präposition: »*durch* Mose«, »*durch Vermittlung* des Mose« (vgl. 3Mose

26,46; 4Mose 15,23; 36,13). Der Begriff »Mittler« beschreibt der Sache nach genau, was die alttestamentlichen Texte über das Wirken dieses »Vermittlers« und »Unterhändlers« zwischen Gott und seinem Volk aussagen. Nach 5Mose 5,5 z.B. beschreibt Mose selbst seine Aufgabe bei der Gesetzgebung mit den Worten: »Ich stand damals zwischen dem Herrn und euch, um euch die Worte des Herrn zu verkünden« (vgl. 2Mose 19,7; 20,19; 24,3ff.; 32,30 u.ö.). Durch die abwechselnde, traditionelle zweigliedrige Formulierung: »*durch Engel, durch die Hand* eines Mittlers« wird der für die Argumentation entscheidende Aspekt des *Vermitteltseins* des Gesetzes eindrücklich vergegenwärtigt.

Gal 3,20: »Der Mittler aber ist [grundsätzlich] nicht eines einzigen [Mittler], Gott aber ist ein einziger.«

Dem Wesensmerkmal der Mittelbarkeit und relativen Minderwertigkeit des Gesetzes ist auch die Schlussfolgerung in 3,20 gewidmet – während sich die Argumentation in 3,21ff. wiederum dem Auftrag und der Funktion des Gesetzes zuwenden wird. Ganz unbestritten soll auch mit V.20 die Unterlegenheit der Sinai-Tora gegenüber der unmittelbar von Gott gegebenen Verheißung herausgestellt werden. Im Hinblick auf die einzelnen Elemente dieser verkürzten Schlussfolgerung hat es allerdings in der früheren Auslegungsgeschichte angeblich so viele Deutungen gegeben, wie Jahre zwischen der Abrahamsverheißung und der Gesetzgebung am Sinai liegen – also 430. Inzwischen zeichnet es sich jedoch als allgemeine Überzeugung (*communis opinio*) ab, dass ausschließlich zwei Auslegungsmöglichkeiten ernsthaft in Frage kommen.

Einigkeit besteht weitgehend darin, das V.20a als Allgemeinsatz zu verstehen ist. Von dem konkreten Mittler Mose von 3,19 ausgehend, wird die generelle Feststellung getroffen: »Der Mittler aber ist [grundsätzlich] nicht eines einzigen [Mittler]«. Umstritten ist nun allerdings die Frage, ob die *Vielzahl* der durch den Mittler vertretenen *Personen* oder die *Zweizahl* der zu vermittelnden *Parteien* den Gegensatz zu dem betonten »eines einzigen« in V.20a bzw. des »ein einziger« in V.20b bilden. Da unmittelbar zuvor ausdrücklich von den Engeln die Rede war und zusätzlich von Mose als Mittler scheidet die Deutung auf *zwei Vertragsparteien*, zwischen denen Mose als Unterhändler vermittelt haben soll, wohl aus. Vielmehr begreift Paulus »Mittler« in V.20a offensichtlich im Sinne von »Sprecher«, »Wortführer«, der als solcher nicht ein Individuum, einen einzelnen, sondern ein Kollektiv – in diesem Fall die Vielzahl der an der Gesetzgebung beteiligten Engel – vertritt. Da Gott selbst aber, wie jedermann bekennen muss (5Mose 6,4f.), *ein einziger* ist, versteht es sich nach Überzeugung des Apostels von selbst, dass die *ohne* Mittler – und das heißt: von Gott persönlich – zugesprochene

Verheißung (3,16–18) dem lediglich *mittelbar* von Gott empfangenen Gesetz grundsätzlich und wesentlich überlegen ist.

4.2 Gal 3,21f.

Gal 3,21: »Ist nun das Gesetz gegen die Verheißungen Gottes? Ganz und gar nicht! Denn nur wenn ein Gesetz gegeben worden wäre, das lebendig machen könnte, käme die Gerechtigkeit wirklich aus dem Gesetz.«

Mit seiner eindringlichen rhetorischen Frage kommt Paulus – nach der Charakterisierung des Gesetzes in V.19 und 20 – auf die ausdrückliche Verhältnisbestimmung von Verheißung und Gesetz in 3,15–18 zurück. Bereits dort hat er mit dem Hinweis auf das menschliche Schenkungsrecht formal und grundsätzlich ausgeschlossen, dass das später ergangene Gesetz die bereits rechtskräftig gewordene Verheißung aufheben, außer Kraft setzen oder ersetzen kann (3,17). Mit 3,21f. und den folgenden Bildern in 3,23 – 4,7 soll die Einsicht, dass das Gesetz nicht gegen die Verheißungen Gottes stehen kann, nun inhaltlich entfaltet und sachlich begründet werden.

Schon in Gal 3,15–18 hat Paulus herausgestellt, dass das gegnerische Verständnis des Gesetzes als Weg zu Rechtfertigung und ewigem Leben in Wirklichkeit auf die Ablösung und somit auf die Beseitigung der Abrahmsverheißung hinausläuft, während doch Gott selbst durch sein Geschenk des Erbes an Abraham die Verheißung als die *eine* gültige und rechtskräftige Heilsverfügung bereits bestätigt hat. Im Anschluss an die Ausführungen zu Wesen und Funktion der Tora in 3,19f. lässt sich die entschiedene Ablehnung der gegnerischen Position durch »ganz und gar nicht!«, »auf keinen Fall!« nun in 3,21ff. noch umfassender und grundsätzlicher begründen. Gegen die in V.21a formulierte *Konsequenz* des gegnerischen Standpunktes sprechen nach Paulus nämlich nicht nur die formalrechtlichen Argumente in 3,15.17 oder die Tatsachenbeweise von 3,16.18b, sondern vor allem die Erkenntnisse über Aufgabe und Qualität des Gesetzes vom Sinai: »Denn nur wenn ein Gesetz gegeben worden *wäre*, das lebendig machen *könnte*, *käme* die Gerechtigkeit wirklich aus dem Gesetz.«

Dass das Gesetz »wider«, »gegen« die Verheißungen sein könnte, ließe sich überhaupt nur denken, wenn die Gerechtigkeit – also das Heil – tatsächlich auf der Grundlage des Gesetzes vom Sinai zu gewinnen wäre. Dies aber würde nur zutreffen, wenn das Gesetz als eine Verfügung gegeben worden wäre, die – wie die Verheißung – Leben schenken kann. Sie müsste das Vermögen haben, die Verfluchten zu segnen, die dem Fluchtod Ausgelieferten zu erlösen und den Übertretern der Rechtsforderungen Gottes den lebendig machenden Geist zu vermitteln. All diese Voraussetzungen treffen aber nicht zu, so dass es sich um einen *irrealen* Fall handelt (Irrealis).

Da aber das Gesetz von Gott weder Auftrag noch Fähigkeit verliehen worden ist, Leben aus dem Tode zu schaffen, darf von ihm auch keinesfalls die »Rechtfertigung des Gottlosen« und der »Segen für die Verfluchten« erwartet werden. Wenn aber das Gesetz von Gott überhaupt nicht gegeben worden ist, um die Gerechtigkeit zu bringen, dann kann in der Tat »ganz und gar« ausgeschlossen werden, dass sie die rechtskräftige und an Abraham bereits erfüllte Segensverheißung außer Kraft setzt, ablöst oder nachträglich konditioniert. Die Möglichkeit, dass das Gesetz »gegen« die Verheißung steht, ist sowohl *rechtlich* und *faktisch* (3,15–18) als auch *grundsätzlich* und *logisch* (3,21ff.) undenkbar!

Gal 3,22: »Vielmehr hat die Schrift alles unter die Sünde eingeschlossen, damit das Verheißungsgut aufgrund des Glaubens an Jesus Christus den Glaubenden gegeben werde.«

In V.22 folgt nun die *positive* Beschreibung des Verhältnisses von Verheißung und Gesetz, deren Entfaltung dann der gesamte Argumentationsgang 3,23 – 4,7 gewidmet sein wird. Inhaltlich knüpft V.22a an die Ausführungen über den Auftrag und die Funktion des Gesetzes in Gal 3,10–12 und 3,19 (»es ist um der Übertretungen willen hinzugefügt worden«) an, während mit V.22b die Aussagen über die Erfüllung der Segensverheißung in Gal 3,6–9; 3,13f. und 3,15–18 aufgenommen werden.

Wie sich schon in Gal 3,10 und 19 gezeigt hat, hat das Gesetz nach Paulus ausschließlich die Aufgabe, alle Menschen bei ihrem Sein unter der Sünde zu »behaften« – indem sie ihre Sünden als Übertretungen des erklärten Gotteswillens qualifiziert, sie als schuldig überführt und über sie den Fluch, d.h. das Todesurteil, ausspricht. »Unter die Sünde eingeschlossen« werden die Übertreter der Rechtsforderungen Gottes in dem Sinne, dass sie vom Gesetz unausweichlich und unentrinnbar als »unter der Gewalt und Herrschaft der Sünde« stehend und als »unter die Sünde verkauft« entlarvt werden – gemäß Röm 3,19: »Wir wissen aber: Was das Gesetz sagt, sagt es denen, die unter dem Gesetz leben, damit jeder Mund zum Schweigen gebracht wird und die ganze Welt vor Gott schuldig, d.h. straffällig und haftbar, wird.« – Röm 3,9: »Denn wir haben vorher die Anklage erhoben, dass alle, Juden wie Griechen, unter der Herrschaft der Sünde stehen.« – Röm 7,14: »Denn wir wissen, dass das Gesetz geistlich ist, ich aber bin fleischlich, unter die Sünde verkauft.«

»Einschließen« hat in Gal 3,22 und 23 also die geläufige Bedeutung »einsperren«, »in Haft halten« – und nicht nur die sicherlich weniger anstößige Bedeutung »zusammenschließen«. Während man die Wendung »die Schrift hat ... eingeschlossen« in 3,22 selbst zunächst noch im übertragenen Sinne verstehen könnte, erhellt doch von V.23 her, dass

Paulus durchaus die konkrete Vorstellung von der »Haft«, der »Gefangenschaft« vorschwebt. Mit »alles« sind – wie in der Parallele Röm 11,32 – »alle Menschen« gemeint, wobei durch das neutrale Geschlecht der Aspekt der »Gesamtheit« nochmals hervorgehoben wird.

Das durch Mose gegebene Gesetz kann deshalb weder in »Konkurrenz« noch im »Gegensatz« oder »Widerspruch« zur Abrahamsverheißung stehen, weil den beiden Verfügungen nach Gottes Absicht ganz verschiedene Aufgaben zufallen. Sowenig das Gesetz nach Paulus irgendeine Heilsfunktion hat, sosehr ist dessen Anklagen und Verurteilen gleichwohl einem übergeordneten Heilswillen unterstellt: »... damit das Verheißungsgut aufgrund des Glaubens an Jesus Christus den Glaubenden gegeben werde« (3,22). Dass der Fluch durch das Kreuzesgeschehen überwunden werden und der Segen Gottes in Christus zu den Gottlosen gelangen sollte, stand bei der Gesetzgebung schon lange fest – und damit auch das *Ende* des Gesetzes in Christus, wie Paulus mit der Betonung der zeitlichen Begrenzung unermüdlich hervorhebt: »solange bis«, Gal 3,19; »bis zu«, 3,23.24; »nicht mehr«, 3,25; 4,7.

Auf dem Hintergrund dieser scharfen Unterscheidung zwischen Verheißung und Gesetz wird auch klar, warum Paulus in Gal 3,22 unvermittelt von der »Schrift« spricht – statt wie im gesamten Zusammenhang vom »Gesetz«. Hinsichtlich der Aussage in 3,22a – über das Behaften bei der Sünde – könnte er in der Tat auch als Subjekt das Gesetz nennen. Dies ginge aber nicht hinsichtlich des Final-Satzes von 3,22b, in dem die Rechtfertigung aufgrund des Glaubens an Christus als das eigentliche Anliegen und das erklärte Ziel beschrieben werden. Von der *Schrift als ganzer* – als *Einheit* – kann Paulus sehr wohl sagen, dass sie *beides* intendiere: die Verurteilung des Übertreters *und* die Rechtfertigung des Gottlosen. Denn die Schrift hat, sofern sie »Gesetz« ist und enthält, den Sünder bei seiner Sünde zu behaften, während sie, sofern sie »Verheißung« ist und enthält, dem so Verurteilten Gottes Segen und Rechtfertigung zusprechen darf.

Die »Schrift« – als übergeordnete Größe – enthält also beides: Evangelium und Gesetz; und beides ist nach Paulus in den Büchern zu finden, die wir als das »Alte Testament« bezeichnen. Denn unser Altes Testament ist ja die einzige »Heilige Schrift«, welche die neutestamentlichen Gemeinden bis dahin besitzen! Dabei ist für die paulinische Unterscheidung von Gesetz und Evangelium grundlegend, dass die Stimme des Gesetzes nicht etwa nur innerhalb der eigentlichen Sinai-Tora, also 2Mose 19 – 5Mose 34, wahrgenommen wird, sondern überall da in der Schrift, wo der Mensch seiner Schuld und Heillosigkeit überführt wird (vgl. den negativen Schriftbeweis in Gal 2,16 mit Ps 143,2 und den Nachweis, dass die Kinder des Gesetzes nicht erben werden mit Hilfe von 1Mose 16 und 21 in dem allegorischen Schriftbeweis Gal 4,21–31).

Ob die Schrift an einer bestimmten Stelle als Gesetz oder als Verheißung bzw. als Evangelium spricht, kann folglich nicht nach der äußeren Zugehörigkeit zu den verschiedenen Teilen der Schrift – also Gesetz, Propheten oder Schriften – entschieden werden – sondern allein nach inhaltlichen Kriterien. Entsprechendes wäre in Fortführung des paulinischen Schriftverständnisses dann auch zu den Schriften des Neuen Testamentes zu sagen, da sich – theologisch gesehen – auch hier das Nebeneinander von *Gesetz* und *Evangelium* findet.

Dass hinter dieser als Einheit verstandenen »Schrift« auch in Gal 3,22 die Person Gottes zu sehen ist, die ihren Willen in Gestalt der Schrift verbindlich kundtut, ergibt sich nicht nur aus dem unmittelbaren Kontext und den formalen Parallelen Gal 3,8 und Röm 9,17, sondern vor allem aus der Formulierung des gleichen Gedankens in Röm 11,32: »Denn *Gott* hat alle in den Ungehorsam eingeschlossen, um sich aller zu erbarmen.« Somit ist es also Gott selbst, der durch die *Schrift als Gesetz* die Sünder bei ihrer Sünde behaftet – in der Absicht, ihnen die von der *Schrift als Verheißung* bezeugte Rechtfertigung in Christus frei zu schenken. Oder um es mit der Aussage von Gal 3,22 zusammenzufassen: »Vielmehr hat Gott – *durch die Schrift* und *nach dem Zeugnis der Schrift* – alle Menschen [in ihrer Gesamtheit] unter die Sünde eingeschlossen, damit das Verheißungsgut aufgrund des Glaubens an Jesus Christus den Glaubenden gegeben werde.«

4.3   Gal 3,23–29

An die positive Bestimmung des Verhältnisses von Verheißung und Gesetz in Gal 3,22 knüpft nun der ausführliche Argumentationsgang 3,23 – 4,7 an. In ihm wird die Grundthese mit Hilfe von drei Bildern in 3,23; 3,24f. und 4,1–5 entfaltet, wobei auf das zweite und das dritte Bild jeweils eine direkte Anrede an die Galater folgt (3,26–29; 4,6f.).

Die ersten beiden Bilder sind mehrfach miteinander verbunden: Zunächst sind sie in der folgenden Anwendung (3,26–29) gemeinsam aufgenommen. Dann haben sie auch eine gleichartige Struktur: 3,23 und 3,24f. sind durch das Gegensatzpaar »Glaube« / »Gesetz« bestimmt, wobei die Aussagen über den Glauben (=a) und die über das Gesetz (=b) in ihrer Stellung jeweils kreuzweise – d.h. chiastisch – variieren: In V.23 findet sich die Abfolge a.b / b.a, in V.24f. die Anordnung b.a / a.b. Zusätzlich ist in V.24f. eine Umkehrung der Satzfolge (Inversion) zu verzeichnen: Während in V.23 das zeitliche Kontrastschema (bevor / nachdem =A) der Bestimmung des Endpunktes (der »bis zu«-Wendung =B) vorangeht, ist es in V.24f. gerade umgekehrt: Die zeitliche Kontrastaussage V.25 (=A) folgt auf die Bestimmung des Endpunktes von V.24 (=B). Durch die Kombination der kreuzweisen Anordnung (Chiasmus) des Gegensatzpaares (a.b / b.a // b.a / a.b) mit der kreuzweisen Anordnung der Satzfolge (A.B / B.A) ergibt sich eine wirkungsvolle Entsprechung zwischen der ersten und der letzten Aussage: »Bevor aber der Glaube kam, waren wir unter dem Gesetz gefangen gehalten ...« (3,23) – »Nachdem aber der Glaube gekommen ist, sind wir nicht mehr unter dem Aufseher« (3,25).

Gal 3,23: »Bevor aber der Glaube kam, waren wir unter dem Gesetz gefangen gehalten, eingeschlossen bis zu dem Zeitpunkt, an dem der Glaube offenbar werden sollte.«

Vom Kommen des *Glaubens* ist in V.23 und 25 deshalb die Rede, weil es in der folgenden Entfaltung und der Anwendung auf die Gemeinden in Galatien vorrangig um die Verheißung als Verheißungs*gut* geht – und somit um die gegenwärtige Erfüllung der Segensverheißung im Glauben an Christus, während in Gal 3,15ff. die Verheißung als Verheißungs*wort*, d.h. als rechtskräftige Zusage Gottes an Abraham, im Mittelpunkt gestanden hat. Durch die objektivierende Rede vom »Kommen« und vom »Offenbarwerden« des »Glaubens« wird klar herausgestellt, dass der Glaube an Christus nicht vom Menschen ausgeht, sondern diesem von Gott her vermittelt wird. Zudem wird deutlich, dass der Glaube nach Paulus nicht in einer menschlichen Haltung aufgeht, sondern die Realität des Heils selbst beschreibt. Da das »Kommen des Glaubens« (3,23.25) mit dem »Kommen Christi« (3,19) *zeitlich* und *sachlich* zusammenfällt, kann es nicht lediglich als eine subjektiv erst zu realisierende *Möglichkeit* gedeutet werden. »Der Glaube«, der in Christus zu den Menschen kam, ist vielmehr die von Gott geschenkte, in Kreuz und Auferstehung offenbarte *Wirklichkeit* des Heilsempfangs aus Gnaden. Die Hoffnung auf das *Kommen* – d.h. das »In-Erscheinung-Treten« und »Offenbarwerden« – von Gottes Erbarmen, Heil, Geist, Gerechtigkeit und Freude bestimmt schon die alttestamentliche Erwartung (wörtlich in der griechischen Übersetzung von Ps 119,41.77; Jes 32,15; vgl. Bar 4,36).

Dass bei der Aussage von Gal 3,23 von der konkreten Vorstellung des »Gefängnisses«, der »Gefängnishaft« auszugehen ist, ergibt sich aus der Kombination der beiden Begriffe »bewachen« / »in Gewahrsam halten« einerseits und »einschließen« / »einsperren« andererseits. Unter der Gewalt und Herrschaft des Gesetzes wurden »wir« – d.h. alle Menschen, Juden wie Heiden – ohne Hoffnung auf Entrinnen in Haft gehalten, indem wir »unter der Sünde eingeschlossen«, d.h. bei unserer Sünde behaftet wurden.

Während 3,23a inhaltlich an V.22a und damit an die erste Bestimmung in V.19 anknüpft (»um der Übertretungen willen«), beziehen sich die »bis«-Wendungen in 3,23b und 24a auf die zweite Aussage über den Auftrag des Gesetzes in V.19 (»solange bis der Same kommt, dem die Verheißung gilt«). Danach soll das Gesetz den Menschen nur bis zu dem Zeitpunkt festhalten, da Christus als der verheißene Segensmittler kommt, um die Verfluchten von der berechtigten Anklage des Gesetzes zu erlösen und sie im Glauben an ihn zu rechtfertigen. Infolgedessen war der Auftrag des Gesetzes vom Sinai also von vornherein zeitlich begrenzt: Das Gesetz sollte seine Funktion lediglich »bis Christus« – und das bedeutet »bis zum Kommen Christi (3,24) – ausüben.

Gal 3,24: »Also ist das Gesetz unser Aufseher geworden bis zu [dem Kommen des] Christus, damit wir aufgrund des Glaubens gerechtfertigt würden.«

Im Gegensatz zu dem knapp skizzierten ersten Bild in 3,23 wird das zweite Bild ausführlicher, nämlich in zwei selbständigen Sätzen (3,24 und 25) entfaltet. Durch die Verknüpfung mit »also«, »daher« werden die V.24f. als Schlussfolgerung aus der Grundthese (V.22) und dem ersten Bild (V.23) gekennzeichnet.

Dass die Bezeichnung des Gesetzes als »Zuchtmeister«, »Aufpasser« (griech. *paidagōgos*) in keiner Weise positiv zu verstehen ist, wird in der Auslegung inzwischen weithin anerkannt. Weit entfernt von dem, was man sich neuzeitlich unter dem Ideal eines »Pädagogen« vorstellen mag, ist der *paidagōgos* in der Antike lediglich für die Beaufsichtigung und Überwachung der minderjährigen Knaben zuständig. Im Unterschied zum »Lehrer« ist er nicht für die eigentliche Erziehung und Bildung verantwortlich, sondern nur für die Durchsetzung von Anstandsregeln und die Kontrolle der häuslichen Schularbeiten.

Damit behält der Vergleich des Gesetzes mit einem dem Sklavenstand zugehörigen »Aufseher« für jüdisches Empfinden zweifellos etwas Abwertendes. Denn wie bei den beiden anderen Bildern dominiert auch hier der Aspekt der Bevormundung und Einschränkung, der Unmündigkeit und Unfreiheit.

Andererseits beinhalten die beiden letzten Bilder zugleich die positiven Aspekte, dass die Überwachung und die Bevormundung letztlich im Auftrag des Vaters geschehen und dass sie zeitlich befristet sind – »bis zu dem vom Vater festgesetzten Termin« (Gal 4,2). In 3,24 wird dieser Zeitpunkt ausdrücklich bezeichnet: »bis hin zu Christus«, d.h. »bis zum Kommen Christi«. Es handelt sich gemäß Gal 3,19 bei der Wendung »bis zu Christus« also um eine nähere Bestimmung der Zeit, wie lange etwas geschieht oder gilt (adverbiale Bestimmung), nicht um eine Ergänzung zu »Aufseher« (adnominale Ergänzung) – im Sinne von »Zuchtmeister auf Christus hin«, wie verschiedentlich wiedergegeben wird.

Der Finalsatz in 3,24b – »damit wir aufgrund des Glaubens gerechtfertigt würden« – entspricht dem Finalsatz in der Grundthese 3,22b: »damit das Verheißungsgut aufgrund des Glaubens an Jesus Christus den Glaubenden gegeben werde«. Hier wie dort wird die übergeordnete

Absicht Gottes bei der Gesetzgebung beschrieben und nicht etwa das Ziel und die Aufgabe des durch Mose gegebenen Gesetzes selbst.

Mit **Gal 3,25** wird nun die für die galatische Situation entscheidende Konsequenz gezogen: »Nachdem aber der Glaube gekommen ist, sind wir nicht mehr unter dem Aufseher [d.h. dem Gesetz].«
Die Zeit der Unmündigkeit und Unfreiheit ist mit dem Kommen Christi (Gal 3,19.24; 4,4f.) und der Offenbarung des Glaubens (3,23.25) vorbei. In Christus und im Glauben an ihn ist die Herrschaft des Gesetzes definitiv beendet, denn der Zeitpunkt der Sendung Christi (4,4) ist der vom Vater festgesetzte Mündigkeitstermin – gemäß Gal 4,2. Folglich stehen die an Christus Glaubenden nicht mehr »unter dem Gesetz« (Gal 5,18; Röm 6,14; vgl. Gal 3,23; 4,4.5.21), d.h. unter dem Verdammungsurteil des Gesetzes (Gal 3,10), sondern unter dem Einfluss und Antrieb des verheißenen Geistes (Gal 5,18; Röm 8,14; vgl. Gal 3,2.5.14; 4,6) und somit unter der Einwirkung und im Bereich der Gnade, d.h. »unter der Gnade« (Röm 6,14f.).

Während bei der Übertragung des dritten Bildes in Gal 4,1–7 auch das »Wie« der Befreiung in Christus nochmals in den Blick kommt, steht bei den beiden ersten Bildern das »Dass« der Befreiung vom verklagenden Gesetz im Vordergrund: Mit Christus und in Christus ist die Zeit des Gesetzes grundsätzlich und endgültig abgeschlossen: »Denn Christus ist das Ende des Gesetzes zur Gerechtigkeit für jeden, der glaubt [d.h., damit jeder Glaubende Gerechtigkeit empfängt]« (Röm 10,4).

Der folgende Unterabschnitt **Gal 3,26–29** ist durch die direkte Anrede der Adressaten charakterisiert, wobei sich V.26 formal als Begründung (»denn«) der Schlussfolgerung von V.25 zu erkennen gibt. Durch den Wechsel in die 2. Pers. Pl. (»ihr«) und durch das betonte »alle« in V.26 und V.28 – bzw. »alle, die« in V.27 – wird nachdrücklich hervorgehoben, dass die grundsätzlichen Ausführungen von 3,6 an gerade auch für die überwiegend heidenchristlichen Gemeinden in Galatien wesentlich und wichtig sind. Die Feststellung: »Wir sind nicht mehr unter dem Aufseher [d.h. dem Gesetz]«, von V.25 gilt *allen*, die in Christus aufgrund des Glaubens das Heil empfangen haben – völlig unabhängig davon, ob sie von Geburt Juden oder Heiden sind (vgl. 3,28): »Denn ihr alle seid Söhne Gottes durch den Glauben in Christus Jesus« (Gal 3,26).

Die Bezeichnung als »Söhne Gottes« verbindet Paulus stets mit der Konnotation der Würde, der Mündigkeit und der Freiheit – und zwar in ausdrücklicher Abgrenzung zur Furcht, Unfreiheit und Bevormundung sowohl der Sklaven als auch der unmündigen Kinder (s. Gal 4,4–7 nach 4,1–3; Röm 8,3f.14–17; vgl. Röm 8,19.23; 9,26). Die Vorstellung der »Söhne« als der mündigen, freien, bevollmächtigten und erbberechtigten Söhne ergibt sich für Paulus schon daraus, dass die »Sohnschaft« der Erlösten in der Sendung des einzigartigen Sohnes Gottes, Jesus Christus, gründet: »Da sandte Gott seinen Sohn ... damit wir die Sohnschaft empfingen« (Gal 4,4f.; vgl. Gal 1,4.16; 2,20; 4,5).

Die Rede von den »Kindern Gottes« (Röm 8,16f.21; 9,8; Phil 2,15) und der »Gotteskindschaft« darf im Anschluss an Paulus also nicht im Sinne der Unmündigkeit und Unfähigkeit missverstanden werden: Die »Sohnschaft« steht für Würde und Reife. Zwar dürfen die an Christus Gläubigen Gott – in der Sprache der Kleinkinder – als ihren »Abba« anrufen (Gal 4,6; Röm 8,15), was als vertraulicher Kosename zur Bezeichnung des eigenen Vaters zu verstehen ist. Sie stehen damit aber in einem unvergleichlich persönlichen Verhältnis zu Gott selbst, dem Vater Jesu Christi, und sind mit dieser intimen Anrede keineswegs auf ihr Kleinsein und ihre Unmündigkeit festgelegt, sowenig wie der einzigartige Sohn Gottes durch seine Anrede des Vaters mit Abba zum unreifen und lebensunfähigen Kind wurde (Mk 14,36). Als die durch Christus, den Sohn Gottes, zu Gotteskindern Erhöhten sind die Gläubigen von ihrer Stellung her zugleich Erben, »nämlich Gottes Erben und Miterben Christi« (Röm 8,17), so dass Christus der »Erstgeborene« – d.h. als der Erste und in einzigartige Stellung – unter vielen Brüdern sei (Röm 8,29).

Wenn Paulus ausdrücklich von den »Söhnen« redet, obwohl er nach Gal 3,28 ausdrücklich auch *die Frauen* als in Christus gleichberechtigt und unterschiedslos im Blick hat, dann tut er es im Hinblick auf die einzigartige Stellung des Sohnes in der antiken Gesellschaft, welche die höchste direkt nach dem Vater – dem Hausherrn und Gebieter – ist. Die »Töchter« Gottes gewinnen somit eine Stellung, die derjenigen der erbberechtigten und bevollmächtigten Söhne entspricht. In der Stellung zu Gott werden die Töchter nicht einfach unter die männlichen Kinder untergeordnet bzw. verrechnet, sondern sie erhalten bei Gott eine solch einzigartige Stellung, wie sie in der antiken Familie nur dem weisungsbefugten Sohn zukommt. Die Töchter und Söhne Gottes sind in Christus so frei und privilegiert, so reich und bevollmächtigt wie ein erbberechtigter mündiger Sohn im Haus seines Vaters. Will man also in der Übertragung der paulinischen Ausführungen zur Geltung bringen, dass bei den durch Christus Erlösten nicht nur die männlichen Gläubigen im Blick sind, dann genügt es nicht einfach von »Kindern« oder im Wechsel von »Töchtern« zu reden, sondern es gilt zugleich die unvergleichliche Freiheit, Vollmacht und Würde der »Töchter und Söhne Gottes« hervorzuheben: »So will ich euch annehmen und euer Vater sein, und ihr sollt meine Söhne und Töchter sein, spricht der *allmächtige Herr*« (2Kor 6,17f.; vgl. 2Sam 7,14; Jes 43,6).

Die Gal 3,26 abschließende Angabe »in Christus Jesus« ist nicht unmittelbar mit dem vorangehenden »durch den Glauben« zu verbinden, denn Paulus spricht – auch in der griechischen Vorlage – nicht vom »glauben *in*«, sondern nur vom »glauben *an* Jesus Christus« Die Wendung »in Christus Jesus« bezieht sich also auf die ganze Satzaussage und mag den Bereich des Heils bezeichnen, in dem sich die Gläubigen befinden und als freie Töchter und Söhne Gottes leben – im Unterschied zu dem früheren Bereich der Sünde und der Anklage des Gesetzes. Von der Schlussfolgerung in Gal 3,29 her wird aber klar, dass Paulus zudem immer noch im Zusammenhang der Abrahamsverheißung argumentiert. Da Christus der eine Same ist, auf den sich die Segensverheißung bezieht (3,19), empfangen diejenigen, die ihm zugehören (»gehört ihr Christus«, 3,29), die »auf ihn getauft sind« und ihn »angezogen haben« (3,27), *in ihm* den Abraham verheißenen Segen (Gal 3,14). Denn »in Christus Jesus« hat sich die Vorausverkündigung an Abraham erfüllt, dass »in ihm«, d.h. »in seinem Samen«, alle Heiden gesegnet werden sollen (vgl. Gal 3,8).

Gal 3,27 knüpft an das »in Christus Jesus« und an die Aussage von V.26 insgesamt an und will begründen, warum *alle* an Christus gläubigen Galater sich als freie Söhne Gottes verstehen dürfen: »**Ihr alle nämlich, die ihr auf Christus getauft seid, ihr habt Christus angezogen**« (Gal 3,27).
Wie mit dem »alle« in V.26 und 28 hebt Paulus mit der Wendung »ihr alle nämlich« das universale Moment der Aussage hervor: Es ist also nicht etwa ein engerer Kreis, sondern die Gemeinde in ihrer Gesamtheit gemeint, welcher der verbindliche Zuspruch gilt.
Während Paulus in Gal 3,2.5 und 4,6 die Galater an die Tatsache und Erfahrung ihres Geistempfangs erinnert, argumentiert er in Gal 3,27 von dem unbestreitbaren Faktum ihrer *Taufe* her. Die Wendung »taufen *auf* Christus« (Gal 3,27; Röm 6,3) bzw. »taufen *auf* den Namen Christi (1Kor 1,13.15; vgl. Apg 8,16; 19,5; Mt 28,19) bezeichnet den Vorgang der Übereignung. Dass es Paulus in Gal 3,27 um das Moment der *Zugehörigkeit zu Christus* geht, ergibt sich auch eindeutig aus der Aufnahme der Taufaussage in 3,29: »Wenn ihr aber Christi seid / Christus gehört ...« Die Taufe »auf Christus« ist nach dem paulinischen Verständnis also Ausdruck der Übereignung des Täuflings an den Herrn, dessen Namen er anruft (Röm 10,9.13; 1Kor 12,3) und dessen Namen über ihm als Ausdruck der Zugehörigkeit ausgerufen wird (vgl. 5Mose 28,10; 2Chr 7,14; Jes 63,19; Am 9,12; Jak 2,7).
Mit der bildhaften Rede vom »Anziehen Christi« erinnert Paulus die Galater daran, dass ihre in der Taufe bezeugte Zugehörigkeit zu Christus wesentliche Konsequenzen für ihr Sein hat: Nunmehr ist Christus die sie umschließende und dauerhaft bestimmende Wirklichkeit. Er, der Sohn Gottes, hat denen, die ihm gehören, Anteil an seinem Sein gegeben (Gal 3,26; 4,4-7). So sicher die Galater an Christus gläubig geworden und auf seinen Namen getauft worden sind, so sicher sind sie in der Bindung an Christus mündige und freie Söhne Gottes, die als solche

keinem Zuchtmeister mehr unterstehen. Die übertragene Rede vom »Anziehen«, »Überkleiden« findet sich bei Paulus verschiedentlich, sonst vor allem in paränetischen, d.h. ermahnenden (Röm 13,12.14; 1Thess 5,8; vgl. Kol 3,10.12; Eph 4,24; 6,11.14), oder eschatologischen, d.h. die Endzeit und die Auferstehung betreffenden (1Kor 15,53f.; 2Kor 5,3), Zusammenhängen.

Wenn nun alle Gläubigen auf diese eine und gleiche Weise in Christus die Würde der Gottessohnschaft empfangen haben, dann erweisen sich damit sämtliche vorgegebenen menschlichen Unterschiede hinsichtlich der Heilsfrage als irrelevant, d.h. nicht mehr ausschlaggebend und wesentlich: »Es gibt nicht Juden noch Griechen, es gibt nicht Sklaven noch Freien, es gibt nicht Mann noch Frau. Ihr alle nämlich seid *einer* in Christus Jesus« (Gal 3,28).

Diese für das antike, speziell das jüdische Umfeld ungeheuerliche Aussage von 3,28 ergibt sich als Folgerung aus dem, was Paulus zuvor über das in Christus verwirklichte Heil und den mit ihm gekommenen Glauben entfaltet hat. Hinsichtlich der aktuellen Auseinandersetzung kommt es dem Heidenapostel vor allem auf das Begriffspaar »Jude und Grieche« an, weshalb er in Gal 5,6 und 6,15 dann auch ausschließlich das Gegensatzpaar »Beschneidung« und »Nichtbeschnittensein« nennt. Jedoch wird durch die Ausführlichkeit der Gegenüberstellung in 3,28 die grundsätzliche Bedeutung der Aussage noch wirksamer zur Geltung gebracht. Dass die für die Gegner so fundamentale Unterscheidung zwischen den »Juden von Geburt« und den »sündigen Heiden« bzw. den »Sündern aus den Heiden« (Gal 2,15) von Christus her gesehen ihre Bedeutung verloren hat, wurde von Paulus bereits in Gal 2,15–21 ausdrücklich herausgestellt und soll auch in 5,6 und 6,15 den Galatern nochmals in Erinnerung gerufen werden: »Denn weder Beschneidung noch Unbeschnittenheit gilt etwas, sondern eine neue Schöpfung« (Gal 6,15).

Dass es sich bei 3,28 oder gar bei 3,26–29 insgesamt um eine vorpaulinische Tradition handelt, wie gelegentlich erwogen wird, ist dem Text selbst nach Begrifflichkeit, Stil und Aussage nicht zu entnehmen. Paulus bildet auch sonst ausführliche Aufzählungen (z.B. 1Kor 3,22f.; Röm 14,6ff.); und die Argumentation in 3,26ff. ist ganz in den Kontext eingebunden.

Mit der Begründung (»nämlich«, »denn«) in 3,28b werden die Galater wie in 3,26 und 27 persönlich und nachdrücklich angesprochen (»ihr alle«). Ungeachtet aller menschlichen Unterschiede sind die Gläubigen in Christus jetzt »einer«. Mit dieser zunächst widersprüchlich klingenden Formulierung (»alle« – »einer«) ist nicht etwa gemeint, dass die Galater »Christus selbst« geworden sind oder jeder einzelne »im Verhältnis zum anderen Christus«. Vielmehr bedeutet die Wendung schlicht: »Ihr bildet alle eine Einheit« – nämlich im Gegensatz zu der Verschiedenheit eurer menschlichen Voraussetzungen.

Dass Paulus hier von dem »einen« und nicht wie in 1Kor 12,12f.20; Röm 12,5 von dem »einen Leib« spricht, erklärt sich aus dem Zusammenhang. In Gal 3,28 geht es um den Aspekt der *Gleichheit* der ursprünglich *Unterschiedlichen*, während in den ermahnenden Abschnitten 1Kor 12 und Röm 12 die *Einheit* der nach wie vor *Verschiedenartigen* herausgestellt wird. Dem einen Leib entsprechen in 1Kor 12,12ff. und Röm 12,5 deshalb folgerichtig die einzelnen, verschieden begabten Glieder, die als solche in der Einheit fortbestehen. Hinsichtlich der Heilsfrage aber, um die es in Gal 3,28 geht, ist festzuhalten, dass *alle* Galater ohne Unterschied und unter Aufhebung aller trennenden Gegensätze *in Christus einer sind* – nämlich der eine Mensch, der durch seine Zugehörigkeit zu Christus die Gotteskindschaft im Glauben empfangen hat, der also in Christus bereits »neue Schöpfung« ist (Gal 6,15; vgl. 2Kor 5,17).

Diese Aussage ist von Paulus hier nicht sozialkritisch entfaltet, und die ersten Christen haben sowohl in Hinsicht auf ihre Naherwartung der Erscheinung ihres Herrn wie im Hinblick auf ihre gesellschaftlich sehr begrenzten Möglichkeiten gewiss keine grundlegenden Veränderungen der gesellschaftlichen Verhältnisse des Römischen Reiches als realistische Möglichkeit gesehen. Was aber hier über die Aufhebung aller trennenden Gegensätze im Hinblick auf das Gottesverhältnis und das in Christus geschenkte Heil entfaltet wird, hatte zugleich auch für die frühen Christen enorme gesellschaftliche Konsequenzen, wie sich am Beispiel der Stellung der Sklaven in der Gemeinde (1Kor 7,17–24; Phlm 1–25) besonders eindrücklich nachvollziehen lässt: »Ist doch der im Herrn berufene Sklave ein Freigelassener des Herrn; ebenso ist der als Freier Berufene ein Sklave Christi« (1Kor 7,22). Dabei geht es zunächst noch nicht um die Frage der verschiedenen Rollenverteilung innerhalb der gesellschaftlichen Verhältnisse, sondern um die Frage der Stellung und Würde, die vor Gott als völlig gleichberechtigt beschrieben wird.

Mit Gal 3,29 kommt diese gesamte in 3,6 begonnene Argumentation zu einem ersten Abschluss. Anknüpfend an die Begründung von 3,27, fasst Paulus die Konsequenzen zusammen, die sich für seine heidenchristlichen Adressaten aus dem Dargelegten ergeben: »Gehört ihr aber Christus, so seid ihr folglich Abrahams Same, gemäß [und aufgrund, kraft] der Verheißung Erben« (Gal 3,29).

Die Gläubigen sind Christi, d.h. sie gehören ihm. Diese Zugehörigkeit zu Christus findet ihren Ausdruck in der Taufe (Gal 3,27; vgl. 1Kor 1,13.15) und gründet in Christi Kreuz und Auferstehung (Röm 7,4; 14,8f.; 1Kor 1,13; 2Kor 5,15). Denn mit seiner Lebenshingabe aus Liebe und mit seinem stellvertretenden Sterben am Kreuz hat er die der Sünde und dem Fluchtod Unterstellten »freigekauft« (Gal 3,13; 4,4f.)

und sich damit als ihr »Herr« erwiesen (Röm 14,8f.). Durch ihn und für ihn leben sie fortan als von ihm Erlöste (Gal 2,19f.; Röm 7,4; 2Kor 5,15f.; vgl. Gal 5,13 – 6,10).

Die Galater sind also dem einen Nachkommen Abrahams übereignet, von dem die Verheißung sagt (3,16.19), dass in ihm alle Heiden gesegnet werden sollten (Gal 3,8 = 1Mose 12,3; vgl. 1Mose 22,18; 26,4; 28,14; Sir 44,21). Sie sind »mit Abraham« (Gal 3,9) und »wie Abraham« (3,6) als Glaubende gesegnet worden (3,14) und somit die legitimen »Söhne Abrahams« (3,7). Sie sind der wahre »Same Abrahams« – im kollektiven Sinne des Wortes (Röm 4,13.16.18; 9,7f.). Dass der Zuspruch von Gal 3,29 für Paulus durchaus exklusiven Sinn hat, erhellt sowohl aus der vorangegangenen Argumentation in 3,6ff. wie auch aus dem anschließenden allegorischen Schriftbeweis in 4,21–31: Nur die an Christus als den einen Segensmittler Glaubenden sind »Söhne der Freien« (4,22.26.30f.) und als solche »Kinder der Verheißung« (4,23.28), denen die Zusage Gottes gilt, dass sie das Erbe empfangen sollen (4,30).

Wie bereits aus Gal 3,15–18 folgte, ist mit dem »Erbe« der Abraham zugesagte Segen gemeint (3,8f.14), der nach Paulus in der Überwindung des Fluches (3,10–14), der Rechtfertigung im Glauben (3,6.8.11.21.24), der Gabe des Lebens (3,11.21) und der Sendung des göttlichen Geistes (3,2.5.14; 4,6) – und damit in der Verleihung der Gotteskindschaft (3,26; 4,5–7) – besteht. Als die legitimen Nachkommen Abrahams sind die galatischen Christen also gemäß der Verheißung und kraft der Verheißung schon gegenwärtig Erben des Heils, so dass ihre nachträgliche Hinwendung zum Gesetz in jeder Hinsicht unzeitgemäß und unsachgemäß wäre.

4.4 Gal 4,1–7

Mit Gal 4,1 wird nun noch ein *dritter* Vergleich eingeführt, wobei der abschließende Argumentationsgang 4,1–7 eine Erläuterung und Vertiefung des gesamten Abschnitts 3,23–29 darstellt. Er knüpft unmittelbar an den Begriff der »Erben« in 3,29 an. Abweichend von 3,23ff. folgt dem eigentlichen Bild in 4,1f. eine selbständige, ausführliche Übertragung (4,3–5), die mit 4,6f. wiederum in die konkrete Anwendung auf die galatischen Hörer einmündet (vgl. 4,26–29).

Gal 4,1f.: »Ich meine aber: Solange der Erbe unmündig ist, unterscheidet er sich in keiner Weise von einem Sklaven, obwohl er Herr über alles ist, sondern er steht unter Vormündern und Verwaltern bis zu dem vom Vater festgesetzten Termin.«

Auch das dritte Bild ist wieder durch den zeitlichen Kontrast bestimmt. Der entscheidende Termin teilt das Leben des Universalerben in zwei gänzlich verschiedene Epochen. Dabei tritt der Gegensatz bei diesem

Beispiel aus dem Vormundschaftsrecht noch deutlicher hervor als bei dem Vergleich des Gesetzes mit dem »Zuchtmeister« in 3,24f. Denn solange der Erbe als Unmündiger weder Selbstbestimmungsrecht noch Verfügungsgewalt hat, unterscheidet er sich diesbezüglich in keiner Weise vom »Sklaven«, obwohl er doch bereits der Besitzer von allem und Herr über alles ist. Im Unterschied zum zweiten Bild wird hier nämlich vorausgesetzt, dass der Vater bereits verstorben ist und der minderjährige Sohn deshalb nicht nur »künftiger Erbe« und »potenzieller Besitzer von allem« ist, sondern sowohl *de iure* als auch *de facto* seinen Vater bereits beerbt hat. Andernfalls wäre die Bezeichnung als »Herr über alles« unzutreffend und die Rede von dem vom Vater vorherbestimmten Tag der Mündigkeitserklärung schwer verständlich.

Da das Wortfeld in Gal 4,1f. einheitlich und zusammengehörend ist, lassen sich die einzelnen Begriffe durchaus eindeutig bestimmen. In 4,1 – und dann übertragen auch in 4,3 – ist der Unmündige im juristischen Sinne bezeichnet, also das minderjährige Kind, das der Weisung des Vaters bzw. des Vormundes noch untersteht. Der Nebensinn der »Unreife« (1Kor 3,1; 13,11; Röm 2,20; vgl. Eph 4,14) oder auch der »Unschuld« (1Thess 2,7; vgl. 1Kor 14,20), die sich sonst bei Paulus findet, spielt bei dem technischen Gebrauch an dieser Stelle keine Rolle.

Diejenigen, an deren Weisungen der Unmündige gebunden ist, sind fraglos die »Vormünder«. Zwar kann der zugrundeliegende Begriff auch im Sinn von »Verwalter«, »Aufseher« verwendet werden (vgl. Mt 20,8; Lk 8,3), doch werden hier die »Aufseher« anschließend noch gesondert genannt (4,2), so dass nichts dagegen spricht, den Begriff hier im Kontext des Vormundschaftsrechts zu interpretieren. Unklar bleibt, warum Paulus im Singular vom »Erben«, aber im Plural von »den Vormündern« redet. Schwebt ihm der Fall vor, dass ein unmündiger Erbe mehrere Vormünder hat – was ihn wohl als besonders vermögend erscheinen ließe? Oder ist der Plural durch die Anwendung in 4,3 bedingt – ob durch »die Elemente« oder durch den Plural »wir«? Vielleicht handelt es sich aber auch nur um eine Anpassung an die sinnvolle Mehrzahl von »Verwaltern« oder schlicht um eine verallgemeinernde Ausdrucksweise. In der anderen Gruppe sind jedenfalls die »Verwalter« des Vermögens bzw. des Hauses und seiner verschiedenen Haushaltszweige zu sehen. Vom Vormund wird der Minderjährige hinsichtlich seines *Selbstbestimmungsrechtes* eingeschränkt, von den Verwaltern im Hinblick auf seine *Verfügungsgewalt*. Folglich ist er vor dem Tag seiner Mündigkeit abhängig und fremdbestimmt – obwohl schon feststeht, dass er einmal über sich und sein Vermögen frei verfügen kann.

So ist der Vergleich gemäß dem hellenistischen Erb- und Vormundschaftsrecht in sich stimmig und zielführend, wobei Paulus weder auf weitere Details auf der Bildebene eingeht noch auch falsche Übertragungsmöglichkeiten (wie etwa den Tod des Erblassers) abwehren muss. Er konzentriert sich – was dem Vergleich oder auch einem Gleichnis ganz entspricht – auf den *einen* Vergleichspunkt (das *tertium comparationis*): den Kontrast zwischen früherer »Versklavung« und jetziger Freiheit und Würde.

Gal 4,3: »So verhält es sich auch mit uns: Als wir unmündig waren, waren wir unter die Elemente der Welt versklavt.«

Wie in Gal 3,14 und 3,23–25 werden mit dem »Wir« wieder alle an Christus Gläubigen zusammengefasst – also Juden- wie Heidenchristen. Dass Paulus sich selbst und die anderen Juden von Geburt im Blick hat, ist im Zusammenhang der Ausführungen über das durch Mose an Israel übermittelte Gesetz in 3,23 – 4,5 selbstverständlich; dass er dabei aber zugleich von den Heidenchristen spricht, ergibt sich zwingend aus der folgenden Anwendung auf die Galater in 4,6f. und 4,8ff.

Aus diesem Zusammenfassen der beiden so verschiedenen Gruppen zu einem »Wir« mag sich auch der unerwartete Bezug auf die »Elemente der Welt« in Gal 4,3 und dann nochmals in 4,9 (»die schwachen und armseligen Elemente«) am leichtesten erklären. Für die Zeit des Paulus kommen für das Verständnis des Begriffs »Elemente« drei Bedeutungen in Frage: 1. Buchstaben; 2. Grundlagen, Prinzipien; und 3. Grundstoffe, Elemente (im physikalischen Sinne). Da Paulus hier ausdrücklich und speziell von den »Elementen *der Welt*« redet, spielt er wohl in Gal 4,3 auf die vier Grundelemente Feuer, Wasser, Erde, Luft an. Allerdings gebraucht er die Wendung im Zusammenhang von Gal 4,1–7 und 4,8–11 keineswegs in der wörtlichen, physikalischen Bedeutung, sondern im übertragenen, theologischen Sinne. Denn auch hier versteht er »die Welt« nicht neutral als Universum, sondern als die von der Sünde gezeichnete Schöpfung, als die im Gegensatz zu Gott stehende Welt. Dieser Welt ist der Gläubige durch das Kreuz Christi bereits abgestorben (Gal 6,14); denn durch seine Dahingabe »zur Sühne für unsere Sünden« hat Christus die Seinen bereits aus der gegenwärtigen, bösen »Weltzeit« herausgerissen (Gal 1,4). Infolge dieses theologischen Bedeutungswechsels sind die »Elemente« nicht mehr im neutralen Sinne die grundlegenden Bestandteile der physischen Welt, sondern der »Welt« als Inbegriff des vor- und außerchristlichen Bereichs. Die »Elemente der Welt« sind also das, worauf die ganze Existenz der Welt gründet und worin das Sein des Menschen seine Grundlagen hat.

Paulus verwendet diesen Ausdruck in Gal 4,3 wohl deshalb, weil er mit »Elemente der Welt« den in Gal 4,8–11 geäußerten Gedanken vorbereiten möchte: Mit ihrer Hinwendung zum Gesetz erzielen die Galater nach Überzeugung des Paulus keineswegs einen Fortschritt, sondern fallen in Wahrheit in ihre alte Existenz zurück. Denn unter dem Oberbegriff »Elemente der Welt« kann Paulus beide Größen zusammenfassen, die den christusfernen Menschen bestimmen: die *heidnischen Götter*, die ihrem Wesen nach freilich keine »Götter« sind (4,8), und das *Gesetz Gottes* vom Sinai.

Weder werden damit die Götter der Heiden mit dem Gesetz vom Sinai identifiziert, noch wird die Gesetzesbefolgung der Juden als Götzendienst herabgewürdigt. Was jedoch beide Größen verbindet, ist die Tatsache, dass sie die Existenz der von Sünde gezeichneten Schöpfung vor dem Kommen des Glaubens geprägt haben und dass sie die Instanzen sind, bei denen Menschen – auf ganz unterschiedliche Weise (!) – vergeblich ihr Heil suchen, von denen sie Freiheit erwarten und Knechtschaft erlangen. Sowohl das Gesetz als auch die »Götter« sind somit der »Welt« als der alten Weltzeit zugeordnet und können folglich dem Menschen, der sich von ihnen her versteht, weder Heil noch Leben vermitteln. In dieser Hinsicht sind beide »schwache und arme Elemente« (Gal 4,9; vgl. Röm 8,3). Sich als Heidenchrist dem Gesetz zuzuwenden und von ihm das Heil zu erwarten bedeutet nach Paulus, sich »wiederum zu bekehren« – jetzt aber hinweg von dem »lebendigen, wahren Gott« und zurück zu den Größen, welche die alte Weltzeit, die gottfeindliche Welt charakterisieren: »Jetzt aber, da ihr Gott kennt, vielmehr von Gott erkannt worden seid, wie könt ihr euch da wiederum den schwachen und armseligen Elementen zuwenden, denen ihr wieder von neuem dienen wollt?« (Gal 4,9). Paulus denkt also auch in Gal 4,3 an die Herrschaft des Gesetzes vom Sinai, durch die alle Menschen – d.h. »wir«, Juden wie Heiden – bei ihrer Sünde behaftet und als Übertreter unausweichlich unter Anklage gestellt werden.

Gal 4,4: »Als aber die Zeit erfüllt war, sandte Gott seinen Sohn, geboren von einer Frau und dem Gesetz unterworfen«.

Im Kontrast zu der Zeit, »als wir unmündig waren« (4,3), geht es nun in der Anwendung um die Ereignisse bei dem »vom Vater festgesetzten Termin« (4,2). Als »die Fülle der Zeit kam« – wie es wörtlich eigentlich heißt – fand die Phase der »Sklaverei«, der Unmündigkeit und Unfreiheit, ihr von Gott festgesetztes Ende. Dementsprechend ist bei dem »Vollwerden des Zeitmaßes« in 4,4 nicht an eine positive oder negative Entwicklungsstufe der Menschheit oder der Geschichte zu denken, weder an eine kulturelle oder politische günstige Ausgangssituation noch an ein Höchstmaß an Erlösungsbedürftigkeit. Wann – wie im Anschluss daran umgangssprachlich gesagt wird – »das Maß voll ist«, weiß und entscheidet gemäß der biblischen und jüdischen Tradition allein Gott, der Vater, in seiner Souveränität.

Den Vollzug der Erlösung beschreibt Paulus in Gal 4,4f. mit Hilfe einer *Sendungsaussage*, die in Röm 8,3 (»Gott sandte seinen Sohn ..., damit«) und dann in Joh 3,16f.; 1Joh 4,9 (vgl. 1Joh 4,10.14) auffallende Parallelen hat. Übereinstimmend wird jeweils »Gott« als Subjekt des Geschehens genannt und »der Sohn« als Objekt; zudem wird der Heilssinn der Sendung bzw. Dahingabe überwiegend in Form eines Finalsatzes (»damit«, »auf dass«) angegeben. Da im griechischen Text aber die Verben wechseln und auch die Entfaltungen des Heilsgeschehens je nach Zusammenhang variieren, liegt kaum eine feste »Sendungs*formel*« vor, wohl aber ein geprägtes Sendungs*schema*.

Wie in Gal 1,15f. und 2,20 gebraucht Paulus auch in 4,4 und 4,6 für Jesus Christus den Titel »Sohn Gottes« (vgl. Röm 1,3.4.9; 5,10; 8,3.29.32; 2Kor 1,19f.), was sich nicht nur vom Sendungsschema, sondern auch von dem Zusammenhang des Kreuzes- und Erlösungsgeschehens her erklärt, in dem der Begriff »Sohn Gottes« vornehmlich erscheint. Dass es nach Gal 4,4; Röm 8,3; Joh 3,16f. und 1Joh 4,9 der *präexistente* – d.h. der vor seiner Menschwerdung bereits beim himmlischen Vater als Person lebende – Sohn ist, der vom Vater in die Welt gesandt wird, ergibt sich im Zusammenhang der Theologie der Paulusbriefe (1Kor 8,6; 10,4; 2Kor 8,9; Phil 2,6f.) und der johanneischen Schriften (Joh 1,1ff.; 8,58; 16,28; 17,5.24 u.ö.) eindeutig. Einer messianischen Gestalt menschlichen Ursprungs oder einem menschlichen Lehrer oder Propheten könnte die universale und zeitübergreifende Heilsbedeutung, die hier jeweils überschwänglich entfaltet wird, gar nicht zugeschrieben werden.

Zwischen die Sendungsaussage in 4,4b und die doppelte Zielangabe in 4,5 sind zwei Näherbestimmungen zu dem gesandten Sohn eingefügt. Die erste Wendung »geboren von einer Frau« bringt zur Geltung, dass der zuvor bei seinem Vater »in göttlicher Gestalt« (Phil 2,6) lebende Sohn ein sterblicher, vergänglicher Mensch wurde. Denn als ein »von der Frau Geborener« wird der Mensch in biblisch-jüdischem Sprachgebrauch bezeichnet, wenn auf seine Vergänglichkeit und Beschränkung – eben auf sein Menschsein im Unterschied zu Gottes Gottsein – hingewiesen wird (Hiob 14,1; 15,14; 25,4; Mt 11,11 par.). Aus dieser Formulierung lässt sich also auch keine Aussage zu der in Mt 1,20–24 und Lk 1,30–35 bezeugten »Jungfrauengeburt« ablesen. Da Paulus das »Gott-gleich-Sein« (Phil 2,6) und die Präexistenz des Sohnes Gottes voraussetzt (1Kor 8,6; 10,4; 2Kor 8,9; Phil 2,6f.), wird die Gottessohnschaft Jesu nicht erst angesichts seiner *Auferstehung* oder seiner *Taufe* oder im Hinblick auf seine besondere *Geburt* bekannt, sondern bereits hinsichtlich seiner *himmlischen Existenz vor seiner Sendung*. Noch weniger aber lässt sich etwa aus der Formulierung »geboren von einer Frau« schließen, Paulus würde eine normale menschliche Geburt mit einem natürlichen menschlichen Vater voraussetzen. Über den Vorgang der Zeugung und Geburt wird in Gal 4,4 gar nicht gesprochen, sondern vielmehr über das Ergebnis. Der Sohn Gottes, der von

Ewigkeit her beim Vater war, wurde zu einem Sterblichen, zu einem dem Tode unterworfenen Menschen (vgl. Phil 2,7f.).

Weist schon die erste Bestimmung auf das Kreuzesgeschehen hin, so gilt das umso mehr für die zweite: »dem Gesetz unterworfen« (4,4d). »Unter dem Gesetz« war der Sohn Gottes in dem Sinne, dass er stellvertretend den Fluch auf sich nahm, den das Gesetz vom Sinai von Rechts wegen über alle Übertretungen verhängt: »Christus hat uns von dem Fluch des Gesetzes losgekauft, indem er für uns zum Fluch wurde« (Gal 3,13). Dieser Rückbezug auf die Ausführungen in 3,10–14 wird durch die Fortsetzung in 4,5 eindeutig gesichert: Das göttliche Ziel der Unterstellung Christi unter das Gesetz ist die Erlösung derer, die als Sünder »unter der Macht«, d.h. »unter dem Fluch« des Gesetzes stehen (Gal 3,23.25; 4,21; 5,18; Röm 6,14).

Den Zweck der Sendung des Sohnes Gottes entfaltet Paulus nun in Gal 4,5: »Damit er die dem Gesetz Unterworfenen freikaufte, damit wir die Sohnschaft [d.h. die Annahme an Sohnes Statt] empfingen«.

Wie bei der unmittelbaren Parallele Gal 3,13f. führt er Absicht und Ziel des Geschehens in zwei Finalsätzen aus, die zu der Sendungsaussage von 4,4 in kreuzweiser, d.h. chiastischer, Anordnung stehen. So entspricht die erste Zweckbestimmung 4,5a der zweiten Bestimmung in 4,4d: »Er wurde dem Gesetz unterworfen, damit er die dem Gesetz Unterworfenen freikaufte«. Die zweite Zweckbestimmung (4,5b) ist auf die vorangehende Sendungsaussage insgesamt bezogen: »Gott sandte seinen Sohn ..., damit wir die Sohnschaft empfingen«. Durch Christi Menschwerdung und Kreuzestod wurde also ein doppeltes Ziel verwirklicht: *negativ* die Erlösung von der Herrschaft der Sünde und des Gesetzes (4,5a) und *positiv* die Einsetzung in die Würde der Gottessohnschaft (4,5b).

Parallel sind die beiden Entfaltungen auch darin, dass sie jeweils von demselben Personenkreis handeln – nämlich wieder von allen Gläubigen, Juden- wie Heidenchristen. Wie die gesamte Argumentation von Gal 2,15 an zeigt, stehen nach Paulus alle Übertreter der Rechtsforderungen Gottes unter der Anklage und dem Verdammungsurteil des Gesetzes, sowohl die »Juden von Geburt« als – selbstverständlich – auch die »Sünder aus den Heiden«. Dass nicht nur Juden der in Gal 4,5 beschriebenen Erlösung von dem Todesurteil des Gesetzes bedurften, sondern zugleich auch die galatischen Heidenchristen, ergibt sich zwingend aus der Grundthese Gal 3,22 (»alle«) und aus der direkten Anrede der Galater bei der Anwendung der Vergleiche in Gal 3,26–29 und 4,6f.

»Erlösen«, »loskaufen« hat in Gal 4,5 wie in 3,13 wieder die Bedeutung »aus der Sklaverei freikaufen«, wobei jeweils die Vorstellung des stellvertretenden Eintritts in die Sklaverei bestimmend ist (s. zu 3,13). In seiner stellvertretenden Lebenshingabe hat Christus die vom Gesetz

Verfluchten erlöst, indem er am Kreuz für sie zum Verfluchten wurde (3,13). Die dem Gesetz Unterworfenen hat er von der Sklaverei befreit, indem er sich selbst für sie dem Urteil des Gesetzes unterwarf (4,4f.).

Das eigentliche Ziel der Sendung und *Menschwerdung des Sohnes Gottes* war die *Gottessohnschaft der Menschen*, zu denen er gesandt wurde. Der Befreiung vom Gesetz als dem »Aufseher«, »Vormund« und »Verwalter« entspricht deshalb die Einsetzung in die Würde der freien und mündigen Söhne Gottes, die als solche keiner fremden Macht mehr unterworfen sind: »Wir sind nicht mehr unter dem Aufseher. Denn ihr alle seid Söhne Gottes« (Gal 3,25f.). Der in Gal 4,5; Röm 8,15.23; 9,4 (vgl. Eph 1,5) im griechischen Grundtext verwendete juristische Fachbegriff »Sohnschaft« bezeichnet sowohl die »Annahme an Sohnes Statt« als auch die auf dem Akt der Adoption beruhende »Sohnschaft«. Sie bezeichnet also nicht die in der natürlichen Geburt, sondern die in der freiwilligen Annahme gründende »Sohnschaft«. Kinder Gottes sind die Glaubenden dementsprechend nicht durch ihre natürlichen Voraussetzungen, sondern infolge der in Christus verliehenen Würde und aufgrund der mit dem Glauben geschenkten Gnade. Wie in Gal 3,14 wechselt Paulus auch in 4,5 mit dem zweiten Satz von der sachlichen Ausdrucksweise (3. Pers.) in die persönliche Formulierung der 1. Pers. Pl.: »damit *wir* die Sohnschaft empfingen.«

Mit Gal 4,6 wird der Gedanke der Gottessohnschaft nochmals vertieft und durch die direkte Anrede in der 2. Pers. Pl. wieder speziell auf die Situation der Galater bezogen: »Weil ihr aber *Söhne* seid, hat Gott den Geist seines Sohnes in unsere Herzen gesandt, der da ruft: Abba, lieber Vater!« (Gal 4,6).

Schon in Gal 3,2.5 hat Paulus die verunsicherten Galater auf das Ereignis angesprochen, das offensichtlich bei aller Irritation unbestritten geblieben ist: den Empfang des Geistes aufgrund der Glauben wirkenden Verkündigung. In gleicher Weise hat er die Adressaten dann in 3,27 bei dem Faktum ihrer Taufe behaftet, um sie der Bedeutung ihres Glaubens an Christus zu vergewissern. Den Galatern ist also infolge der judaistischen Auseinandersetzung keineswegs der Beginn ihres Glaubens fraglich, sondern vielmehr dessen uneingeschränkte Geltung und umfassende Bedeutung. Haben sie als Unbeschnittene überhaupt einen Anspruch auf die an Abraham ergangene Segensverheißung? Sind sie als Heidenchristen im vollen Sinne »Söhne Abrahams« und somit nach der Verheißung »Söhne Gottes«? Oder bedürfen sie dazu zusätzlich der Beschneidung und der Übernahme der Gesetzesbefolgung?

In Gal 4,6 geht es also um die *logische Schlussfolgerung*, durch welche die beunruhigten Adressaten (2. Pers. Pl.) vergewissert werden sollen: Wie anders lässt es sich erklären, dass Gott den Geist seines Sohnes in unsere

Herzen gesandt hat und sich durch ihn von uns als Vater anrufen lässt, als dadurch, dass wir alle – und damit auch ihr – Söhne Gottes sind?

Durch die Aufnahme des Begriffs »senden« aus 4,4 wird der Zusammenhang zwischen der Sendung des Sohnes und der »Sendung des Geistes in unsere Herzen« (vgl. zur Wendung Röm 5,5; 2Kor 1,22) nachdrücklich hervorgehoben. Und durch den Ausdruck »den Geist seines Sohnes« wird klar herausgestellt, dass es sich bei dem den Galatern verliehenen Geist tatsächlich um den »Geist der Sohnschaft« handelt – keineswegs um den »der Sklaverei« (Röm 8,15; vgl. Gal 4,5). Der Sinn dieser ungewöhnlichen Bezeichnung ist freilich nicht: Es ist der Geist, der im Gottessohn wohnt, sondern gemäß Gal 2,20 und Röm 8,9f. ist es Jesus Christus, der Gottessohn, der durch seinen Geist in den Gläubigen »wohnt« (Röm 8,9.11; 1Kor 3,16; vgl. 1Kor 6,19) und sie damit ebenfalls zu Töchtern und Söhnen Gottes macht (Gal 3,26; 4,4f.).

Als Indiz für die Gotteskindschaft wertet Paulus auch die vom Geist gewirkte Anrede Gottes mit »Abba, lieber Vater!« Diese Verbindung des ursprünglichen, aramäischen Begriffs »Abba« mit der Übersetzung »Vater« / »lieber Vater« findet sich gleichlautend in allen drei neutestamentlichen Belegen – also Gal 4,6; Röm 8,15 und Mk 14,36 –, so dass diese zweisprachige Gebetsanrede wohl auch den heidenchristlichen Gemeinden von Galatien bis Rom allgemein vertraut war. Dem Apostel geht es hier wie in Röm 8,15 um diese vertrauensvolle Anrede Gottes selbst und als solches (weder muss man hier das »Vaterunser« insgesamt bezeichnet sehen noch auch ein ekstatisches Rufen im Geist). Wenn auch die Galater Gott durch den Geist in solch inniger und vertrauter Weise anrufen dürfen, wie Jesus Christus, der Sohn Gottes, seinen Vater angesprochen hat (Mk 14,36), dann ist darin ein eindeutiges Zeichen und ein überwältigender Erweis ihrer Gotteskindschaft zu erkennen.

Gal 4,7: »Folglich bist du nicht mehr Sklave, sondern Sohn, wenn aber Sohn, dann auch Erbe durch Gott.«

4,7 bildet nun einen Schluss (*conclusio*) im doppelten Sinne. Er enthält die nachdrücklich formulierte *Schlussfolgerung* aus der Übertragung des dritten Bildes (4,3–6) und stellt zugleich den wirkungsvollen Abschluss der gesamten Argumentation seit Gal 3,6 dar. Inhaltlich werden vor allem die Gedanken von 3,26–29 aufgenommen. Sowohl das Motiv der Gottessohnschaft (Gal 3,26) als auch die Bezeichnung der Adressaten als »Erben« des Abraham verheißenen Segens, d.h. des endgültigen Heils (3,18.29), finden sich bereits in der Anwendung der beiden ersten Bilder auf die Situation der Galater. Schließlich ist auch das zeitlich gefasste »nicht länger«, »nicht mehr«, durch welches die heilvolle Gegenwart von der vorchristlichen Vergangenheit scharf abgegrenzt wird, schon seit dem zweiten Bild bestimmend (3,24f.). Durch den überraschenden Wechsel zum Singular der 2. Pers. (»du«) wirkt die unmittelbare Anrede der Adressaten hier allerdings noch eindringlicher als in 3,26–29. Das persönliche »Du« dient dabei wohl weniger der *Individualisierung* als vielmehr der *Konkretisierung* des versichernden Zuspruchs.

Als Fazit der zentralen Darlegungen Gal 3,6 – 4,7 will Paulus festgehalten wissen, dass die Galater nicht mehr »Sklaven«, sondern »Söhne Gottes« sind und als solche nicht länger den »Elementen der Welt« unterstehen – sei es den Göttern, denen sie selbst früher als Sklaven dienten, oder dem Gesetz vom Sinai, dem sie sich nach dem Willen der judenchristlichen Gegner des Paulus unterwerfen sollen. Denn auch dem Gesetz – das nach Gottes Willen die Übertreter bei ihrer Sünde behaftet (3,19.22), wie ein Wächter einen Gefangenen und wie ein Aufseher oder Vormund einen Minderjährigen überwachen (3,23 – 4,2) –, selbst diesem Gesetz sind die an Christus Glaubenden als freie und mündige Söhne Gottes nicht mehr unterstellt.

Wenn nun die Galater als nicht beschnittene Heidenchristen durch ihre Zugehörigkeit zu Christus in den Stand der *Söhne* erhoben worden sind, dann sind sie damit auch *Erben* – und zwar im Sinne der alttestamentlichen Verheißung (Gal 3,29). Sie haben mit ihrem Glauben an Christus den Abraham und seinem Samen zugesagten Segen bereits empfangen (3,8.9.14), indem sie in Jesus Christus die Rechtfertigung (3,6.8.11.21.24) und das Leben (3,11.21), den Geist (3,2.5.14; 4,6) und die Gotteskindschaft (3,26; 4,5ff.) erlangt haben. Da sie also in Christus schon jetzt Anteil an Gottes Verheißung haben, besteht für sie objektiv keinerlei Anlass, in der Unterwerfung unter das Gesetz – d.h. in Beschneidung und Gesetzesbefolgung – ihr Heil zu suchen. Vielmehr wäre die freiwillige Rückkehr (4,9) unter die früheren Autoritäten, die weder Rechtfertigung noch Leben zu geben vermögen (3,11f.21f.), ein wahrhaft heilloser Anachronismus – unzeitgemäß und in Verkennung der vergangenen Verhältnisse.

Mit der prägnanten abschließenden Wendung »durch Gott« betont der Apostel nochmals nachdrücklich, dass das gesamte Heilsgeschehen in Christus *auf Gott selbst* zurückgeht – den Gott Abrahams und Vater Jesu Christi. Es war *Gott*, der in seiner Gnade (2,21) seinen Sohn gesandt hat (4,4; vgl. 1,4; 2,20); und *Gott selbst* war es, der Paulus als Apostel eingesetzt (1,1.15f.) und ihm das Evangelium für die Heiden anvertraut hat (1,11f.; 2,7–9; vgl. 1,10.24; 4,14). Dementsprechend sind auch die Galater von *Gott persönlich* erkannt (4,9), berufen (1,6) und gerechtfertigt worden (3,8.11). Von ihm haben sie den Geist seines Sohnes empfangen (4,6) und dürfen sich folglich in Christus zu den »Söhnen Gottes« (3,26; 4,5–7) und somit zu dem »Israel Gottes« (6,16) rechnen. Denn auch an ihnen als Heidenchristen hat sich erfüllt, was Gott einst

Abraham rechtskräftig zugesagt (3,8.16f.) und aus Gnade zugesprochen hat (3,6.18): die Rechtfertigung des Sünders allein im Glauben.

Exkurs 5: Gesetz

Zum Abschluss der grundlegenden Entfaltungen zum Gesetz in Gal 2,15 – 4,7, soll das paulinische Gesetzesverständnis im Folgenden noch einmal zusammenfassend in den Blick genommen werden. Was heißt also bei Paulus: »Aus Werken des Gesetzes wird kein Fleisch gerecht« (Gal 2,16; Röm 3,20; in Aufnahme von Ps 143,2)? Die Beantwortung dieser klassischen, für das Verständnis der paulinischen Theologie grundlegenden Frage fällt in Anbetracht der neueren exegetischen Diskussion offensichtlich schwerer denn je.

Bezieht Paulus seine grundsätzliche Aussage auch auf Juden oder lediglich auf Heiden bzw. Heidenchristen? Denkt er an eine prinzipielle Unmöglichkeit der Rechtfertigung auf der Grundlage des Gesetzes oder nur an eine faktische Unmöglichkeit? Hat er bei seiner Kritik das Gesetz – d.h. die Tora vom Sinai – gemäß ihrer ursprünglichen Intention und Aufgabe im Blick oder lediglich ein legalistisch missverstandenes, zum Leistungsprinzip verkehrtes oder der Sünde anheimgefallenes Gesetz? Versteht der Apostel das Gesetz vom Sinai noch als eine göttliche Verfügung und Gabe oder eher als eine widergöttliche, von Dämonen vermittelte Größe?

Kann man bei Paulus überhaupt von einer theologisch durchreflektierten und zusammenhängenden »Gesetzeslehre« ausgehen, oder handelt es sich nur um spontane und unverbundene polemische Äußerungen? Lässt sich bei den paulinischen Gesetzesaussagen eine kontinuierliche Entfaltung beobachten, oder ist vorauszusetzen, dass zwischen dem kämpferischen Galaterbrief und dem ausgewogenen Römerbrief eine einschneidende Entwicklung und ein grundlegender Wechsel stattgefunden hat? Dann würden sich Spannungen und Widersprüche bei der Erörterung der Gesetzesfrage geradezu zwangsläufig ergeben.

1. Gesetz bei Paulus

Wenden wir uns bei der Entfaltung unseres Themas zunächst dem Begriff selbst zu: »Gesetz« – hebräisch »Tora«, griechisch »Nomos«. Wenn wir bedenken, dass wir es bei Paulus mit einem judenchristlichen – d.h. jüdisch geborenen und geprägten – Theologen zu tun haben, der auch als an Christus gläubiger Apostel ganz im Zusammenhang alttestamentlich-jüdischer Tradition denkt und argumentiert, ist die eingangs zitierte Aussage von Gal 2,16; Röm 3,20 schon an sich höchst bemerkenswert. Nicht weniger herausfordernd ist die Erkenntnis, dass Paulus die in Christi Kreuz und Auferstehung erfolgte Befreiung und Erlösung offensichtlich nicht nur auf die *Sünde* und den *Tod* als Unheilsmächte bezieht, sondern auch auf das *Gesetz des Mose* selbst (Röm 6,14; 7,1–6; 10,4; 1Kor 9,20f.; 2Kor 3,6; Gal 2,4.19; 3,25; 4,5; 5,1–4.18). Den Juden- und Heidenchristen der römischen Gemeinden gegenüber formuliert Paulus höchst provozierend: »Denn die Sünde wird nicht herrschen können über euch, weil ihr ja *nicht unter dem Gesetz* seid, sondern *unter der Gnade*« (Röm 6,14). – »Also seid auch ihr, meine Brüder, *dem Gesetz getötet* durch den Leib Christi, so dass ihr einem andern angehört, nämlich dem, der von den Toten auferweckt ist, *damit wir Gott Frucht bringen*« (Röm 7,4). Oder um es mit der prägnantesten und für jüdische Hörer gewiss provozierendsten Formulierung des Paulus zu sagen: »Denn ich bin *durchs Gesetz dem Gesetz gestorben, damit ich Gott lebe*. Ich bin mit Christus gekreuzigt« (Gal 2,19).

Um die im Folgenden zu entfaltende These voranzustellen: Für Paulus als den »Apostel der Heiden« (Röm 11,13) ist die grundlegende und endgültige Freiheit vom Gesetz gleich in *dreifacher* Hinsicht bedeutungsvoll: 1.) im Hinblick auf die Legitimität der gesetzes- und damit beschneidungsfreien *Heidenmission* (Gal 2,1–21); 2.) für die *Rechtfertigung* aller Menschen – ob Juden oder Heiden – im Glauben an Christus (Röm 3,21 – 4,25; Gal 2,15 – 4,31); und 3.) für das an Christus selbst orientierte *ethische Verhalten* der Glaubenden.

Dabei geht Paulus als Judenchrist selbstverständlich vom *göttlichen* Ursprung des Gesetzes aus (auch Gal 3,19!). Von einer »Inferiorität« – d.h. »Unterlegenheit«, »untergeordneten Stellung« oder gar »Minderwertigkeit« – der Sinai-Tora kann bei Paulus lediglich im Vergleich zur *Verheißung* Gottes an Abraham gesprochen werden. Denn während die Verheißung *unmittelbar* von Gott zugesprochen worden ist und Abraham die Segenzusage *persönlich* erhalten hat (Gal 3,6–20), wurde das Gesetz vom Sinai nur *mittelbar* von Gott – nämlich durch *Engel* – gegeben und hat Israel diese spätere Verfügung nur *mittelbar* – nämlich durch *Mose* – empfangen. Davon, dass diese Engel gegen Gott und seinen Willen gehandelt hätten, spricht Paulus aber nirgendwo. Vielmehr findet er im Gesetz als *Schrift* sogar das Evangelium bereits verheißen (Röm 1,2; 3,21.31; 4,1ff.; Gal 3,8). Letztverbindlich ist für ihn als einen an die Weisung Christi Gebundenen (1Kor 9,21) aber die Orientierung an dem »Evangelium Gottes von seinem Sohn« (Röm 1,1ff.; 1,9.16f.; Gal 1,6–17) und damit an dem »Gesetz Christi« (Gal 6,2; 1Kor 9,21).

»Wollen« wir sowohl die *Bedeutung* als auch die *Grenze* des Gesetzes nach Paulus angemessen erfassen, bedarf es zweifellos einer klaren Differenzierung der verschiedenen Verwendungsweisen der Begriffe Gesetz – Nomos – Tora. Zunächst gebraucht Paulus den Begriff »Gesetz« als »ersten Teil für das Ganze« (*prima pars pro toto*) im umfassenden Sinne von »Schrift« und kann darunter Zitate aus den Propheten und den

Exkurs 5: Gesetz 141

Psalmen einbeziehen (Röm 3,19a; 3,31; 4,1ff.; 1Kor 14,21.34.21b). Von dem Gesetz als *Schrift* gilt für ihn – wie für alle Verfasser der neutestamentlichen Schriften – selbstverständlich: »Heben wir denn das Gesetz auf durch den Glauben? Ganz und gar nicht! Sondern wir richten das Gesetz auf, d.h. wir bringen das Gesetz zur Geltung« (Röm 3,31). Im Anschluss entfaltet der Apostel ausführlich anhand der »Schrift« (so Röm 4,3), dass schon Abraham und David nicht aufgrund der »Werke des Gesetzes« – d.h. ihrer Befolgung des Gesetzes, ihrer »Toraobservanz« –, sondern aufgrund der Verheißung und aus Gnaden im Glauben gerechtfertigt worden sind (Röm 4,1–25).

Von der gleichen Übereinstimmung und Kontinuität von Verheißung und Evangelium geht Paulus aus, wenn er in der Wendung »Gesetz und Propheten« mit Gesetz die fünf Bücher Mose – also den sogenannten *Pentateuch* – als den ersten Teil der Schrift bezeichnet. So kann er Röm 3,21 in spannungsreicher, scheinbar paradoxer Weise formulieren: »Nun aber ist *ohne Gesetz*, d.h. ohne Zutun des Gesetzes, die Gerechtigkeit Gottes offenbart, bezeugt *durch das Gesetz und die Propheten*« (vgl. Mt 5,17; 7,12; 11,13; 22,40; Lk 16,29–31; 24,27).

2. Das Gesetz des Mose

Wenn Paulus *kritisch* vom Gesetz redet, dann meint er das »Gesetz des Mose« – die »Sinai-Tora« im spezifisch theologischen Sinne – als die Rechts*forderung* und die Rechts*verfügung* Gottes (Röm 2,12–15.17f.20. 23.25–27; 3,19b.20f.27a.28; 4,13–16; 5,13.20; 6,14f.; 7,1–9.12.14.16. 22.23b.25; 8,3f.7; 9,31; 10,4f.; 13,8.10; 1Kor 9,8f.20; 15,56; Gal 2,16. 19.21; 3,2.5.10–13.17–19.21.23f.; 4,4f.21a; 5,3f.14.18.23; Phil 3,5f.9). Von den 194 Belegen für »Gesetz« im Neuen Testament finden sich insgesamt 121 allein bei Paulus. Exemplarisch können für die Stimme des Gesetzes nach Paulus 3Mose 18,5 (Gal 3,12; Röm 10,5) und 5Mose 27,26 (Gal 3,10) angeführt werden: »Denn der Mensch, der sie [die Satzungen] tut, wird durch sie leben.« – »Verflucht sei, wer nicht alle Worte dieses Gesetzes erfüllt, dass er danach tue!«

Infolge seiner Begegnung mit dem gekreuzigten und auferstandenen Herrn ist der ehemalige Pharisäer Paulus zu der Erkenntnis gelangt, dass es außerhalb des Glaubens an den Sohn Gottes keine endgültige Rechtfertigung vor Gott und also auch kein ewiges Leben geben kann – auch nicht für Juden und auch nicht durch Toraobservanz, d.h. durch den Wunsch der umfassenden Befolgung des Gesetzes vom Sinai. – Gal 2,16: »Weil wir aber wissen, dass der Mensch nicht aufgrund von Gesetzesbefolgung gerechtfertigt wird, sondern ausschließlich durch den Glauben an Jesus Christus, sind *auch wir* [als geborene Juden, 2,15] zum Glauben an Christus Jesus gekommen, damit wir aufgrund des Glaubens an Christus gerechtfertigt werden und nicht aufgrund von

Gesetzesbefolgung; denn aufgrund von Gesetzesbefolgung wird kein Fleisch gerechtfertigt werden« [Ps 143,2]. Die Unmöglichkeit der Rechtfertigung aufgrund von Gesetzesbefolgung wird von Paulus durchgängig herausgestellt (Röm 3,20 [Ps 143,2]; 3,28; 4,13f.; 8,3a; Gal 2,16 [Ps 143,2]; 2,21; 3,11f.21.

Mit den »Werken des Gesetzes«, die *nicht* zur Rechtfertigung vor Gott führen können, bezeichnet der Apostel nicht nur die »gesetzlichen« – d.h. in Selbstdarstellung und Leistungsdenken verdrehten und abgewerteten – Gesetzesleistungen, die nur durch die falsche Haltung und Intention verfälscht wären. Bei den »Werken des Gesetzes« denkt Paulus aber auch nicht nur an die sogenannten »Identitätsmerkmale« (›identity marker‹) des Diasporajudentums bzw. des palästinischen Judentums – wie Beschneidung, Speisegebote und Sabbat –, die im Zusammenhang der Heidenmission trennend und hinderlich wirken. Mit beiden Einschränkungen würde die Grundsätzlichkeit seiner Gesetzeskritik im Galater- wie im Römerbrief unzulässig verharmlost. Vielmehr bestimmt Paulus die »Werke des Gesetzes«, die weder zur Rechtfertigung noch zum Ewigen Leben führen können, im *umfassenden* und *neutralen* Sinne als die *grundsätzliche Bejahung* und *umfängliche Befolgung* des Gesetzes, die sich in Haltung und Tun konkretisiert – also als »Toraobservanz«. Er sagt nicht weniger, als dass kein Mensch – und sei er auch ein Jude – aufgrund seines gelebten Lebens – selbst wenn es an strenger Gesetzesbefolgung orientiert wäre – von sich aus vor Gott bestehen kann.

Angesichts der Christuserkenntnis und im Rückblick des Glaubens an den gekreuzigten und auferstandenen Sohn Gottes erkennt der Apostel, dass das Gesetz von Gott in Wahrheit gar nicht zum Leben gegeben worden ist, sondern zur *Dokumentation*, zur *Entlarvung* und zur *Verurteilung der Sünde*: »Denn durch das Gesetz kommt *Erkenntnis der Sünde*« (Röm 3,20) – »Denn das Gesetz bewirkt *Zorn[-gericht]*« (Röm 4,15) – »... damit die Sünde durch das Gebot *überaus sündig* werde«, d.h. »sich als sündig *erweise*, als sündig *erscheine* und *sichtbar würde*« (Röm 7,13).

Damit gewinnt das Gesetz des Mose für den ehemaligen Pharisäer und jetzigen Judenchristen Paulus eine ebenso *kritische*, aber unbestritten *gottgewollte* Funktion wie die *Gerichtspropheten* in Israel. Auch deren Beauftragung war nicht vorrangig mit der Perspektive der Umkehr, sondern derjenigen der Überführung und Verurteilung Israels hinsichtlich ihrer Übertretungen verbunden (vgl. Am 3,3ff.; 7,1 – 9,10; Jes 6,1–13; Hes 3,17–19). An den Gerichtspropheten lässt sich bis heute wohl am eindrücklichsten veranschaulichen, wie zugleich die göttliche Herkunft bzw. Autorität als »Schrift« und die kritische Funktion der Anklage als »Gesetz« im Sinne des Paulus theologisch zusammen zu denken sind. So kann der Apostel das »Gesetz« auch überall dort vernehmen, wo die »Schrift« als »Gesetz« den Menschen bei der Sünde behaftet, auch wenn es sich konkret um Zeugnisse der *Propheten* oder der

Psalmen handelt – wie in Röm 3,9–20. »Es hat aber *die Schrift* alles eingeschlossen unter die Sünde, damit die Verheißung durch den Glauben an Jesus Christus gegeben würde denen, die glauben« (Gal 3,22).

Unter dieser Voraussetzung wird deutlich, warum nach Paulus auch diejenigen, die in der Gesetzesbefolgung leben wollen, grundsätzlich unter der berechtigten Anklage und Verurteilung – d. h. unter dem »Fluch« – des Gesetzes stehen: »Denn die aus den Werken des Gesetzes leben, die sind unter dem Fluch« (Gal 3,10). Als die, die »unter dem Gesetz« sind, sind sie damit unter der Vorherrschaft und Gewalt des Gesetzes (Gal 4,4f.21; 5,18; Röm 6,14f.; vgl. 1Kor 9,20; Gal 3,23.). Weil nach dem Evangelium nur der Geist des Herrn – d. h. Jesu Christi (2Kor 3,14.16.17; Gal 4,4–6) – von der Vorherrschaft der Sünde und des Todes befreit, kann Paulus in äußerst provozierender Zuspitzung den Dienst des von Gott gegebenen Gesetzes als einen Dienst der *Verurteilung* und *Verdammnis* (2Kor 3,9) und sogar als Dienst des *Todes* (2Kor 3,7) bezeichnen: »Denn der Buchstabe tötet, aber der Geist macht lebendig ... Der Herr ist der Geist; wo aber der Geist des Herrn ist, da ist Freiheit« (2Kor 3,6.17). Folglich entspricht dem Versklavtsein unter der Vorherrschaft der Sünde – dem »Unter-der-Sünde-Sein« (Gal 3,22; Röm 3,9; vgl. 5,12; 7,14) – die Existenz unter der unentrinnbaren Anklage des Gesetzes, das »Unter-dem-Gesetz-Sein«: »Ehe aber der Glaube kam, waren wir unter dem Gesetz verwahrt und verschlossen auf den Glauben hin, der dann offenbart werden sollte ... Nachdem aber der Glaube gekommen ist, sind wir nicht mehr unter dem Aufseher« (Gal 3,23.25).

3. »Gesetz« im übertragenen Sinne als bestimmende Weisung und Gesetzmäßigkeit

Nachdem der Begriff des »Gesetzes« bei Paulus also einerseits im Sinne von (1) »Schrift« / 5 Bücher Mose (Pentateuch) und andererseits und zentral als (2) »Gesetz des Mose« / Sinai-Tora verwendet werden kann, verwendet der Apostel den Begriff »Gesetz« / »Nomos« mit dem griechischen Sprachgebrauch auch noch (3) im *übertragenen Sinne* von »bestimmende Weisung« bzw. »Maßstab«, »Gesetzmäßigkeit«, »Prinzip«. So besonders eindrücklich in Röm 3,27: »Durch welches *Gesetz / Prinzip* [ist das Rühmen ausgeschlossen]? Durch das Gesetz / Prinzip *der Werke*? Nein, sondern durch das Gesetz / Prinzip *des Glaubens*.« Dieser *übertragene* Sinn von Nomos / Gesetz findet sich auch außerhalb der paulinischen Briefe – wie z.B. in Weisheit Salomos 2,11, wo der Gottlose überheblich spricht: »Es sei unsere Macht *Nomos* – d.h. *Gesetz / Maßstab / Norm* – der Gerechtigkeit, denn das Schwache erweist sich als nutzlos.« Während das Gesetz des Mose, die Sinai-Tora, bei Paulus wegen seiner verbreiteten Verwendung meist absolut gebraucht wird – »Gesetz« oder »das Gesetz« –, lässt sich der übertragene Gebrauch meist an den beigefügten näheren Bestimmungen (Genitivattributen) erkennen, die das Wortspiel andeuten: »Gesetz der *Sünde*«, »- des *Todes*«, »- der *Werke*« oder eben »Gesetz *Christi*« bzw. »Gesetz des *Glaubens*«, »- des *Geistes*«.

In Röm 7,7–25 beschreibt Paulus die Unfähigkeit des Menschen, Gottes gutes und gerechtes Gebot und sein heiliges Gesetz (Röm 7,12.14) von sich aus zu erfüllen, indem er die Situation Adams – d.h. »des Menschen« – im Anschluss an 1 Mose 2 und 3 reflektiert. Dabei enthüllt er die Situation des Menschen ohne Christus – *remoto Christo* –, wie dieser sich erst vom Glauben her – also *in Christo* – in der Retrospektive erkennt. Danach hat »der Mensch« von Anfang an faktisch nicht auf die lebensfördernde Weisung Gottes nach 1 Mose 2,17 / Röm 7,10.12 gehört, sondern sich von der todbringenden »Weisung« der Schlange, d.h. der Sünde, verführen und betrügen lassen (1 Mose 3,13 / Röm 7,11: »[sie] betrog mich«). Diese »Weisung« der Schlange bzw. der Sünde (1 Mose 3,1–5; Röm 7,8.11) bezeichnet Paulus wegen ihrer unheilvollen Wirkung als das »Gesetz der *Sünde*« (Röm 7,23) bzw. als das »Gesetz der *Sünde* und des *Todes*« (Röm 8,2).

Sowenig Gottes gutes Gebot nach Paulus selbst Sünde ist oder den Tod bewirkt (Röm 7,7.13), sowenig vermag das Gesetz des Mose doch den Menschen von der todbringenden Vorherrschaft der Sünde zu befreien – dies ist »das dem Gesetz Unmögliche« (Röm 8,3). Denn im Menschen findet sich von Adam an ein »*anderes* Gesetz«, das dem Gesetz Gottes widerstreitet und den Menschen gefangen nimmt unter dem Diktat der Sünde (Röm 7,23). Dieses »*andere* Gesetz« – als *bestimmende Weisung / Maßstab / Prinzip* – bezeichnet Paulus auf der Grundlage von 1 Mose 3,6 und 2 Mose 20,17 als »sündige Leidenschaften« (Röm 7,5), als »Begierde« (Röm 7,8) und als das menschliche Prinzip des »Fleisches« (Röm 7,25; 8,1–13; Gal 3,3; 5,13.16f.19.24).

Die Antwort auf diese verzweifelte Situation der grundsätzlichen Unfreiheit, Gefangenschaft und Versklavung des Menschen erkennt der Apostel seit seiner Christusbegegnung nun nicht mehr in dem mosaischen Gesetz, sondern vielmehr in dem in Christus Jesus wirksamen »Gesetz des *lebendigmachenden Geistes*« (Röm 8,2) und der »Weisung«, dem »Maßstab« und dem »Prinzip des Glaubens« – eben dem »Gesetz des *Glaubens*« (Röm 3,27). Sosehr die *gute Rechtsforderung* des Gesetzes Gottes, des Gebotes der Nächstenliebe und des Dekalogs durch den Glauben an Christus und die Frucht des Geistes bestätigt und nicht widerlegt wird (Röm 8,4; 13,8–10; Gal 5,14.23b), sosehr kommt es doch bei aller Kontinuität gerade in der Situation der Heidenmission und der gemischten Gemeinden zu Konfliktfällen und Spannungen. Gerade dann ist für den »Apostel der Heiden« (Röm 11,13) entscheidend, dass nicht das Gesetz des Mose, sondern die Weisung und Tora des Christus – das »Gesetz *Christi*« (Gal 6,2) – als *letztverbindlich* zu erkennen und anzuerkennen ist.

Exkurs 5: Gesetz 145

Nach 1Kor 9,20f. sieht sich der Apostel nicht mehr »unter dem Gesetz (des Mose)«, sondern »in / unter dem Gesetz *Christi*« und gerade deshalb Gott gegenüber nicht mehr »gesetzlos« – »nicht ohne Gesetz vor Gott«. In Übereinstimmung damit gewinnt Paulus die Maßstäbe für seine ethischen Weisungen jeweils ganz konkret an der Person, dem Weg und der Weisung des gekreuzigten und auferstandenen Herrn (s. Röm 14,15; 15,1–7; 1Kor 8,11; 2Kor 8,7–9; Phil 1,27 – 2,18). Oder um die ganze Theologie der Befreiung von den den Menschen versklavenden Mächten – der Sünde, dem Tod und eben auch dem Gesetz des Mose – mit den Worten des Paulus in Röm 8,1–4 zusammenzufassen: »So gibt es nun keine Verdammnis für die, die in Christus Jesus sind. Denn das *Gesetz des Geistes*, der lebendig macht in Christus Jesus, hat dich frei gemacht von dem *Gesetz der Sünde und des Todes*. Denn was *dem Gesetz* unmöglich war, weil es durch das Fleisch geschwächt war, das tat Gott: Er sandte seinen Sohn in der Gestalt des sündigen Fleisches und um der Sünde willen und verdammte die Sünde im Fleisch, damit die Gerechtigkeit, vom *Gesetz* gefordert, in uns erfüllt würde, die wir nun nicht nach dem Fleisch leben, sondern nach dem Geist.«

Wollte man die konkrete Orientierung des Apostels in ethischen Fragen und das Verhältnis des Gesetzes Christi zum Gesetz des Mose in kritischen Entscheidungen auf eine Formel bringen, so könnte man in Aufnahme von Röm 8,4; 13,8–10 und Gal 5,14.23b formulieren: So viel Kontinuität und Übereinstimmung mit dem Gesetz des Mose wie *möglich*, so viel Diskontinuität, Ablösung und Überwindung um des Evangeliums und des Gesetzes Christi willen wie *nötig*. Die eindrücklichsten Beispiele für diesen differenzierten Umgang mit dem Gesetz des Mose mag man in der paulinischen Darstellung des Apostelkonzils zur Frage der beschneidungsfreien Heidenmission (Gal 2,1–11) oder in der des Antiochenischen Konflikts um die gemeinsame Mahlgemeinschaft zwischen Juden- und Heidenchristen (Gal 2,11–21) sehen. In beiden Fällen forderte der Gehorsam gegenüber der »Wahrheit des Evangeliums« für Paulus auch von Judenchristen die Freiheit vom Gesetz des Mose, nach dem die Beschneidung und das Einhalten des Ritualgesetzes an sich und unabhängig von Christus keineswegs zur Disposition gestellt werden könnten.

Dabei wäre es eine dem Judentum wie dem Neuen Testament fremde Vereinfachung, wenn man das Gesetz des Mose nur hinsichtlich seiner *kultischen* und *rituellen* Vorschriften als aufgehoben ansähe und die *ethischen* und *moralischen* Gebote und Verbote – wie das Gebot der Nächstenliebe (3Mose 19,18 in Gal 5,14) oder die zehn Gebote (2Mose 20,1ff.; 5Mose 5,6ff. in Röm 13,8–10) – als vom Evangelium unberührt und an sich bleibend gültig verstehen wollte. Denn einerseits lassen sich Kult und Moral, rituelle und ethische Gebote nach alttestamentlichem wie jüdischem und judenchristlichen Verständnis nicht einfach nach Belieben trennen und außer Kraft setzen, und andererseits gibt es nach frühchristlichem Verständnis nichts – nicht einmal das Gesetz des Mose oder die Schrift als ganze –, was nicht von Christus her neu zu lesen, zu verstehen und zu »entdecken« wäre: »Denn bis auf den heutigen Tag bleibt diese Decke unaufgedeckt über dem Alten Testament, wenn sie es lesen, *weil sie nur in Christus abgetan wird*. Aber bis auf den heutigen Tag, wenn Mose gelesen wird, hängt die Decke vor ihrem Herzen. Wenn Israel aber *sich bekehrt zu dem Herrn, so wird die Decke abgetan*« (2Kor 3,14–17; vgl. Phil 3,7–9; Röm 10,1–4). – »Denn Christus ist das Ende des Gesetzes zur Gerechtigkeit für jeden, der glaubt« (Röm 10,4).

5. Die Hinwendung zum Gesetz als Rückfall in die Sklaverei des Heidentums (Gal 4,8–20)

Wenn auch der zweite, zentrale Hauptteil des Galaterbriefes erst mit der kritischen Bemerkung des Apostels in Gal 5,12 definitiv beendet ist, findet die grundsätzliche theologische Darlegung doch bereits in Gal 4,7 ihren Abschluss. Was im 2. Hauptteil von 4,8 an folgt, lässt sich mit dem 3. Hauptteil unter dem Aspekt »Die Freiheit vom Gesetz als Freiheit zu einem neuen Leben im Geist« sachlich zusammenfassen.

Die engagierten Mahnungen und werbenden Worte in Gal 4,8–20 entsprechen der persönlich gehaltenen Einleitung in 3,1–5. Zur Eröffnung appelliert Paulus in Gal 4,8ff. zunächst an das theologische Urteilsvermögen der Galater und vergegenwärtigt ihnen, die einst den Göttern dienten, Ihre neu gewonnene Gotteserkenntnis – mehr noch ihr Erkanntsein von Gott und damit die göttliche Erwählung und Liebe, die sie erkennen durften (Gal 4,9; vgl. 1Kor 8,3; 13,12). Wenn sie als freie Töchter und Söhne Gottes nun bestimmte Tage, Monate, Festzeiten und Jahre des jüdischen Festkalenders beachten wollen (Präsens des Versuchs / *de conatu*) oder sogar bereits beachten (4,10), kann das der Apostel nur als Rückkehr in die Unmündigkeit und Bevormundung unter den »schwachen und armseligen Elementen« der Welt beurteilen – damals als Sklavendienst unter der Bestimmung der heidnischen Götter, nun als unzeitgemäße Hörigkeit gegenüber dem Gesetz vom Sinai, dessen Herrschaft in Christus doch abgelöst wurde.

Mit ihrer Hinwendung zum Gesetz erzielen die Galater nach Überzeugung des Paulus keineswegs einen Fortschritt, sondern fallen in Wahrheit in ihre alte Existenz zurück. Denn unter dem Oberbegriff »Elemente der Welt« kann Paulus beide Größen zusammenfassen, die den christusfernen Menschen bestimmen: die *heidnischen Götter*, die ihrem Wesen nach freilich keine »Götter« sind (4,8), und das *Gesetz Gottes* vom Sinai (4,3).

Wie sich im Zusammenhang von Gal 4,3 bereits ergab, werden damit weder die Götter der Heiden mit dem Gesetz vom Sinai identifi ziert, noch wird die Gesetzesbefolgung der Juden als Götzendienst herabgewürdigt. Was jedoch beide Größen verbindet, ist die Tatsache, dass sie die Existenz der von Sünde gezeichneten Schöpfung vor dem Kommen des Glaubens geprägt haben und dass sie die Instanzen sind, bei denen Menschen – auf ganz unterschiedliche Weise – vergeblich ihr Heil suchen, von denen sie Freiheit erwarten und Knechtschaft erlangen. Sowohl das Gesetz als auch die »Götter« sind somit der »Welt« als der alten Weltzeit zugeordnet und können folglich dem Menschen, der sich von ihnen her versteht, weder Heil noch Leben vermitteln. In dieser Hinsicht sind beide »schwache und arme Elemente« (Gal 4,9; vgl. Röm 8,3).

Sich als Heidenchrist dem Gesetz zuzuwenden und von ihm das Heil zu erwarten bedeutet nach Paulus, sich »wiederum zu bekehren« – jetzt aber hinweg von dem »lebendigen, wahren Gott« und zurück zu den Größen, welche die alte Weltzeit, die gottfeindliche Welt charakterisieren: »Jetzt aber, da ihr Gott erkannt habt, vielmehr von Gott erkannt worden seid, wie könnt ihr euch da wiederum den schwachen und armseligen Elementen zuwenden, denen ihr wieder von neuem als Sklaven dienen wollt?« (Gal 4,9).

Veranlasst durch die ernste Beteuerung seiner Sorge um seine gefährdete Gemeinde in Gal 4,11 erinnert er sie in 4,12ff. an das einstige herzliche Einvernehmen zwischen ihm und seinen »unter Schmerzen geborenen« (4,19) Kindern: »Werdet wie ich, denn auch ich wurde wir ihr, Brüder, ich bitte euch! In keiner Hinsicht habt ihr mir [damals] Unrecht zugefügt« (Gal 4,12).

Im Hinblick auf das vorbildliche Verhalten der Galater bei seinem ersten Aufenthalt (4,13), als der Apostel in seiner körperlichen Schwäche – wohl einer Krankheit (vgl. 2Kor 12,7–10; eventuell auch Apg 16,6) – fürsorgliche Aufnahme erfuhr, bittet er »seine Kinder« (4,19) herzlich und fast flehentlich, dass sie doch zu ihrer früheren Offenheit und Zuneigung zurückkehren möchten. Das sprichwörtlich Wertvollste – ihre »Augen« – hätten sie ihm, wenn möglich, damals gegeben (4,15), was auf eine unansehnliche Augenkrankheit des Apostels hindeuten könnte, aber keineswegs muss. »Wo ist nun eure Seligpreisung?«, fragt der Apostel in 4,15 diejenigen, die ihn als den Verkündiger des Evangeliums »wie einen Engel Gottes«, ja »wie Christus Jesus« selbst freudig in ihrer Mitte aufgenommen hatten (4,13f.) und sich darüber selbst seligpriesen. Während die Gegner des Paulus die Galater umwerben, um sie von der Gemeinschaft mit ihrem Apostel und dem von ihm verkündigten Evangelium »auszuschließen« (4,13.17f.), leidet er im Hinblick auf sie als seine »Kinder« erneut »Geburtswehen«, bis *Christus in ihnen Gestalt gewinnt* (4,19), wie er es als Wesensmerkmal der neuen

Existenz des Gläubigen in Gal 2,20 beschrieben hat. Äußerste Ratlosigkeit (»Aporie«, 4,20) und Furcht (4,11) bestimmen den Apostel im Hinblick auf seine Gemeinde so sehr wie »mütterliche« Fürsorge und herzliche Zuwendung (4,19).

6. Allegorischer Schriftbeweis: Das Gesetz versklavt – das Evangelium macht frei (Gal 4,21–31)

Dem ausgesprochen persönlich gehaltenen Abschnitt 4,8–20 folgt in Gal 4,21–31 ein weiterer Schriftbeweis, der auf 1Mose 16,1–15; 17,15–22; 21,1–13 und ergänzend Jes 54,1 (nach der griechischen Übersetzung, der Septuaginta) basiert. Das Besondere dieses Schriftbeweises – im Vergleich zu Gal 3,6ff. – wird von Paulus selbst in 4,24 im Wortsinn auf den Begriff gebracht: »Das ist *allegorisch*, bildlich gesprochen«, soll heißen: »Das hat einen tieferen Sinn«, »das ist sinnbildlich gesagt«. Infolge einer traditionellen Verknüpfung der Hagarerzählung mit der Nabatäerstadt Hegra und aufgrund einer früh bezeugten Lokalisierung des Sinaiberges in der Nähe von Hegra »in der Arabia«, d.h. in Arabien (4,25), kann Paulus die »Verfügung« vom Berge Sinai (vgl. Gal 3,15.17) mit der Sklavin Hagar und ihrem in Unfreiheit geborenen Sohn Ismael in Verbindung bringen: »Denn Hagar ist der Berg Sinai in Arabien und entspricht dem jetzigen Jerusalem, denn es ist mit seinen Kindern in Sklaverei« (Gal 4,25).

Abraham hatte *zwei* Söhne, aber nur *einer*, Isaak, war kraft und aufgrund der Verheißung (4,23) als »Sohn der Freien« geboren (4,30; vgl. 4,23.31) und zum Erben eingesetzt worden (4,30), während der andere als »nach dem Fleisch« gezeugter »Sohn der Sklavin« (4,30; vgl. 4,22f.29) vom Erbe ausgeschlossen blieb. »Aber der von der Sklavin wurde nach dem Fleisch, d.h. auf natürliche Weise, gezeugt, der von der Freien dagegen aufgrund der Verheißung« (Gal 4,23). »Das ist sinnbildlich gesagt, darin liegt ein tieferer Sinn«, folgert Paulus in 4,24, »diese [beiden Frauen] sind nämlich zwei Verfügungen«. Demnach entspricht die Sklavin Hagar dem Gesetz vom Sinai, dem »jetzigen Jerusalem«, die Freie aber entspricht der Verheißung Gottes, dem »oberen Jerusalem« (4,26).

Zur Überraschung der Galater und gewiss zum Entsetzen seiner jüdischen und judenchristlichen Gegner kann der Heidenapostel aus dieser ganz ungewöhnlichen Anwendung folgern: So sind auch in der Gegenwart nur die »gemäß / ganz so wie« Isaak (4,28) bzw. »nach dem Geist« / »nach der Kraft des Geistes« Gezeugten (4,29) Kinder der Freien und somit Kinder des »oberen Jerusalem«. Als solche aber sind sie zugleich die »Kinder der Verheißung« (4,28) und die »Erben« des Heils (4,30).

Demgegenüber befinden sich die Kinder der Hagar – soll heißen des Berges Sinai und somit des »jetzigen Jerusalems« (4,25) – nach wie vor in der Sklaverei (4,24f.) und haben folglich keinen Anteil an dem verheißenen Segen (4,30). Und selbst die gegenwärtige Erfahrung der um des Kreuzes Christi willen verfolgten Gemeinde (Gal 5,11; 6,12) findet nach Paulus bereits in der Schrift seine Entsprechung (vgl. 1Mose 21,9f.). Worauf der Apostel mit dieser für jüdisches wie judaistisches Verständnis ungeheuerlichen Auslegung abzielt, ergibt sich wiederum aus den persönlich formulierten Schlussfolgerungen für die Galater und alle an Christus Glaubenden in 4,28 und 4,31: »Ihr aber, Brüder, seid entsprechend Isaak Kinder der Verheißung.« – »Deshalb, Brüder, sind wir nicht Kinder einer Sklavin, sondern der Freien.«

Exkurs 6: Freiheit

Von der »Freiheit« und der »Befreiung« ist bei Paulus so oft und so zentral wie sonst nirgends im Neuen Testament die Rede. Sieben von elf neutestamentlichen Belegen für »Freiheit« (Röm 8,21; 1Kor 10,29; 2Kor 3,17; Gal 2,4; 5,1.13 [2×]) entfallen auf Paulus, 14 von 23 Belegen für »frei« (Röm 6,20; 7,3; 1Kor 7,21.22.39; 9,1.19; 12,13; Gal 3,28; 4,22.23.26.30.31) und fünf von sieben Belegen für »befreien« (Röm 6,18.22; 8,2.21; Gal 5,1.). Der einzige Beleg von »der Freigelassene« erscheint in 1Kor 7,22. Darüber hinaus kann Paulus davon sprechen, dass die Gläubigen gegenüber dem unheilvollen Herrschaftsanspruch von Tod, Sünde und Gesetz in Christus »gestorben« sind (Röm 6,1–11; 7,4.6; Gal 2,19), dass sie »gegen Bezahlung«, d.h. rechtsgültig erworben wurden (1Kor 6,20; 7,23) und dass sie durch Christus aus der Sklaverei losgekauft worden sind (Gal 3,13; 4,4f.). Durch ihre Zugehörigkeit zu Christus sind die Gläubigen der todbringenden Königsherrschaft der Sünde und ihrer uneingeschränkten Gewalt entzogen (Röm 5,14.17.21; 6,12).

Berücksichtigt man also zusätzlich zum Begriff Freiheit selbst die vielfältigen Belege für die Motivfelder »Befreiung«, »Erlösung« (Röm 3,24; 8,23; 1Kor 1,30), »Rettung« (Röm 11,26; 1Thess 1,10), »Absterben«, »Rechtfertigen von« (Röm 6,7), dann wird umso deutlicher, wie sehr das Motiv der Freiheit und der Befreiung in der Mitte der paulinischen Theologie steht. Dies gilt vor allem für den Galaterbrief als die »Magna Charta« der christlichen Freiheit und für die triumphale Beschreibung der »herrlichen Freiheit der Kinder Gottes« in Röm 5 – 8; dies gilt aber auch in verschiedenen Zusammenhängen für die bereits zuvor verfassten Briefe an die Korinther (1Kor 7,17–24; 8 – 10 und 2Kor 3).

Zweifellos knüpft Paulus dabei an soziale, politische und philosophische *griechisch-hellenistische* Vorstellungen von »Freiheit« und »Sklave rei« an. Das Adjektiv »frei« bezeichnet wie im allgemeinen Sprachgebrauch zunächst vor allem den sozialen Stand des »Freien« im Gegensatz zum »Sklaven« (1Kor 7,21b.22a; 12,13; Gal 3,28; 4,22). Man mag an die umfassenden Rechte des Freien als Mitglied und Mitbürger denken, die ihn vom Sklaven wie vom Fremden unterscheiden (vgl. Phil 1,27 [wörtl.: »als Bürger leben, sich verhalten«]; Phil 3,20), oder an die Freiheit der »Stadt« (Polis; vgl. Gal 4,25f.); man mag die Freiheit zum Tun und Lassen des eigenen Willens (Röm 7,15f.19f.; Gal 5,17) im Blick haben oder die innere Freiheit des Individuums gegenüber den Konventionen oder gegenüber den eigenen Leidenschaften – es kann nicht verwundern, dass Paulus nicht nur die Grundbedeutung des griechischen Freiheitsbegriffs voraussetzt, sondern zugleich auch die Nebenbedeutungen wie auch die Umstände seiner hellenistischen Umwelt.

Diese hatte der »Apostel der Freiheit« nicht erst durch gegnerische Parolen in Korinth, sondern längst vor seiner Berufung im Kontext der Griechisch sprechenden Synagoge in der »Zerstreuung« (Diaspora) aufgenommen. Dort lernte er als geborener Jude aber auch die *alttestamentlich-jüdische* Tradition kennen, nach der die Bezeichnung »Knecht Gottes« gerade als *Würde*titel der Propheten und des Volkes Israel verstanden wurde. In Aufnahme dieser Tradition kann sich auch der Apostel stolz als »Knecht Christi Jesu« verstehen (Röm 1,1; Gal 1,10; Phil 1,1); und gemäß 1Kor 7,22 jeden Glaubenden als »Sklaven Jesu Christi« ansprechen, selbst wenn dieser von seiner sozialen Stellung her ein »Freier« ist.

Wesentlich für das paulinische Ideal von Freiheit ist aber vor allem die Orientierung an der Person und dem Weg des Kyrios, des Herrn Jesus Christus, beginnend bei seiner Menschwerdung und Sendung, über seinen Lebensweg in liebendem Gehorsam bis hin zu seinem Sterben am Kreuz: »Er, der in *göttlicher Gestalt* war, hielt es nicht für einen Raub, *Gott gleich zu sein*, sondern entäußerte sich selbst und nahm die Gestalt eines *Knechtes*, eines *Sklaven* an, ward den Menschen gleich und der Erscheinung nach als Mensch erkannt. Er *erniedrigte sich selbst* und *ward gehorsam* bis zum Tode – ja zum Tode am Kreuz« (Phil 2,6–8). In Röm 15,3.7f. kann Paulus unter Hinweis auf Christus als den »Diener der Beschneidung« seine Gemeinde zur gegenseitigen Rücksichtnahme und Annahme auffordern: »Darum nehmt einander an, wie Christus euch angenommen hat zu Gottes Lob« (V.7). – »Denn auch Christus lebte nicht sich selbst zu Gefallen« (V.3) – was doch eigentlich das Vorrecht eines »Freien« gewesen wäre.

Diese spezifische Entfaltung eigener Souveränität und Freiheit in freiwilliger Selbstentäußerung, beziehungsorientierter Selbstbeschränkung und dienender Zuwendung mag für das antike Denken in den Gegensätzen von Gott und Mensch, Freier und Sklave, Entscheidungsfreiheit und Gehorsam besonders anstößig bzw. töricht erscheinen, wie

Exkurs 6: Freiheit 151

Paulus es im Hinblick auf seine nichtchristliche Umwelt unumwunden einräumt: »Wir aber predigen den gekreuzigten Christus, den Juden ein Ärgernis und den Griechen eine Torheit« (1Kor 1,23). Dem Apostel selbst wie auch seinen Gemeinden gilt der aus Liebe zum Sklaven und Diener gewordene Sohn Gottes jedoch als verbindlicher Maßstab und entscheidendes Kriterium für das Leben vor Gott und miteinander (1Kor 9; vgl. Röm 15,1ff.7f.; 1Kor 8,10f.; 2Kor 8,7ff.; Phil 2,1ff.).

Den Sprachgebrauch und das Verständnis der *hellenistischen* Umwelt setzt Paulus voraus, wenn er im wörtlichen Sinne von dem sozialen Stand des »Freien« im Gegensatz zum Sklaven spricht (1Kor 7,21.22; 12,13; Gal 3,28; 4,22; vgl. Phlm 16). Gal 3,28: »… hier ist nicht *Sklave* noch *Freier* …, denn ihr seid allesamt einer in Christus Jesus.« Aufgrund dieser neuen *Gleichheit* und *Einheit* in Christus erscheint der »Sklave« aber gerade als »Freigelassener des Herrn« (1Kor 7,22), der sich deshalb hinsichtlich seines gesellschaftlichen Standes nicht länger sorgen soll (7,21). Die Ergänzung in 1Kor 7,21b: »Wenn du aber auch frei werden kannst, so benütze es lieber«, erklärt sich in ihrer Dichte wohl am besten, wenn sie zum möglichen Ergreifen der *Freiheit*, nicht zum Verharren im *Sklavenstand* ermutigt.

Sowenig Paulus angesichts der politischen Verhältnisse zur gesellschaftspolitischen Umsetzung dieser grundsätzlichen Gleichheit in Christus auffordern kann, sosehr erwartet er von seinen Gemeinden, dass sie sich gegenseitig in Liebe als »Geschwister« wahrnehmen: »nicht mehr als einen *Sklaven*, sondern als einen, der mehr ist als ein Sklave: ein *geliebter Bruder*« (Phlm 16). Die respektvolle, aber entschiedene Fürbitte für den Sklaven Onesimus bei seinem Herrn Philemon (Phlm 8ff.) zielt sowohl auf die Annahme des Schuldiggewordenen als auch auf seine Entsendung als Mitarbeiter des Paulus. Denn in Hinsicht auf die in Christi Sendung offenbarte Wertschätzung, die in seinem Kreuz geschenkte Versöhnung und das in seiner Auferstehung eröffnete neue Leben erweisen sich die gesellschaftlichen Unterschiede von »Sklave« und »Freier« – wie die von »Jude« und »Grieche« und die von »Mann« und »Frau« – als nicht mehr grundlegend und ausschlaggebend (Gal 3,28; 1Kor 12,13; vgl. Kol 3,11). Wirkungsgeschichtlich sollte diese Grundeinsicht der Einheit und Gleichheit aller zur Freiheit in Christus Erlösten, die schon in der frühen Kirche zu radikalen Konsequenzen in den Gemeinden führte, diakonisch, soziologisch und politisch weitreichende Folgen haben.

Dem griechischen Sprachgebrauch entspricht es auch, wenn Paulus im übertragenen Sinne die »Sklaverei« des Menschen unter Sünde und Tod mit den Worten umschreibt: »nicht tun können, was man will« (Röm 7,15; Gal 5,17). Den Gegensatz dazu bildet für den Apostel freilich nicht, dass sich der befreite Mensch fortan »selbst gehört« oder »tun und lassen kann, was er selbst will«. Er soll vielmehr dem auferstandenen Christus als seinem Herrn zugehörig sein (Röm 7,4; 14,7f.; 2Kor

5,15; Gal 2,19f.) und durch dessen Geist geleitet und befähigt Gott dienen (Röm 7,6; 8,2.14; Gal 5,16–18) und so *für Gott* leben (Gal 2,19). Die Befreiung von der Sünde, von der Verurteilung durch das Gesetz und von dem drohenden Tod zielt bei Paulus also nicht auf eine absolute »Autonomie« und »Autarkie« des Menschen – in einem individualistischen neuzeitlichen Sinne –, sondern gerade umgekehrt auf seine Befähigung zu einem Leben *in Beziehung und Gemeinschaft*. Für den Apostel ist Freiheit im Wesentlichen ein *personaler Relationsbegriff*. Dies gilt sowohl im Hinblick auf die Voraussetzung der Erlösung als auch für das Ziel der Befreiung: Durch *Beziehung und Zuwendung* wird der Mensch zur *Beziehung und Gemeinschaft* von den lebensabträglichen Bindungen *befreit*.

Dabei ist im Kontext alttestamentlich-jüdischer Tradition höchst bemerkenswert, dass Paulus die Befreiung in Christus nicht nur auf die *Sünde*, sondern auch auf das *Gesetz* bezieht (Röm 6,14; 7,1–6; 10,4; 1Kor 9,20f.; 2Kor 3,6; Gal 2,4.19; 3,25; 4,5; 5,1–4.18). Den Juden- und Heidenchristen der römischen Gemeinden gegenüber formuliert Paulus höchst provozierend: »Denn die Sünde wird nicht herrschen können über euch, weil ihr ja *nicht unter dem Gesetz* seid, sondern *unter der Gnade*« (Röm 6,14). – »Also seid auch ihr, meine Brüder, *dem Gesetz getötet* durch den Leib Christi, so dass ihr einem andern angehört, nämlich dem, der von den Toten auferweckt ist, *damit wir Gott Frucht bringen*« (Röm 7,4). Oder um es mit der prägnantesten und für jüdische Hörer gewiss provozierendsten Formulierung des Paulus zu sagen: »Denn ich bin *durchs Gesetz dem Gesetz gestorben, damit ich Gott lebe. Ich bin mit Christus gekreuzigt*« (Gal 2,19).

Eine solche Befreiung von der Sünde und von der Verurteilung durch das Gesetz zielt also nicht auf eine absolute »Autonomie« und »Selbstbestimmung« des Menschen, sondern im Gegenteil auf ein Leben in Beziehung und gegenseitiger Anerkennung ab. Sie orientiert sich nicht primär an einem individualistischen Freiheitsideal, sondern befähigt geradezu verantwortlichen sozialen Beziehungen. Man kann noch einen Schritt weitergehen und festhalten: Die Freiheit der »Befreiten« (Röm 6,18.22; vgl. 7,3; 8,2) existiert gerade *in der Zugehörigkeit* zu dem Christus, der als der Gekreuzigte und Auferstandene seinerseits von der Sünde und dem Tod definitiv frei ist (Röm 6,9f.). Die Glaubenden sind nicht an sich, sondern *mit Christus* »gekreuzigt« und deshalb gegenüber Sünde und Gesetz »abgestorben«, d.h. von deren Herrschaft befreit (Röm 6,6f.). Allein »in Christus« – d.h. aufgrund seiner Stellvertretung und in Gemeinschaft mit ihm – sind sie befreit von der Vorherrschaft der lebenszerstörenden Trennung von Gott (Röm 6,1ff.; 8,1ff.). Frei und lebendig ist der Glaubende nicht als autonomes Selbst, als unabhängiges »Ich«, sondern weil und insofern der auferstandene Christus durch seinen lebendigmachenden Geist »in ihm lebt« (Röm 8,9–11; Gal 2,19f.).

Exkurs 6: Freiheit 153

Die christliche Freiheit zielt bei Paulus somit nicht nur im *ethischen* Sinne auf *Beziehung* und *Gemeinschaft* ab, sondern sie ist in dieser auch ursächlich und wesentlich begründet. Die Beziehung wird nicht als *Einschränkung* und *Grenze* der Freiheit erfahren, sondern vielmehr als ihr *Entfaltungsbereich* – nicht als *Gegensatz* zur Freiheit, sondern als Grundlage ihrer *Verwirklichung*. In formaler Hinsicht kann somit gefolgert werden: Die Freiheit *von* der Sünde besteht nach Paulus nicht *an sich*, sondern in der Freiheit *für* Gott. »Freiheit *von*« gibt es nur als »Freiheit *für*«; und Erlösung wird nicht nur durch ihr »Wovon«, sondern mehr noch durch ihr »Wozu« charakterisiert. Eine *Autonomie* gegenüber Gott und seiner Gerechtigkeit würde unausweichlich wieder unter die *Sklaverei* der lebensfeindlichen und beziehungsgefährdenden Mächte führen. Denn der Mensch existiert nach Paulus – im Einklang mit der alttestamentlich-jüdischen Tradition – nie »an sich«, unbeeinflusst und ohne Bezüge, sondern immer in der Zugehörigkeit zu den ihn bestimmenden Größen.

Als ein Geschöpf ist der Mensch bleibend auf die Zuwendung seines Gottes angewiesen und lebt somit nie im absoluten Sinne *autonom* und *autark*, sondern immer »in Beziehung«. Wenn der Mensch *ist*, dann ist er *in Beziehung*. Wendet er sich von seinem Schöpfer ab, dann macht er sich zwangsläufig zum »Sklaven« anderer Einflüsse, die ihn selbst, sein Leben und seine Beziehungen gefährden. Soll er von dieser Sklaverei befreit werden, dann kann diese Erlösung konsequenterweise nur als *Herrschaftswechsel* verstanden und beschrieben werden: »Denn indem ihr nun *frei geworden* seid *von* der Sünde, seid ihr *Knechte* geworden *der Gerechtigkeit* (Röm 6,18).«

Zu dieser formalen Gegenüberstellung von »Sklaven der Sünde« und »Sklaven bzw. Diener der Gerechtigkeit« ist Paulus allerdings durch Vorwürfe seiner Gegner motiviert worden. Diese unterstellen ihm, seine Verkündigung von der überwältigenden Gnade und von der Freiheit von Sünde und Gesetz würde faktisch die Herrschaft der Sünde fördern und Christus als einen Förderer der Sünde erscheinen lassen (Röm 6,1.15; vgl. 3,8; Gal 2,17). In seiner positiven eigenen Entfaltung des vom Geist bestimmten Lebens in Röm 8,1–39 und Gal 4,1–7 argumentiert er hingegen mit der Gegenüberstellung von »Sklaverei« und »Sohnschaft« / »Kindschaft« bzw. »Adoption an Kindes Statt«: »Denn ihr habt nicht einen Geist der *Sklaverei* empfangen, dass ihr euch abermals fürchten müsstet; sondern ihr habt einen Geist der *Sohnschaft* bzw. *Adoption* empfangen. Indem wir rufen: ›Abba, lieber Vater!‹, gibt der Geist selbst Zeugnis unserm Geist, dass wir *Gottes Kinder* sind« (Röm 8,15f.; vgl. Gal 4,4–7).

Die Beziehung der Glaubenden zu Gott unterscheidet sich ganz grundsätzlich von den früheren Abhängigkeiten. Es handelt sich bei dem Glauben an den Vater Jesu Christi nicht nur um eine »Herrschaftsbeziehung«, sondern um eine *positive ganzheitliche personale* Beziehung, die in nichtkonditionierter Zuneigung und uneingeschränkter Zuwendung begründet ist. In der uneingeschränkten Erfahrung dieser Gemeinschaft besteht die »herrliche Freiheit der Kinder Gottes« (Röm 8,21). Die Sendung Christi bis hin zu seiner Lebenshingabe am Kreuz wird nämlich als eindeutiger Erweis einer voraussetzungslosen und bedingungslosen Liebe sowohl des *Vaters* (Röm 5,8; 8,31f.38f.; vgl. Eph 2,4ff.) als auch des *Sohnes* (Röm 8,35; Gal 2,20; vgl. Eph 5,2.25b) verstanden. In der *christologisch* begründeten Verknüpfung eines *beziehungsorientierten Freiheitsverständnisses* mit einem solchermaßen positiv bestimmten *Gottes- und Menschenbild* ist gewiss ein entscheidendes Merkmal des innovativen Konzepts von Freiheit bei Paulus zu sehen.

Die »herrliche Freiheit der Kinder Gottes« (Röm 8,21) mag in Hinsicht auf die leibliche Erlösung von Verfolgung, Vergänglichkeit und Leiden noch eingeschränkt sein (Röm 8,21–25); die bereits als Kinder und Erben Eingesetzten (Röm 8,17) mögen gegenwärtig noch mit der leidenden Kreatur ihre definitive Befreiung von der »Sklaverei der Vergänglichkeit« herbeisehnen (Röm 8,21). Sie sind aber bereits gegenwärtig dazu befähigt, ihre Freiheit in Beziehung zu Gott (Röm 8,28; 1Kor 8,3) und in Beziehung zu anderen Menschen (Röm 12,9ff.; 13,8–10; 14,1 – 15,7; Gal 5,6.13f.22) als Liebe zu entfalten.

Ob es um die gegenseitige Akzeptanz bei der Frage des Fleisch- und Weinverzichts geht (Röm 14) oder um die Rücksichtnahme auf ehemalige Heiden beim Verzehr von »Götzenopferfleisch« (1Kor 8 – 10), Paulus erwartet jeweils, dass die Glaubenden nicht auf ihrer eigenen Vollmacht (1Kor 8,9; 9,4ff.) und Erkenntnis (1Kor 8,1ff.) insistieren, sondern ihre Freiheit gerade in gegenseitiger Liebe und Rücksichtnahme entfalten. Denn in der Liebe ist die Beziehung nicht das *Mittel* zur Erlangung des *Zwecks* einer individualistisch verstandenen Freiheit. Vielmehr ist die Befreiung die *Voraussetzung* für die wechselseitige Wahrnehmung und Wertschätzung in der Beziehung als dem eigentlichen *Ziel*. So gilt für den Apostel wie in der Gottesbeziehung so auch in der zwischenmenschlichen Beziehung: Die »Freiheit *von*« konkretisiert sich jeweils als »Freiheit *für*«, und in der Liebe wird die Beziehung nicht als *Grenze*, sondern als *Entfaltungsbereich* der Freiheit erfahren: »Denn obwohl ich *frei* bin von jedermann, habe ich doch mich selbst jedermann zum *Knecht* gemacht, damit ich möglichst viele gewinne« (1Kor 9,19). – »Ihr aber, liebe Brüder, seid *zur Freiheit* berufen. Nur nehmt die Freiheit nicht zum Anlass für das Fleisch, sondern *dient* einander in *Liebe*!« (Gal 5,13).

Im Hinblick auf die *hellenistische* Umwelt besteht das innovative Konzept der Freiheit bei Paulus gerade in dieser Bestimmung der Freiheit als *Befähigung zur Gemeinschaft* und *zum Dienen* in wechselseitiger Wahrnehmung und persönlicher Anerkennung. Gegenüber seiner *jüdischen* Umwelt und *hebräischen* Tradition liegt die Innovation und Analogielosigkeit – ganz abgesehen von der viel zentraleren Bedeutung des *Begriffs* »Freiheit« bei dem hellenistisch geprägten Judenchristen Paulus – vor allem darin, dass die Freiheit und Erlösung den Namen einer *Person* trägt und in ihr verkörpert erscheint – den Namen des gekreuzigten und auferstanden Herrn, Jesus Christus. Für beide, Griechen wie Juden, erscheint als höchst provozierend ›innovativ‹, dass der, der in *göttlicher* Gestalt war (Phil 2,6), nach dem christlichen Bekenntnis nicht nur *zu* den Menschen sprach oder *über* ihnen wohnte, sondern *sich selbst* erniedrigte und persönlich die Gestalt eines *Sklaven* annahm, dass er selbst *Mensch* – d.h. leidensfähig und leidend, sterblich und gehorsam – wurde, um sich gerade darin als souverän, frei und verehrungswürdig zu erweisen (Phil 2,7ff.).

In der Orientierung an dieser Person und ihrem einzigartigen geschichtlichen Weg der Menschwerdung, des freiwilligen Dienens und der Hingabe bis zum Einsatz seines eigenen Lebens wurde von Beginn an ein enormes Potential des Freiheitsgewinns und der Befreiung in allen Dimensionen des Lebens erkannt: »Als aber die Zeit erfüllt war, sandte Gott seinen Sohn, geboren von einer Frau und dem Gesetz unterworfen; damit er die dem Gesetz Unterworfenen freikaufte, damit wir die Annahme an Sohnes Statt empfingen ... Folglich bist du nicht mehr Sklave, sondern Sohn, wenn aber Sohn, dann auch Erbe durch Gott« (Gal 4,4f.7).

7. Das Entweder-Oder: Freiheit aus dem Evangelium – Sklaverei unter dem Gesetz (Gal 5,1–12)

Nach der personifizierten Gegenüberstellung der beiden Verfügungen Gottes und der exklusiven Zuordnung der Freiheit zur Abrahamsverheißung in Gal 4,8–20 schließt eine theologische Anwendung auf die Situation der Galater in Gal 5,1–12 den zweiten Hauptteil 3,1 – 5,12 ab.

Gal 5,1: »Zur Freiheit hat uns Christus befreit! So stehet nun fest und lasst euch nicht wieder in das Joch der Sklaverei spannen!«

Mit diesem Aufruf erinnert Paulus seine Gemeinden nochmals an die in Gal 3,13f. und 4.4f. beschriebene Befreiung von dem Fluch des Gesetzes durch Christus und stellt ihnen dann eindrücklich vor Augen, welch fatale Konsequenzen eine freiwillige Hinwendung zum Gesetz vom Sinai für sie hätte (5,2–4). Mit dem ganzen Gewicht seiner Persönlichkeit (»Siehe, ich, Paulus, sage euch ...«, 5,2a; »Ich bezeuge aber noch einmal ...«, 5,3a) versichert der Apostel, dass Christus ihnen nichts nützte, wenn sie sich beschneiden ließen (5,2). Denn jeder, der sich durch die Beschneidung dem Gesetz unterstellt, ist – wie bereits in Gal 3,10 zu 5Mose 27,26 eindringlich dargelegt (deshalb: »wieder«) – ver pflichtet, »das ganze Gesetz« in der Vollzähligkeit seiner Gebote (so die prädikative Wortstellung im Grundtext) zu halten (5,3).

So drohen die Galater, die durch Gesetzesbefolgung gerechtfertigt werden wollen (Präsens des Versuchs / *de conatu*), indem sie sich – zusätzlich zu ihrem Glauben an Christus – unter die Herrschaft des Gesetzes begeben wollen (so Gal 4,21), aus der Verbindung mit Christus auszuscheiden und von Christus definitiv abzukommen. Damit aber würden sie aus der Gnade Gottes fallen (5,4), weil sie sich von dem abwenden würden, der sie in die Gnade Christi berufen hat – wie Paulus bereits zu Beginn seines Schreibens mit Bestürzung feststellt (1,6). Denn wenn sie die Gerechtigkeit vom Gesetz erwarten, dann missachten sie in der Tat die in Christus offenbarte Gnade Gottes und lassen Christus ohne Grund gestorben sein (Gal 2,21). Dies formuliert Paulus nicht nur als eine theoretische Gefahr und allerletzte Bedrohung, sondern als zwangsläufige und unmittelbare Konsequenz, die er deshalb in der Vergangenheitsform formuliert: Wenn ihr dies tut, dann »seid ihr bereits von Christus abgekommen, ihr seid aus der Gnade herausgefallen« (Gal 5,4).

Angesichts solcher Gefahr gilt es festzuhalten: »Wir nämlich erwarten *durch den Geist* auf der Grundlage *des Glaubens* die Hoffnung der Gerechtigkeit, d.h. das mit der Gerechtigkeit verbürgte Hoffnungsgut« (Gal 5,5).

Die Genitivverbindung »Hoffnung der Gerechtigkeit« ist also nicht nur als »erhoffte Gerechtigkeit« (im Sinne eines *Genitivus appositivus*) zu verstehen noch als »die Hoffnung auf die Gerechtigkeit« (*Genitivus obiectivus*) zu deuten, denn die Rechtfertigung wird im Glauben aufgrund der Zusage des Evangeliums ja bereits gegenwärtig aus Gnaden empfangen (Gal 2,16; 3,6.8.11.24; vgl. Röm 3,24; 5,1). Vielmehr gibt das Genitivattribut »der Gerechtigkeit« hier die *Grundlage* der Hoffnung an (vgl. »Hoffnung der Berufung«, Eph 1,18; 4,4; »Hoffnung des Evangeliums«, Kol 1,23). Dass »Hoffnung« hier wie in Röm 8,24 (vgl. Kol 1,5; Tit 2,13) die Bedeutung »Hoffnungs*gut*« hat, ergibt sich schon aus der Verbindung mit »erwarten«.

In der galatischen Situation muss Paulus das »Noch-Nicht« der endgültigen Befreiung von Verfolgung und Leiden und das »Noch-Nicht« der endgültigen leiblichen Erlösung und Verwandlung der Gläubigen am Tag der Erscheinung ihres Herrn nicht näher entfalten (vgl. Röm 8,18–30; 1Kor 15,12–58; 2Kor 5,1–10; 1Thess 4,13 – 5,11). Hier geht es ihm vielmehr um die Vergewisserung der irritierten Heidenchristen im Bezug auf das »Schon-Jetzt« der Rechtfertigung aus Glauben, der Erlösung durch Christus, des Segensempfangs, der Gotteskindschaft und des Geistempfangs. Dann kann das auf der Grundlage der zugesprochenen Gerechtigkeit noch zu gewinnende Hoffnungsgut – »die Hoffnung der Gerechtigkeit« – in Standhaftigkeit und Geduld erwartet werden, wie Paulus es dann kurz darauf in Röm 8,23–25 ausführen wird.

Gal 5,6: »Denn in Christus Jesus ist weder die Beschneidung noch das Unbeschnittensein von Bedeutung, sondern der Glaube, der durch die Liebe wirksam ist.«

Im Anschluss an die grundlegende Aufzählung in Gal 3,28, spitzt es Paulus wie dann in 6,15 noch einmal auf die aktuelle Auseinandersetzung zu, dass in Christus und hinsichtlich der Frage der Rechtfertigung und Erlösung, des Segens- und des Geistempfangs »weder die Beschneidung noch das Unbeschnittensein von Bedeutung« sind (vgl. 1Kor 7,19). In Vorwegnahme der Entfaltung in Gal 5,13ff. charakterisiert Paulus den Glauben an Christus als die Beziehung, die sich in Liebe entfaltet. Der Glaube an den Sohn Gottes, der Paulus so sehr geliebt hat, dass er sich für ihn dahingegeben hat (Gal 2,20), wirkt sich als solcher seinerseits wiederum in Liebe aus, in einem Leben für Gott (2,19b). Missverstanden würde Paulus, wenn man die Wendung im Sinne einer Konditionierung einschränkend verstehen wollte: »der Glaube, *sofern, insoweit* er durch die Liebe tätig ist«. In Gal 5,1–12 geht es nach wie vor um den grundsätzlichen Gegensatz von »Glaube« und »Gesetz« (5,3f.) bzw. »Glaube« und »Beschneidung« (5,6; vgl. V.2f.), nicht aber um eine Einschränkung und Konditionierung der Heilsgewissheit durch das menschliche Verhalten. So wird Paulus bei der Aufnahme des Grundsatzes in Gal 6,15 auch in den auf das neue *Sein* abhebenden Gegensatz einmünden: »Denn weder Beschneidung noch Unbeschnittenheit gilt etwas, sondern [nur] die *neue Schöpfung*« (vgl. 2Kor 5,17).

In den verbleibenden Versen 5,7–12 wirbt der Apostel – wie schon in 4,12–20 – erneut um die Zustimmung der Adressaten, indem er sie persönlich anspricht (5,7.10.11) und sie ausdrücklich von den Irrlehren abgrenzt. Zu ihnen, die einst so »gut liefen« (5,7), hat Paulus das Vertrauen, dass sie nunmehr im Blick auf die Frage des Heils keiner anderen Meinung sein werden als er selbst (5,10). Jene aber, die sie »verwirren« (5,10b; vgl. 1,7) und »beunruhigen« (5,12), jene werden ihr Urteil tragen müssen – ganz gleich, um wen es sich handelt (5,10). Denn für den Apostel steht fest, dass deren »Überreden« nicht von Gott kommt (5,8). Sie predigen vielmehr die Beschneidung, um selbst nicht des Kreuzes Christi wegen verfolgt zu werden, wie Paulus und die anderen Verkünder der Wahrheit des Evangeliums es erleiden (5,11; vgl. 4,29; 6,12). Denn wenn die heidenchristlichen Gemeinden zusätzlich zum Glauben an Christus auch die Beschneidung und die Gesetzesbefolgung als für das Heil notwendig anerkennen, wäre ja das »Ärgernis des Kreuzes« beseitigt. Scharf und ironisch schließt der Apostel sein grundsätzliches Warnen und Mahnen der Galater ab, indem er in Anspielung auf den Ritus der Beschneidung – und wohl auch im Hinblick auf den Ausschluss der »Verschnittenen« aus der Gemeinde nach 5Mose 23,1 – spottet: »Mögen sie sich doch gleich ›verschneiden‹, d.h. kastrieren lassen – sie, die euch aufwiegeln!« (Gal 5,12). In ähnlicher Schärfe kann er gegen die die Gemeinde gefährdenden Gegner auch in Phil 3,2 mit dem Wortspiel »*Be*schneidung« / »*Zer*schneidung« angehen.

Exkurs 7:   Liebe und Gnade Gottes

Wie aus der bisherigen Entfaltung des von Paulus verkündigten Evangeliums hervorgeht, charakterisiert Paulus den Glauben an Christus als die Beziehung, die sich in Liebe entfaltet und ihrerseits in der Liebe des Sohnes Gottes gründet, welche sich in seiner Sendung und Lebenshingabe erwiesen hat (Gal 2,20). So mögen die zusammenfassenden Entfaltungen zur Liebe und Gnade Gottes die Grundlagen der folgenden paränetischen, d.h. ermunternden und ermahnenden Ausführungen im dritten Teil des Briefes vergegenwärtigen.

Wer nach dem Inhalt des Evangeliums fragt, wird von Paulus auf die Person Jesus Christus hingewiesen; denn das Evangelium *Gottes* (Röm 1,1f.; 15,16) ist das Evangelium von *seinem Sohn* (Röm 1,3f.9; Gal 1,7). Es offenbart, wer Christus ist und wie Gott, der Vater, an und in ihm gehandelt hat und handeln wird. Dieses Handeln Gottes ist dabei so zentral und wesentlich mit dem Kreuz und der Auferstehung verbunden, dass der Apostel das Evangelium als Ganzes auch als »Wort vom Kreuz« bezeichnen kann (1Kor 1,17f.).

Wenn aber Jesus Christus selbst – und zwar als der »für uns« Gekreuzigte – der eigentliche *Inhalt* und das *Zentrum* dieser »guten Botschaft« Gottes ist (1Kor 1,23; 2,2; Gal 3,1; 6,14), dann ist er auch der *Maßstab* für jedes Denken und Reden über Gott, das wirklich Gott, den Vater Jesu Christi, und nicht irgendwelche »Götter« oder menschlichen Gottesvorstellungen meint. Was immer sich auch unabhängig von Christus über Gott wissen oder von ihm ahnen lässt, letztlich verbindlich ist für an Christus Glaubende, was sich als glaubwürdige Entfaltung dieses *einen* Wortes Gottes verstehen lässt, was Gott in Gestalt seines Sohnes, Jesus Christus, offenbart (Gal 1,12.15f.).

Die neutestamentlichen Zeugen sehen im Kreuzesgeschehen den eindeutigen Erweis einer überwältigenden Liebe und Gnade Gottes den Menschen gegenüber: Indem Christus nicht nur von der Liebe sprach und lehrte, sondern bereit war, unter Einsatz seines eigenen Lebens konsequent an ihr festzuhalten, hat er gezeigt, wie grenzenlos und unbedingt seine Zuwendung ist (Gal 2,20; vgl. Eph 5,2.25b).

Exkurs 7: Liebe und Gnade Gottes

Da in dieser Bereitschaft Christi, das eigene Leben für andere einzusetzen, gerade auch die Einstellung seines *Vaters* dieser Welt gegenüber deutlich wird, kann im Neuen Testament in gleicher Weise auf die Gnade (Gal 1,6.15; 2,21; 5,4) und Liebe *Gottes, des Vaters*, zurückgeschlossen werden (Röm 5,5.8; 8,31f.39; vgl. Eph 2,4ff.). Der Sohn kam ja nicht ohne das Einverständnis oder gar gegen den Willen des Vaters, sondern er wurde ausdrücklich von ihm selbst beauftragt und gesandt (Röm 8,3; Gal 4,4f.), die Menschen zurückzugewinnen. Aufgrund seiner *unbedingten* – d. h. uneingeschränkten – Liebe und Gnade will Gott *unbedingt* – d. h. unter allen Umständen und um jeden Preis – mit seinen Menschen zusammen sein. Spätestens seitdem Gott nach allen Boten sogar »seinen eigenen Sohn« – und damit das für ihn Wertvollste (Röm 8,32) – gesandt hat, ist dies zur Gewissheit geworden.

So spricht also gerade das Kreuz von der völligen Übereinstimmung zwischen dem Vater und dem Sohn, weil deren Einheit nirgendwo so anschaulich wird wie im Zusammenhang der Hingabe des Wertvollsten, des eigenen Lebens. Diese umfassende Liebe Gottes ist das tragende Fundament des christlichen Glaubens; sie ist es, die das »Wort vom Kreuz« wirklich zur »guten Botschaft« macht: »Was ich aber nun in meiner irdischen Existenz lebe, das lebe ich im Glauben an den Sohn Gottes, der mich geliebt und sich selbst für mich [in den Tod] dahingegeben hat. Ich missachte die Gnade Gottes nicht ...« (Gal 2,20f.; vgl. Röm 8,31–39).

Nun reicht es nicht, anhand des Neuen Testamentes rein formal aufzuzeigen, dass dieses Wort vom Kreuz als Wort von Gottes umfassender Liebe und Gnade verstanden und entfaltet worden ist. Es gilt vielmehr weiter zu fragen, welche Konsequenzen sich daraus für das Verständnis von Gott – für das »Gottesbild« – ergeben. Denn häufig stehen ja gerade diese – durchaus vertrauten – biblischen Aussagen in Spannung zu den herkömmlichen Vorstellungen und inneren Bildern von Gott. Bestand nicht zwischen Gott und den Menschen vor dem Sterben Christi der Zustand beidseitiger Feindschaft, und galt ihnen nicht anstatt der Liebe Gottes vorher nur sein Zorn? Musste nicht Christus zunächst den Vater mit den Menschen versöhnen, so dass die Zuwendung Gottes lediglich als das Ergebnis der Vermittlung Christi zu verstehen ist?

Betrachten wir zur Klärung dieser Widersprüche nun exemplarisch die beiden Stellen, an denen Paulus vom Versöhnungsgeschehen spricht, dann muss uns wundern, wie weit sich gängige Interpretationen von den Aussagen der Texte selbst entfernen können (Röm 5, 1–11; 2Kor 5,14–21). Zunächst fällt auf, dass die im Kreuz vollzogene Versöhnung gar nicht Gott gilt, sondern den Menschen. Christus musste nicht Mensch werden, damit der Vater den Menschen gnädig sein konnte, sondern der Sohn wurde vom Vater gesandt, um Gottes Gnade zu erweisen und zu verwirklichen (Gal 4,4f.; vgl. Gal 1,6.15; 2,21; 3,18; 5,4). Entfaltet Paulus doch gerade im Galaterbrief, dass Gott bereits dem Abraham den in Christus verwirklichten Segen nicht nur angekündigt, sondern bereits wirksam zugesprochen hat: »Dem Abraham aber hat Gott es [das Erbe] durch die Verheißung aus Gnaden geschenkt« (Gal 3,18; vgl. 3,6–9.14–20). Oder um es wieder mit der Begrifflichkeit der »Versöhnung« zu sagen: Christus musste nicht *Gott*, den Vater, mit den ihm entfremdeten Menschen versöhnen, sowenig der Vater selbst durch Christus *sich* mit den Menschen versöhnen musste, sondern *die ihm gegenüber feindlichen Menschen* versöhnte der Vater *von sich aus* in Christus (2Kor 5,18–20). Da somit die Versöhnung von Gott selbst ausgeht, kann von Feindschaft nur in Hinsicht auf die einseitige Ablehnung und Auflehnung der Menschen Gott gegenüber gesprochen werden.

Gottes Einstellung zu den Menschen erweist sich hingegen darin, dass Christus für sie sein Leben gelassen hat – für sie als die in Sünden Befangenen und in Schuld und Verurteilung Versklavten (Gal 1,4; 3,13.22ff.; 4,4f.), für sie als die Schuldigen, die zum Frieden Unfähigen und gegen Gott »feindlich« Gesinnten (Röm 5,6–10). Wenn aber Gott selbst seine Feinde noch so grenzenlos liebt, dass er von sich aus alle Grenzen überwindet und unternimmt, was eigentlich den Schuldigen zukäme, dann ist seine Zuwendung nicht erst die *Folge* und das *Ergebnis*, sondern der eigentliche *Grund* und die *Voraussetzung* der Versöhnung. Denn nicht sich selbst musste Gott ändern, sondern *die Menschen*; nicht *seine* Abneigung galt es zu überwinden, sondern *die menschliche* Feindschaft und Trennung von ihm als dem Leben und der Liebe.

Von hier aus fällt auch Licht auf den – für uns heute leider recht missverständlichen – Begriff des »Zornes« Gottes. Mit Gottes Zorn wird seine entschiedene Ablehnung der Sünde bezeichnet; er hat auch da, wo er als »leidenschaftlich« beschrieben wird, mit menschlicher Wut und unbeherrschten Zornausbrüchen nichts gemeinsam. Gerade weil Gott den *Sünder* liebt, wendet er sich durch sein Gesetz und seine zum Gericht gesandten Propheten konsequent gegen die *Sünde*, welche die Menschen von Gott trennt und damit Leben und Liebe zerstört. Gerade weil Gott als Schöpfer seine Schöpfung nicht aufgegeben hat, kann er ihre Lieblosigkeit und Ungerechtigkeit, ihre Entfremdung und Ichbezogenheit nicht einfach übergehen.

Die Lösung des grundlegenden Problems des Menschen kann also nicht darin bestehen, dass Gott sein »Nein zur Sünde« aufgibt, denn dann hätte er damit auch den Sünder aufgegeben. Gott konnte sich nicht mit der *Sünde* und dem zu *verurteilenden Verhalten* versöhnen, aber er hat den *Sünder* und den zu Recht wegen seines Verhaltens *Verurteilten* mit sich versöhnt. So bedeutet Gottes Versöhnung in Christus, dass Gott in seinem »Ja zum Sünder« ihn freigemacht hat von der Isolation und Feindschaft, um derentwillen Gottes »Nein« erging: »Christus hat uns von dem Fluch des Gesetzes losgekauft, indem er für uns zum Fluch wurde« (Gal 3,13; vgl. 1,4; 2,19; 4,4f.).

Es mag sich mancher fragen, ob es so wesentlich ist, dass Gottes Zuwendung zu den Menschen als der eigentliche *Grund* und die *Voraussetzung* des Kreuzes und nicht etwa als die Folge und das Ergebnis der Versöhnung erkannt wird. Macht es denn einen so großen Unterschied, ob Gottes Liebe schon den Menschen als »Feinden« und »Sündern« gilt oder erst als seinen Freunden? Würde es nicht genügen festzuhalten, dass die Menschen von Gott trotz ihrer früheren Sünde infolge ihres Glaubens und ihres neuen Verhaltens angenommen und bejaht werden? Tatsächlich entscheidet sich gerade an dieser Alternative, ob die Nachricht von Gottes Liebe überhaupt als »Evangelium« – als »erfreuliche Nachricht« – gehört wird.

Hilfreich für das Verstehen dieses entscheidenden Unterschieds mag die in der Sozialpsychologie und Pädagogik verwendete Differenzierung von »konditionierter« und »nicht konditionierter Annahme«, von »bedingter« und »nicht bedingter Zuwendung« sein: Wenn Zuwendung an das Wohlverhalten und die Wohlgefälligkeit des Gegenübers gebunden ist, dann sprechen wir von *bedingter* Annahme, denn sie ist sowohl an »Vorbedingungen« geknüpft als auch als solche »vorbehaltlich«. In Wahrheit bezieht sich eine solche Zuneigung nicht auf die Person selbst, sondern auf bestimmte Aspekte, Eigenschaften oder Qualitäten der Persönlichkeit. Die Wertschätzung gilt dann nicht dem Menschen an sich, sondern vielmehr seinen attraktiven Seiten und erwartungskonformen Verhaltensweisen. Da eine solche Art von Anerkennung und Zuneigung in Wahrheit erarbeitet und erkauft werden muss, enttäuscht sie nicht nur die »Ungeliebten«, sondern zugleich auch die vermeintlich »Geliebten«. Denn sie müssen sich als »liebenswert« erweisen, um die Zuwendung zu erlangen, die ihnen eigentlich voraussetzungslos gelten sollte; sie müssen sich »liebenswürdig« verhalten, um die Aufwertung zu erfahren, die sie doch unbedingt auf ihre eigene Person beziehen wollen.

Demgegenüber gewinnen Menschen Zuversicht, Sicherheit und Glück aus Beziehungen, in denen sie sich bedingungslos und umfassend geliebt und anerkannt wissen. Wenn sie erleben, dass sie sich nicht erst durch ihr Verhalten als »liebenswert« erweisen müssen, um Zuwendung zu empfangen, werden sie frei davon, sich nur von ihren Leistungen her zu verstehen und sich von ihren Erfolgen abhängig zu machen. Es gibt dann keine Voraussetzungen mehr, die sie in ihrem Leben zuerst erfüllen müssen, um Anerkennung und Liebe zu gewinnen, sondern die Liebe selbst wird zur Voraussetzung und Grundlage ihres Lebens. Das »eigentliche« Lebensglück steht dann nicht länger in eine unbestimmte Zukunft hinein aus, sondern es kann hier und jetzt gewonnen und gestaltet werden. Auf diese Weise müssen sie nicht fortwährend der Anerkennung nachjagen und ständig neue Bedingungen erfüllen, von denen sie ihr Glück abhängig machen, sondern sie können gegenwärtig anfangen zu sein. Die Erfahrung einer nicht konditionierten Liebe befreit von der Not eines ständig konditionierten Lebens. Denn nur die Liebe kann den Menschen eindeutig und glaubhaft vermitteln, dass sie einzigartig und bedeutsam sind.

Wenn sie erleben, dass die Liebe eines anderen nicht nur ihren »liebenswerten« Seiten, sondern *ihnen selbst* umfassend gilt, bekommen sie den Mut, sich zunehmend auch mit ihren Schattenseiten und Ängsten auseinander zu setzen und sich so zu sehen, wie sie wirklich sind. Sie müssen nicht länger fürchten, durch ihre Wahrhaftigkeit und Offenheit die Zuneigung wieder zu verlieren. Im Gegenteil, weil *sie* geliebt werden und nicht nur die Rollen, die sie spielen, kann es die Beziehung nur vertiefen, wenn sie dem anderen und sich selbst nicht länger etwas vormachen, sondern ehrlich werden. Folglich bewirkt gerade die Liebe, die den anderen bejaht, wie er ist, dass er sich verändert, und die unbedingte Annahme bringt ihn dahin, dass er der Liebe zunehmend auch durch sein eigenes Verhalten entsprechen kann. So ist nichts überwältigender als die Erfahrung uneingeschränkter Liebe. Sie ist – gerade indem sie voraussetzungslos und bedingungslos gilt – so folgenreich und prägend wie kein anderes Erleben.

Inhalt des Evangeliums von der geschenkweisen Rechtfertigung der Sünder aufgrund des Glaubens und von der Erlösung der durch eigene Schuld Versklavten und Abhängigen (Röm 3,21 – 8,39; Gal 2,16 – 4,7) ist jeweils die Zusage, dass Gott in dem Leben, Sterben und Auferstehen Jesu Christi seine voraussetzungslose Liebe und bedingungslose Gnade erwiesen hat, die für die Glaubenden bleibende Grundlage und prägende Orientierung ihres gesamten Lebens und all ihrer personalen Beziehungen ist (Röm 8,28–39; 1Kor 13,1–13; Gal 2,20; 5,6.13f.22f.). Denn in Christus haben sie erfahren, dass Gott sie nicht nur liebt, weil sie »wertvoll« sind, sondern dass sie ihren Wert daran wahrnehmen können, dass Gott sie liebt. Die Frucht des Geistes, die sich vor allem als Liebe erweist (Gal 5,22), die Freiheit zum wechselseitigen Dienst in der Liebe (Gal 5,13) und der Glaube, der durch die Liebe wirksam ist (Gal 5,6), bestätigen die Wahrheit des Evangeliums, dass es gerade die voraussetzungslose und bedingungslose Liebe ist, die im Leben der Geliebten keineswegs folgenlos bleibt.

III. Gal 5,13 – 6,10: Die Freiheit vom Gesetz als Freiheit zu einem neuen Leben im Geist Christi

1. Grundsätzliche Ausführung: Leben in Freiheit als wechselseitiger Dienst in der Liebe (Gal 5,13–15)

Mit Gal 5,13 leitet Paulus nun zum dritten, paränetischen – d.h. ermahnenden und ermunternden – Hauptteil über. Im Gegensatz z.B. zum 1. Korintherbrief sind die Ausführungen zum ethischen Verhalten und zur angemessenen Entfaltung des Glaubens im alltäglichen Leben wohl weniger durch konkrete sittliche Missstände oder Auseinandersetzungen innerhalb der Gemeinde bestimmt als vielmehr weiterhin durch die theologische Auseinandersetzung mit dem gegnerischen judaistischen Standpunkt. Schon in Gal 2,17 (vgl. Röm 3,8; 6,1.15) hat Paulus den Vorwurf aufgegriffen, durch seine Verkündigung werde Christus zu einem »Förderer der Sünde« gemacht, und diesen dann grundsätzlich entschieden zurückgewiesen. Nun wehrt er in Gal 5,13 – 6,10 dem Missverständnis, die von ihm verkündigte Freiheit von dem Gesetz vom Sinai führe zwangsläufig zu einem Leben in der »Begierde des Fleisches« (5,16ff.), die vermeintliche Freiheit diene also nur »dem Fleisch« – d.h. der gottfeindlichen Selbstsucht des Menschen – als Vorwand und Operationsbasis. So eröffnet er seine Ermahnungen in Gal 5,13 den gegnerischen Einwand vorwegnehmend: »Denn ihr seid zur Freiheit berufen, Brüder. Nur nehmt die Freiheit nicht zum Vorwand [und macht sie nicht zum Ausgangspunkt] für das Fleisch, sondern dient einander in Liebe«.

Eine erste Widerlegung derartiger gegnerischer Unterstellungen ist bereits in den prägnanten Formulierungen von Gal 2,19f. zu erkennen. Der Gläubige ist ausschließlich zu dem Zweck »dem Gesetz gestorben«, dass er fortan nicht mehr *sich selbst*, sondern *Gott* lebe (2,19). Durch die stellvertretende Hingabe des Sohnes Gottes ist die alte, vom Fleisch bestimmte Existenz gerade an ihr Ende gekommen (»so lebe nicht mehr ich«, 2,20a), da der alte Mensch »mit Christus gekreuzigt ist« (2,19). Infolgedessen steht der Gläubige in seiner irdischen Existenz nicht mehr unter Herrschaft und Rechtsanspruch von Sünde und Gesetz, sondern unter dem bestimmenden Einfluss des in ihm wohnenden Christus (»sondern Christus lebt in mir«, 2,20). In Aufnahme dieser Argumentation, die nachdrücklich auf den Kreuzestod Christi und seine erlösenden Auswirkungen und Folgen verweist, formuliert Paulus dann auch in 5,24 nochmals: »Die aber Christus angehören, die haben das Fleisch gekreuzigt samt den Leidenschaften und Begierden.«

Nach der auf *Christus* und das *Kreuzesgeschehen* bezogenen Begründung in Gal 1,4; 2,19f.; 3,13f.; 4,4f. wird der Gedanke der Freiheit *vom* Gesetz als Freiheit *für* Gott nun in Gal 5,13 – 6,10 in Bezug auf den

Heiligen Geist (Gal 5,16.17.18.25; 6,1.8) und das diesem entsprechende *ethische Verhalten* entfaltet. Der einleitende Ruf in 5,13: »Ihr seid zur Freiheit berufen, Brüder!«, nimmt den Zuspruch von 5,1 auf: »Zur Freiheit hat uns Christus befreit!« Dort wird mit dem Hinweis auf die in Christus geschenkte Freiheit von der freiwilligen Unterstellung unter das *Gesetz* gewarnt, hier hingegen vor einem *Leben in sittlicher Unverbindlichkeit*: Die Freiheit der Söhne Gottes ist als solche eine Freiheit zum wechselseitigen Dienst in der Liebe. Auf der Ebene der zwischenmenschlichen Beziehungen äußert sich also der Glaube an den Christus, der seine hingebungsvolle Liebe am Kreuz erwiesen hat, in der Liebe zum Nächsten. Denn in der Liebe erweist sich der Glaube als wirksam (5,6). Sie ist die vorrangige Frucht des Geistes (5,22) und das verbindliche Kriterium für das wechselseitige Verhalten in der Gemeinde (Gal 6,1–6).

Sosehr die Söhne Gottes als die vom Geist Bestimmten (Gal 5,18; vgl. 3,14; 4,6; 5,25) von dem Gesetz vom Sinai mit seinem verklagenden Charakter und Auftrag bleibend befreit sind (3,13.25; 4,5; 5,1.18), so wenig stehen sie doch hinsichtlich dieser ethischen Orientierung an der Liebe etwa im Widerspruch zu der im Gesetz offenbarten Rechtsforderung Gottes. Denn im Hinblick auf die Frucht des Geistes, die sich in vielfältiger Gestalt als Liebe, Freude, Friede, Langmut, Milde, Güte, Treue, Sanftmut und Selbstbeherrschung zeigt (5,22f.), ist selbstverständlich festzuhalten: »**Gegen dergleichen ist das Gesetz nicht**« **(Gal 5,23)** – soll heißen: gegen solche Wirkungen des Geistes erhebt das Gesetz keine Anklage, solche stellt das Gesetz nicht unter den Fluch (s. 3,10.13.19.22; 4,3–5).

Wenn die vom Geist Regierten nicht mehr »unter dem Gesetz« leben (5,18), bedeutet das somit nicht, dass sie etwa im Widerspruch zu der ethischen Grundforderung des Gesetzes stehen – »**denn das ganze Gesetz ist in dem einen Wort erfüllt, in dem ›Du sollst deinen Nächsten lieben wie dich selbst‹**« **(Gal 5,14)**.

In Gal 5,14 wie in Röm 13,8–10 (vgl. 8,4) geht es Paulus also um die Abwehr des Vorwurfs, er würde in seiner Verkündigung durch die Betonung der Gnade und des Glaubens nur der Sünde und der »Gesetzlosigkeit« Vorschub leisten (Gal 2,17; Röm 3,8; 6,1.15). Dem hält er in der – christlich wie jüdisch unbestreitbaren – Hochschätzung des Liebesgebots (vgl. 3Mose 19,18; Mk 12,28–34 par.; Jak 2,8) entgegen, dass die aus dem Glauben an Christus erwachsende Liebe zum Nächsten doch als »Erfüllung des Gesetzes« (Röm 13,8.10) und als »Erfüllung der Rechtsforderung des Gesetzes« (Röm 8,4) zu verstehen ist.

Wer einwenden will, dass in dem Gebot der Nächstenliebe doch nicht »*das ganze* Gesetz erfüllt« ist, insofern diesem doch noch das Gebot der *Gottesliebe* vorzuordnen wäre (vgl. Mk 12,28–34 par.), verkennt die apologetische Funktion des Arguments. Dass das durch Christus eröffnete neue Leben ein Leben für *Gott* (Gal 2,19), im vertrauensvollen Glauben an *Christus* (Gal 2,20) und im Einklang und unter der Führung des *Geistes* (Gal 5,16.18.25) ist, wird von Paulus ja in allen Ausführungen zum Glauben entfaltet. An anderer Stelle kann er die Glaubenden dann auch entsprechend als die bezeichnen, »die Gott lieben« (Röm 8,28; 1 Kor 2,9; 8,3) und die Gott »erkannt haben«, wie sie von ihm erkannt worden sind (Gal 4,9; vgl. 1 Kor 8,3; 13,12). Hier aber geht es um die gegnerische Unterstellung, dass die paulinische Verkündigung von der Rechtfertigung aus Gnaden allein im Glauben die Menschen zu »gesetzlosem« – d.h. ethisch verwerflichem – Verhalten verleitet.

2. Entfaltung und Konkretisierung: Die Frucht des Geistes im Gegensatz zum Werk des Fleisches (Gal 5,16–26)

Anklage erhebt das Gesetz jedoch zu Recht gegen all jene Verhaltensweisen, die im sogenannten »Lasterkatalog« in Gal 5,19–21 aufgeführt sind (zu solchen der Abschreckung, der Abgrenzung und der ethischen Unterweisung dienenden Lasterkatalogen vgl. auch Röm 1,29; 1 Kor 5,10f.; 6,9f. 2 Kor 12,20). Solche »Werke des Fleisches« aber – ob sie sich als ichbezogenes und gottentfremdetes Fehlverhalten im sexuellen Bereich, im Götzendienst, in allgemeiner Zügellosigkeit oder im zwischenmenschlichen Verhalten äußern – werden nach Paulus durch den »Wandel im Geist« gerade und allererst verhindert (5,16). Denn nur durch die Wirkung des Geistes und »im Einklang mit ihm« kann der an sich vom Fleisch bestimmte Mensch sich dem Begehren der widergöttlichen Macht entziehen (5,16f.25) und so leben, wie es Gottes Willensforderung entspricht.

Gal 5,16f.: »Ich sage aber, wandelt im Geist und ihr werdet [ganz gewiss] die Begierde des Fleisches nicht erfüllen. Denn das Fleisch begehrt wider den Geist auf – und der Geist wider das Fleisch; dieselben sind einander entgegengesetzt – so dass ihr nicht das tut, was ihr wollt.«

Warum ist es notwendig, dass die Galater ihr Leben »im Geist« – d.h. im Einflussbereich und unter der Leitung und Befähigung des Geistes Gottes (5,18) – gestalten? Weil sie nicht *an sich* und *allein*, sondern ausschließlich in der wirksamem Gegenwart Gottes von dem Antrieb der gottentfremdeten Selbstsucht – d.h. dem »Fleisch« – des Menschen frei sind. So genügt es nicht, den Willen Gottes vom Gesetz zu erfahren und ihn dann selbständig umsetzen zu wollen – »denn das Fleisch begehrt wider den Geist auf ..., so dass ihr nicht das tut, was ihr wollt«. »Nicht tun können, was man will« ist gemäß dem griechischen Sprachgebrauch eine Umschreibung von Unfreiheit und Sklaverei, wie es auch in Röm 7,15 eindeutig verwendet wird: »Ich tue nicht, was ich will, sondern, was ich hasse, das tue ich« (vgl. Röm 7,14–25). Dabei liegt der Ton nicht etwa auf dem Aspekt, dass der so Klagende ja zumindest das Gute tun will, sondern auf der erschreckenden Erkenntnis, dass er zum Tun des Guten nicht in der Lage ist, selbst wenn er es wollte – dass er sich als gänzlich fremdbestimmt erfährt. Die Entschiedenheit und Macht, diesem bestimmenden Antrieb »des Fleisches« entgegenzutreten und zu widerstehen, hat ausschließlich Gottes Geist – und erst und allein durch ihn derjenige, der sich in ihm, d.h. in seinem Einfluss- und Wirkungsbereich, befindet.

Die Freiheit *von* der bestimmenden Selbstsucht und Sünde des Menschen, zu der die Galater berufen und erlöst sind (Gal 5,1.13), besteht also in der Freiheit *für* Gott, dessen Geist die menschliche Freiheit allein ermöglicht und verwirklicht. Denn der Geist ist die Gestalt der wirksamen Gegenwart Gottes in den Gläubigen und in der Gemeinde. Die Galater werden also nicht aufgefordert, Unzucht, Unreinheit und Zügellosigkeit zu überwinden, um dadurch im Einklang mit dem Geist zu leben; sondern umgekehrt werden sie der uneingeschränkten Bestimmung durch den Geist anbefohlen, um durch den Geist den Antrieben der Sünde und Selbstsucht nicht entsprechen zu müssen. Sosehr die »Werke des Fleisches« den Weg derer kennzeichnen, »die das Reich Gottes nicht erben werden« (5,21), so wenig könnten Juden oder Heiden infolge ihrer eigenen Taten der Gesetzesbefolgung zu Rechtfertigung und Teilhabe an der Königsherrschaft Gottes kommen – wie Paulus seit Gal 2,16 nicht müde wird zu wiederholen.

Dabei setzt Paulus eindeutig voraus, dass die Gläubigen, wenn sie nicht nur grundsätzlich durch den Geist das Leben empfangen haben, sondern auch aktuell »im Einklang, in der Übereinstimmung mit dem Geist« leben (5,25) und sich von ihm »leiten und bestimmen lassen« (5,18), die im »Lasterkatalog« 5,19–21 aufgezählten »Werke des Fleisches« nicht mehr vollbringen müssen. Mit der stärksten Form der Verneinung vergewissert er die Galater: »und ihr werdet – ganz gewiss – die Begierde des Fleisches nicht erfüllen« (Gal 5,16). Denn die bedingungslose Gnade Gottes (1,6.15; 2,21; 5,4) und die voraussetzungslose Liebe seines Sohnes, Jesus Christus (Gal 2,20) bleibt bei den Gläubigen keineswegs folgenlos. Wenn Christus in ihnen Gestalt gewinnt (4,19), indem der Vater ihnen den Geist seines Sohnes in ihre Herzen sendet (Gal 4,6), dann wird Christus selbst zum Personzentrum der durch ihn Erlösten und zum wirkmächtigen Subjekt ihres Lebens: Christus selbst lebt in Gestalt seines Geistes in ihnen (Gal 2,20) und sie können so für Gott leben (Gal 2,19b). Weil Christus für sie und an ihrer Stelle am Kreuz gestorben ist, sind sie mit ihm gekreuzigt (2,19; vgl. 1,4; 3,13); und wenn sie diesem Christus angehören, wenn sie »Christi sind«, dann haben sie folglich in und mit ihm »ihr Fleisch gekreuzigt samt den Leidenschaften und Begierden« (Gal 5,24).

3. Die neue Schöpfung und das Tun des Guten (Gal 6,1–10)

Gal 6,1–10 gehört noch zu dem mit Gal 5,13 programmatisch eröffneten *paränetischen* – d.h. ermahnenden und ermunternden – 3. Hauptteil des Galaterbriefs und bildet mit ihm einen argumentativen Zusammenhang.

Bereits in 5,15 und 5,26 konnte Paulus die Aufforderung zur gegenseitigen Wertschätzung und liebevollen Annahme kontrastierend durch konkrete Warnungen vor selbstbezogenem destruktivem Verhalten flankieren. Gerade bei der ironischen Warnung in V.15, die Gemeindeglieder sollten, wenn sie einander »beißen« und »auffressen« zusehen, dass sie nicht voneinander »aufgezehrt« werden, ist wie auch sonst an eine – in ihrer drastischen Anschaulichkeit – aus sich selbst heraus plausible Ermahnung zum wechselseitigen Dienen in Liebe (5,13) zu sehen. Von konkreten Gemeindekonflikten oder Rivalitäten innerhalb der galatischen Gemeinde verrät der Brief nichts Konkretes. Dementsprechend wollen wohl auch die Entfaltungen des Liebesgebots in 6,1ff. als Beispiele für all die Tugenden verstanden werden, die sich als Frucht des Geistes im Einflussbereich des Geistes ergeben – und gegen die auch das Gesetz vom Sinai mit seiner zentralen Forderung der Nächstenliebe in 3Mose 19,18 (Gal 5,14) nicht sein kann (5,23).

Gal 6,2: »Trage einer des andern Last, so werdet ihr das Gesetz Christi erfüllen.«

Wenn nun aber die Wirkungen des Geistes den ethischen Forderungen des Gesetzes nicht widersprechen, kann dann nicht auch umgekehrt – mit den judenchristlichen Gegnern – das Gesetz vom Sinai als verbindlicher Maßstab für das geistliche Verhalten verstanden werden? Diese Konsequenz verbietet sich nach der Überzeugung des Apostels gleich in doppelter Hinsicht. Zunächst und vor allem ist die Verfügung vom Sinai – wie im zweiten Hauptteil ausführlich behandelt wurde – nicht nur als ethische Rechtsforderung gegeben worden, sondern zugleich als Rechtsbestimmung Gottes, nach der jeder Übertreter ihrer Gebote verurteilt und verdammt wird. Da das Gesetz nach Gottes Willen nur die Macht hat zu verurteilen, nicht aber das Vermögen, den Übertreter zu rechtfertigen, ihn lebendig zu machen und ihn zum Tun des Willens Gottes zu befähigen, scheidet es als Heilsgröße grundsätzlich und bleibend aus. Sich dem Gesetz als *Rechtsforderung* zu verpflichten bedeutet zwangsläufig, sich ihm als todbringender *Rechtsbestimmung* auszuliefern. Aus diesem Grunde käme die Hinwendung der Galater zum Gesetz einer Rückwendung in ihre unerlöste heidnische Existenz gleich

(4,8–10) und würde ihre Beschneidung das Herausfallen aus der Gnade bedeuten (5,2–4). Bei der Ermahnung und Ermunterung, deren offensichtlich auch die freien Söhne Gottes noch bedürfen, handelt es sich folglich keineswegs um einen »dritten Gebrauch« des mosaischen Gesetzes (*tertius usus legis*), sondern um einen Gebrauch des Evangeliums Jesu Christi (*usus evangelii*).

Zudem scheidet das Gesetz aber auch aus inhaltlichen Gründen als verbindliches Kriterium für den »Wandel im Geist« aus. Maßstab für das dem Geist Gottes entsprechende Handeln ist für die im Glauben Gerechtfertigten nicht etwa die Rechtsforderung des Gesetzes, sondern der Sohn Gottes selbst, der sich aus Liebe für sie dahingegeben hat (Gal 1,4; 2,20), der die Last ihres Fluches stellvertretend für sie getragen hat, um sie zu erlösen (3,13f.), und der selbst zu dem wurde, was sie sind, damit sie würden, was er ist (4,4f.).

Dementsprechend sollen auch die vielen Töchter und Söhne Gottes einander mit der Liebe – d.h. Langmut, Milde, Güte, Treue und Sanftmut (5,22f.) – begegnen, mit der Jesus Christus, der Sohn Gottes, für sie eingetreten ist (5,26 – 6,6). Wird z.B. ein Bruder bei irgendeinem Fehltritt betroffen, dann sollen die Gläubigen ihn nicht – wie es die Funktion des Gesetzes ist – verurteilen, sondern sie sollen sich seiner in Sanftmut und ohne Überheblichkeit annehmen und ihn »zurechtbringen«, indem sie seine »Last« zu der ihren machen. Wenn sie sich so verhalten, dann erfüllen sie die Tora / die »Weisung« / das »Gesetz« – nicht des Mose, sondern – *Christi* (6,2), wie Paulus abwandelnd und übertragen formuliert. Denn sie haben sich in ihrem Tun an der selbstlosen Liebe orientiert, die Christus in seinem Kommen und seinem Kreuzestod bewiesen hat. Mit diesem nachdrücklichen Hinweis auf die Person, die Gesinnung, den konsequenten Weg und das hingebungsvolle Verhalten Jesu Christi bis hin zum Kreuz begründet und motiviert der Apostel seine ethischen Weisungen immer wieder (vgl. Röm 15,1–7; 2Kor 8,7–9; 9,6ff.; Phil 1,27 – 2,18). Dementsprechend konnte Paulus zuvor bereits in 1Kor 9,20f. formulieren, dass er, der selbst nicht mehr unter dem Gesetz ist, gleichwohl keineswegs Gott gegenüber als *gesetzlos* erscheint, sondern als *im Gesetz Christi lebend*.

Nachdem Paulus in Gal 5,14 – 6,6 anschaulich entfaltet hat, dass die in Christus geschenkte Freiheit *vom* Gesetz als Freiheit *zum* Dienst in der Liebe verstanden werden will, ermuntert er seine Gemeinden in 6,7–10 abschließend, vom Tun des Guten nicht abzulassen. Mit Hilfe der traditionellen Metapher von Saat und Ernte stellt er ihnen vor Augen, dass sich das Festhalten an der Liebe Christi – bei aller Anfechtung und Gefährdung (5,16f.; 6,1) – am Ende als sinnvoll und lohnend erweisen wird: »Lasst uns nicht müde werden, das Gute zu tun; denn zu seiner Zeit werden wir ernten, wenn wir nicht nachlassen« (Gal 6,9).

Deshalb »lohnt es sich« in jedem Fall, seine Hoffnung allein auf den Geist Christi zu setzen, anstatt durch Ermatten oder infolge der Verunsicherung durch die judenchristlichen Gegner des Paulus – gleich denen, die »auf das Fleisch säen« – der gottfeindlichen Selbstsucht zu erliegen. »Solange wir Zeit dazu haben, lasset uns allen gegenüber das Gute tun, ganz besonders aber gegenüber den Hausgenossen des Glaubens / den Glaubensverwandten« (Gal 6,10).

C)
Gal 6,11–18: Briefschluss als erweiterter eigenhändiger Schlussgruß

Üblicherweise und im Anschluss an die antike Briefform unterschrieb Paulus seine Briefe mit einem eigenhändigen Segensgruß (1Thess 5,28; 1Kor 16,23–24[!]; 2Kor 13,13; Röm 16,24; Phil 4,23; Phlm 25). Da die Briefe in der Regel diktiert wurden (vgl. den gesonderten Gruß des Schreibers Tertius in Röm 16,22), dient der Schlussgruß – entsprechend unserer Unterschrift – der Autorisierung des Schreibens. Durch den ausdrücklichen Hinweis auf die eigenhändige Unterzeichnung wird die Echtheit des Schreibens auch beim Vorlesen wahrgenommen (1Kor 16,21: »Hier der Gruß von meiner, des Paulus, Hand«). Der Hinweis von Gal 6,11: »Seht, mit welch großen Buchstaben ich euch geschrieben habe mit eigener Hand«, deutet darauf hin, dass Paulus nicht nur den Segenswunsch V.18, sondern das ganze »Postskript« – den Briefschluss V.11–18 – eigenhändig geschrieben hat.

In für einen Briefschluss ungewöhnlich ausführlicher Weise warnt der Apostel die Adressaten nochmals eindringlich – und nun eben mit eigener Hand – vor den Irrlehren: »Diejenigen, welche im Fleisch [d.h. im menschlich-weltlichen Bereich] Eindruck machen wollen, die suchen euch zur Bescheidung zu zwingen, nur damit sie nicht um des Kreuzes Christi willen Verfolgung leiden« (Gal 6,12).

Paulus kann denen, die seine heidenchristlichen Gemeinden derart verwirren, keinerlei geistliche Beweggründe einräumen. Aus seiner Sicht lässt sich das unverantwortliche Verhalten der Gegner nur aus deren Geltungstrieb (6,12), Ruhmsucht (6,13) und Menschenfurcht (6,12) erklären.

In Abgrenzung von ihnen möchte sich der Apostel ausschließlich des Kreuzes Jesu Christi rühmen, durch den ihm die Welt mit ihrer Eitelkeit gekreuzigt ist und er der Welt (6,14; vgl. 2,19; 5,24). Denn er wiederholt es gerne, dass hinsichtlich der Heilsfrage weder die Beschneidung noch das Unbeschnittensein etwas bedeutet (Gal 5,6; vgl. Gal 2,15ff.; 1Kor 7,19), sondern allein die in Christus geschenkte Neue Schöpfung (Gal 6,15; vgl. 2Kor 5,17).

»Alle nun, die im Einklang mit diesem Maßstab stehen – Friede und Barmherzigkeit komme über sie, nämlich über das Israel Gottes!« (Gal 6,16).

Mit dem »Israel Gottes« ist gemäß Gal 3,7.9.29; 4,28.31 eindeutig die universale Heilsgemeinde aus Juden und Heiden gemeint. Im Gegensatz zu denen, die als Verfälscher des Evangeliums unter dem vernichtenden Verdammungsurteil von Gal 1,7–9 stehen, sollen die an Christus Gläubigen als die Kinder der Verheißung, als die Söhne Abrahams – d.h. als das »Israel Gottes« – Heil und Erbarmen erfahren (vgl. Ps 125,5; 128,6: »Friede sei über Israel!«).

Nach einer abschließenden Mahnung, ihm, dem durch die Verfolgungsleiden um des Kreuzes Jesu willen buchstäblich durch Narben – wörtlich »Stigmata« – Gezeichneten (2Kor 11,23–27; vgl. 1Kor 15,32; 2Kor 1,8f.; 4,10; 6,4f.), fortan keine Mühsal mehr zu bereiten (6,17), lässt Paulus sein Schreiben mit dem Segenswunsch und einer letzten werbenden und vergewissernden Anrede der Galater ausklingen: »Die Gnade unseres Herrn Jesus Christus sei mit eurem Geist, Brüder! Amen« (Gal 6,18).

Übersetzung des Galaterbriefs

A) Briefeingang: Gal 1,1–10

1. Präskript / Briefkopf: Absender (V.1.2a), Adressat (V.2b), Gruß (V.3–5) Gal 1,1–5

Gal 1,1: Paulus, Apostel, nicht von Menschen, auch nicht durch einen Menschen, sondern durch Jesus Christus und Gott, den Vater, der ihn auferweckt hat von den Toten.
1,2: und alle Brüder, die bei mir sind, an die Gemeinden in Galatien.
1,3: Gnade sei mit euch und Friede von Gott, unserm Vater, und dem Herrn Jesus Christus,
1,4: der sich selbst für unsre Sünden dahingegeben hat, dass er uns errette von dieser gegenwärtigen, bösen Weltzeit nach dem Willen Gottes, unseres Vaters,
1,5: dem die Ehre gebührt bis in die fernste Ewigkeit! Amen!

2. Einführung: Das Evangelium Christi und das andere Evangelium Gal 1,6–9

Gal 1,6: Ich wundere mich, dass ihr euch so schnell abwendet von dem, der euch berufen hat in die Gnade [Christi], zu einem andern Evangelium,
1,7: das es gar nicht [als ein anderes] gibt; sondern da sind gewisse Leute, die euch in Verwirrung bringen und das Evangelium Christi [ins Gegenteil] verkehren wollen.
1,8: Aber selbst wenn wir oder ein Engel vom Himmel [euch] Evangelium verkündigte entgegen dem, das wir euch verkündigt haben, verflucht sei er!
1,9: Wie wir zuvor gesagt haben, so sage ich auch jetzt wieder: Wenn irgendjemand euch Evangelium verkündigt entgegen dem, das ihr empfangen habt, verflucht sei er!

2.1 Zwischenbemerkung Gal 1,10
Gal 1,10: Versuche ich denn jetzt Menschen zu überreden oder Gott? Oder suche ich Menschen zu gefallen? Wenn ich noch den Menschen gefallen wollte, dann wäre ich Christi Knecht nicht.

B) Briefkorpus: Gal 1,11 – 6,10

I. Gal 1,11 – 2,21: Das Evangelium und sein Verkündiger (historisch-biographischer Teil; Stichwort »Evangelium«: 1,6.7.8.9.11.16.23; 2,2.5.7.14 [4,13])

1. Der göttliche Ursprung des von Paulus verkündigten Evangeliums Gal 1,11–24

Gal 1,11: Ich erkläre euch aber, Brüder, im Blick auf das von mir verkündigte Evangelium, dass es nicht von menschlicher Art ist;
1,12: denn ich habe es nicht von einem Menschen empfangen, noch bin ich darin unterwiesen worden, sondern durch eine Offenbarung Jesu Christi [habe ich das Evangelium empfangen].
1,13: Ihr habt ja von meinem ehemaligen Wandel im Judentum gehört, wie ich die Gemeinde Gottes über die Maßen verfolgte und sie zu zerstören suchte,
1,14: und [überhaupt] in der jüdischen Lebensweise [ständig] Fortschritte machte mehr als viele Altersgenossen in meinem Volk, indem ich in [ganz] besonderen Maße ein Eiferer für die Überlieferungen meiner Väter war.
1,15: Als es aber dem [Gott] wohlgefiel, der mich von meiner Mutter Leib an ausgesondert und mich durch seine Gnade berufen hat,
1,16: mir seinen Sohn zu offenbaren, damit ich ihn unter den Heiden verkündigte, da beriet ich mich nicht sogleich mit Fleisch und Blut,
1,17: ging auch nicht nach Jerusalem hinauf zu denen, die vor mir Apostel waren, sondern ging weg nach Arabien und kehrte [dann] wieder nach Damaskus zurück.
1,18: Danach, drei Jahre später, ging ich hinauf nach Jerusalem, um Kephas kennenzulernen, und blieb fünfzehn Tage bei ihm.
1,19: Einen anderen von den Aposteln sah ich nicht außer Jakobus, des Herrn Bruder.
1,20: Was ich euch aber schreibe – fürwahr, bei Gott, ich lüge nicht!
1,21: Danach kam ich in die Länder Syrien und Zilizien.
1,22: Ich war aber unbekannt von Angesicht [persönlich] den christlichen Gemeinden in Judäa.
1,23: Sie hörten nur [immer wieder]: Der uns früher verfolgte, der predigt jetzt den Glauben, den er einst zu zerstören suchte;
1,24: und sie priesen Gott meinetwegen (Gal 1,23f.).

2. Die Bestätigung des von Paulus verkündigten Evangeliums durch die Jerusalemer Apostel Gal 2,1–10

Gal 2,1: Darauf, nach Verlauf von vierzehn Jahren, ging ich wieder nach Jerusalem hinauf zusammen mit Barnabas, wobei ich auch Titus mitnahm.
2,2: Ich ging aber hinauf auf Grund einer Offenbarung. Und ich legte ihnen das Evangelium dar, das ich unter den Heiden verkündige, gesondert aber denen, die etwas gelten [den ›Angesehenen‹], nicht dass ich [etwa] vergeblich liefe oder gelaufen wäre.
2,3: Aber nicht einmal Titus, der bei mir war, wurde, obwohl er ›Grieche‹ [d.h. unbeschnittener Heidenchrist] war, gezwungen, sich beschneiden zu lassen.
2,4: Aber der eingeschlichenen Falschbrüder wegen, die [in die Gemeinden] eingedrungen waren, um unsere Freiheit auszukundschaften, die wir in Christus haben, damit sie uns versklavten –.
2,5: Denen haben wir uns auch nicht einen Augenblick unterwürfig gefügt (durch Unterordnung nachgegeben), damit die Wahrheit des Evangeliums dauernd bei euch (bestehen) bliebe.
2,6: Vonseiten derer aber, die dafür gelten, etwas zu sein – wer immer sie waren, ist mir gleichgültig; [denn] Gott schaut nicht auf das Ansehen der Person – mir haben die Angesehenen also nichts weiter auferlegt.
2,7: Sondern im Gegenteil; als sie [die Maßgeblichen] sahen, dass ich betraut bin mit dem Evangelium für die Unbeschnittenen, wie Petrus mit dem für die Beschnittenen –
2,8: denn der sich an Petrus als wirksam erwies hinsichtlich des Apostelamtes für die Beschnittenen, der erwies sich auch an mir wirksam [hinsichtlich des Apostelamtes] für die Heiden.
2,9: Und als sie die mir [von Gott] verliehene Gnade erkannten, da gaben Jakobus und Kephas und Johannes, die als die Säulen gelten, mir und Barnabas die Rechte [zum Zeichen] der Gemeinschaft, [mit der Vereinbarung], dass wir zu den Heiden, sie aber zur Beschneidung [d.h. zu den Juden] gehen sollten.
2,10: Nur sollten wir der Armen gedenken, und gerade dies zu tun, war ich auch eifrig bestrebt.

3. Die Verteidigung und Bewährung des von Paulus verkündigten Evangeliums im antiochenischen Konflikt Gal 2,11–21 (2,15–21 präludiert Teil II)

Gal 2,11: Als aber Kephas nach Antiochien gekommen war, trat ich ihm Auge in Auge entgegen, weil er als schuldig erwiesen war.

2,12: Bevor nämlich einige von Jakobus kamen, hielt er Tischgemeinschaft mit den Heidenchristen. Als sie aber kamen, zog er sich zurück und sonderte sich ab aus Furcht vor denen aus der Beschneidung.
2,13: Und mit ihm heuchelten auch die übrigen Judenchristen, so dass sich sogar Barnabas durch ihre Heuchelei [bzw. zu ihrer Heuchelei] mit fortreißen ließ.
2,14: Jedoch – als ich sah, dass sie nicht den rechten Weg wandelten gemäß der Wahrheit des Evangeliums, sagte ich zu Kephas im Beisein aller [d.h. vor der ganzen Gemeinde]:
Wenn du, obwohl du ein Jude bist, wie ein Heide und nicht nach den gesetzlichen Vorschriften lebst, – mit welchem Recht zwingst du dann die Heiden[christen], nach den Vorschriften des Gesetzes zu leben?
2,15: *Wir* sind von Geburt Juden und nicht Sünder heidnischer Herkunft.
2,16: Weil wir aber wissen, dass der Mensch nicht auf Grund von Toraobservanz gerechtfertigt wird, sondern ausschließlich durch den Glauben an Jesus Christus, sind *auch wir* zum Glauben an Christus Jesus gekommen, damit wir auf Grund des Glaubens an Christus gerechtfertigt werden und nicht auf Grund von Toraobservanz; denn auf Grund von Toraobservanz »wird kein Fleisch gerechtfertigt werden« (Ps 143,2).
2,17: Wenn demnach *auch wir selbst* bei unserem Streben [bzw. indem wir begehrten], in Christus gerechtfertigt zu werden, als Sünder erfunden wurden, ist dann etwa Christus ein Diener der Sünde? Ganz und gar nicht!
2,18: Denn [nur] wenn ich das, was ich niedergerissen [d.h. für ungültig erklärt] habe, wieder aufbaue [d.h. für gültig halte], erweise ich mich als Übertreter.
2,19: Denn ich bin durch das Gesetz [d.h. die Sinai-Tora] dem Gesetz [d.h. der Sinai-Tora] gestorben, damit ich Gott lebe. Ich bin mit Christus gekreuzigt.
2,20: Also lebe nicht mehr *ich*, sondern *Christus* lebt in mir. Was ich aber nun im Fleisch [d.h. in meiner irdischen Existenz] lebe, das lebe ich im Glauben an den Sohn Gottes, der mich geliebt und sich selbst für mich [in den Tod] dahingegeben hat.
2,21: Ich annulliere die Gnade Gottes nicht; denn wenn die Gerechtigkeit durch das Gesetz [kommt], dann ist Christus ohne Grund gestorben.

Übersetzung 177

II. Gal 3,1 – 5,12: Rechtfertigung und Befreiung liegen allein in Christus – nicht im Gesetz; sie werden allein im Glauben gewonnen – nicht aus Gesetzeswerken

1. Der gepredigte Christus als alleiniger Grund des Heils Gal 3,1–5

Gal 3,1: Oh, ihr unverständigen Galater, wer hat euch behext, denen doch Jesus Christus [in aller Deutlichkeit] als der Gekreuzigte vor Augen gestellt worden ist?
3,2: Dies allein will ich von euch [unmittelbar und persönlich] erfahren: Habt ihr den Geist aufgrund der Werke des Gesetzes empfangen oder aufgrund der Glauben weckenden Verkündigung?
3,3: Seid ihr dermaßen unverständig, dass ihr, nachdem ihr im Geist begonnen habt, nun im Fleisch enden wollt?
3,4: So Großes habt ihr vergeblich erlebt? Wenn denn wirklich [überhaupt] vergeblich.
3,5: Der euch nun den Geist gewährt und wirkt Machterweise unter euch, [hat er es] aufgrund von Werken des Gesetzes oder aufgrund der Glauben wirkenden Verkündigung [getan]?

2. Die Segensverheißung an Abraham und ihre Erfüllung in Christus Gal 3,6–14

2.1 Galater 3,6–9
Gal 3,6: [Es erging euch] wie Abraham: Er glaubte Gott, und das wurde ihm zur Gerechtigkeit angerechnet (1Mose 15,6).
3,7: Ihr erkennt also, dass die, die aus dem Glauben sind, [gerade] diese sind Söhne Abrahams.
3,8: Weil nun – wie ja die Schrift lehrt und bezeugt – Gott vorherbestimmt hat, dass er die Heiden gerecht macht *aus Glauben*, [deshalb] hat er – nach der Schrift – dem Abraham im Voraus verkündet: »Gesegnet werden sollen in dir alle Heiden« (1Mose 12,3; 18,18).[28]
3,9: Folglich werden diejenigen, die aus Glauben sind, gesegnet mit dem gläubigen Abraham.

2.2 Galater 3,10–12
Gal 3,10: Alle aber, die aufgrund der Werke des Gesetzes sind [ihr Heil suchen], die sind unter dem Fluch. Denn es steht geschrieben: »Verflucht ist jeder, der nicht bleibt in all dem, was geschrieben ist im Buch des Gesetzes, dass er es tut« (5Mose 27,26; vgl. 28,58).

---

[28] Paulus interpretiert die verschiedenen Formulierungen der Väterverheißungen im Zusammenhang: 1Mose 12,1-3.7; 13,15; 17,4-8; 18,18; 22,17f.; 24,7; 26,4 und 28,13f.

3,11: Dass aber durch das Gesetz niemand bei Gott gerechtfertigt wird, ist offenkundig, denn [es steht geschrieben:] »der aus Glauben Gerechte wird leben« (Hab 2,4).
3,12: Die Tora aber hat nichts mit dem Glauben zu tun, sondern »wer sie [die Gebote] *tut*, wird in ihnen leben« (3Mose 18,5).

2.3 Galater 3,13f.
Gal 3,13: Christus hat uns von dem Fluch des Gesetzes losgekauft, indem er für uns zum Fluch wurde, denn es steht geschrieben: »Verflucht ist jeder, der am Holz hängt« (5Mose 21,23);
3,14: damit der Segen Abrahams zu den Heiden käme *in Christus Jesus*, damit wir die Verheißung des Geistes empfingen *durch den Glauben*.

3. Vorsprung und Vorrang der in Christus erfüllten Abrahamsverheißung vor dem Gesetz Gal 3,15–18

Gal 3,15: Brüder, ich will nach menschlicher Weise reden. Schon eines *Menschen* rechtskräftig gewordene Verfügung kann niemand aufheben oder durch eine andere ersetzen.
3,16: Nun sind aber dem *Abraham* die Verheißungen zugesprochen worden – *und seinem Samen*. Es heißt nicht: »und den Nachkommen«, als [wäre] von vielen [die Rede], sondern wie [man] von einem einzelnen [redet]: »und *deinem* Nachkommen«, welcher ist *Christus*.
3,17: Dieses aber will ich sagen: Eine von Gott vorher rechtskräftig gemachte Verfügung kann das 430 Jahre später ergangene Gesetz nicht außer Kraft setzen, so dass sie die Verheißung unwirksam machen würde.
3,18: Wenn nämlich das Erbe auf der Grundlage des Gesetzes [zugeteilt wird], dann [zwangsläufig] nicht aufgrund der Verheißung. Dem Abraham aber hat Gott es [das Erbe] durch die Verheißung aus Gnaden geschenkt.

4. Funktion und Grenze des Gesetzes. Die Befreiung der Kinder Gottes durch Christus Gal 3,19 – 4,7

4.1 Galater 3,19f.
Gal 3,19: Was [ist und] soll demnach das Gesetz? Es ist um der Übertretungen willen hinzugefügt worden, solange bis der Same kommt, dem die Verheißung gilt, verordnet durch Engel, durch die Hand eines Mittlers [bzw. Vermittlers].
3,20: Der Mittler aber ist [grundsätzlich] nicht eines einzigen [Mittler], Gott aber ist ein einziger.

4.2 Galater 3,21f.

Gal 3,21: Ist nun das Gesetz gegen die Verheißungen Gottes? Ganz und gar nicht! Denn nur wenn ein Gesetz gegeben worden wäre, das lebendig machen könnte, käme die Gerechtigkeit wirklich aus dem Gesetz.
3,22: Vielmehr hat die Schrift alles unter die Sünde eingeschlossen, damit das Verheißungsgut aufgrund des Glaubens an Jesus Christus den Glaubenden gegeben werde.

4.3 Galater 3,23–29

Gal 3,23: Bevor aber der Glaube kam, waren wir unter dem Gesetz gefangen gehalten, eingeschlossen bis zu dem Zeitpunkt, an dem der Glaube offenbar werden sollte.
3,24: Also ist das Gesetz unser Aufseher geworden bis zu [dem Kommen des] Christus, damit wir aufgrund des Glaubens gerechtfertigt würden.
3,25: Nachdem aber der Glaube gekommen ist, sind wir nicht mehr unter dem Aufseher [d.h. dem Gesetz].
3,26: Denn ihr alle seid Söhne Gottes durch den Glauben in Christus Jesus.
3,27: Ihr alle nämlich, die ihr auf Christus getauft seid, ihr habt Christus angezogen.
3,28: Es gibt nicht Juden noch Griechen, es gibt nicht Sklaven noch Freien, es gibt nicht Mann noch Frau. Ihr alle nämlich seid *einer* in Christus Jesus.
3,29: Gehört ihr aber Christus, so seid ihr folglich Abrahams Same, gemäß [und aufgrund, kraft] der Verheißung Erben.

4.4 Galater 4,1–7

Gal 4,1: Ich meine aber: Solange der Erbe unmündig ist, unterscheidet er sich in keiner Weise von einem Sklaven, obwohl er Herr über alles ist,
4,2: sondern er steht unter Vormündern und Verwaltern bis zu dem vom Vater festgesetzten Termin.
4,3: So verhält es sich auch mit uns: Als wir unmündig waren, waren wir unter die Elemente der Welt versklavt.
4,4: Als aber die Zeit erfüllt war, sandte Gott seinen Sohn, geboren von einer Frau und dem Gesetz unterworfen,
4,5: damit er die dem Gesetz Unterworfenen freikaufte, damit wir die die Sohnschaft [d.h. die Annahme an Sohnes statt] empfingen.
4,6: Weil ihr aber *Söhne* seid, hat Gott den Geist seines Sohnes in unsere Herzen gesandt, der da ruft: Abba, lieber Vater!
4,7: Folglich bist du nicht mehr Sklave, sondern Sohn, wenn aber Sohn, dann auch Erbe durch Gott.

5. Die Hinwendung zum Gesetz als Rückfall in die Sklaverei des Heidentums Gal 4,8–20

Gal 4,8: Damals jedoch, als ihr Gott nicht kanntet, dientet ihr als Sklaven denen, die ihrem Wesen nach nicht Götter sind.

4,9: Jetzt aber, da ihr Gott erkannt habt, vielmehr von Gott erkannt worden seid, wie könnt ihr euch da wiederum den schwachen und armseligen Elementen zuwenden, denen ihr wieder von neuem als Sklaven dienen wollt?

4,10: Tage beobachtet ihr [bzw. wollt ihr beobachten] und Monate und [Fest]zeiten und Jahre!

4,11: Ich fürchte um euch, dass ich mich [vielleicht] vergeblich um euch bemüht habe.

4,12: Werdet wie ich, denn auch ich wurde wir ihr, Brüder, ich bitte euch! In keiner Hinsicht habt ihr mir [damals] Unrecht zugefügt.

4,13: Ihr wisst ja noch, wie ich euch in Schwachheit des Fleisches [d.h. in körperlicher Schwäche][29] das erste Mal das Evangelium verkündigte;

4,14: und die Anfechtung, die euch mein Fleisch [d.h. meine körperliche Schwäche] verursachte, habt ihr nicht verachtet noch verabscheut [wörtlich: noch vor mir ausgespuckt], sondern wie einen Engel Gottes nahmt ihr mich auf, wie Christus Jesus.

4,15: Wo ist nun eure Seligpreisung [eurer selbst geblieben]? Denn ich bezeuge euch, dass ihr, wenn möglich, eure Augen ausgerissen und mir gegeben hättet.

4,16: Bin ich denn dadurch euer Feind geworden, dass ich euch die Wahrheit sage?

4,17: Sie umwerben euch nicht im Guten [d.h. in guter Absicht], vielmehr wollen sie euch ausschließen, damit ihr sie umwerbt.

4,18: Umworben zu werden ist gut – [wenn es] im Guten [geschieht] und immer und nicht nur, wenn ich bei euch gegenwärtig bin.

4,19: Meine Kinder, um die ich abermals Geburtswehen leide, bis Christus in euch Gestalt gewinnt,

4,20: ich wollte, ich könnte jetzt bei euch sein und anders [d.h. mit andrer Stimme] zu euch reden; denn ich bin in Bezug auf euch ratlos.

---

[29] Vgl. 2Kor 12,7-10; Apg 16,6.

6. Allegorischer Schriftbeweis[30]: Das Gesetz versklavt – das Evangelium macht frei Gal 4,21–31

4,21: Sagt mir, die ihr unter dem Gesetz sein wollt: Hört ihr das Gesetz nicht?
4,22: Denn es steht geschrieben, dass Abraham zwei Söhne hatte, den einen von der Sklavin, den andern von der Freien.
4,23: Aber der von der Sklavin ist nach dem Fleisch [d.h. nach menschlichem Willen] gezeugt worden, der von der Freien aber kraft der Verheißung.
4,24: Dies ist allegorisch, sinnbildlich gesprochen [d.h., das hat einen tieferen Sinn]. Diese [beiden Frauen] sind [d.h. bedeuten] nämlich zwei Verfügungen: eine vom Berg Sinai, die zur Sklaverei gebiert, das ist Hagar;
4,25: Denn Hagar ist der [Name für den] Berg Sinai in Arabien und entspricht dem jetzigen Jerusalem, denn es ist mit seinen Kindern in Sklaverei.
4,26: Das obere Jerusalem dagegen, das ist die Freie; das ist unsre Mutter.
4,27: Denn es steht geschrieben (Jesaja 54,1): »Sei fröhlich, du Unfruchtbare, die du nicht gebierst! Brich in Jubel aus und jauchze, die du nicht in Geburtswehen liegst [d.h. schwanger bist]. Denn die Einsame hat viel mehr Kinder, als die den Mann hat.«
4,28: Ihr aber, liebe Brüder, seid entsprechend [und gemäß] Isaak Kinder der Verheißung.
4,29: Aber wie damals der nach dem Fleisch [d.h nach menschlichem Willen] Gezeugte, den verfolgte, der nach dem Geist [gezeugt war], so [geht es] auch jetzt.
4,30: Aber was sagt die Schrift? »Vertreibe die Sklavin und ihren Sohn! Denn der Sohn der Sklavin soll [ganz gewiss] nicht mit dem Sohn der Freien erben« (1Mose 21,10).
4,31: Deshalb, Brüder, sind wir nicht Kinder einer Sklavin, sondern der Freien.

7. Das Entweder-Oder: Freiheit aus dem Evangelium – Sklaverei unter dem Gesetz Gal 5,1–12

Gal 5,1: Zur Freiheit hat uns Christus befreit! So stehet nun fest und lasst euch nicht wieder in das Joch der Sklaverei spannen!

---

[30] S. als Textgrundlage 1Mose 16,1-15; 17,15-22; 21,1-13; vgl. 1Mose 15,1-6; 18,10.14. Zur Rede von den »Verfügungen« in Verbindung mit Abraham s. Gal 3,15.17 vgl. 1Mose 15,18; 17,1-14.

5,2: Siehe, ich, Paulus, sage euch: Wenn ihr euch beschneiden lasst, wird euch Christus nichts nützen.
5,3: Ich bezeuge nochmals jedem Menschen, der sich beschneiden lässt, dass er verpflichtet ist, das ganze Gesetz zu halten.
5,4: Ihr seid bereits von Christus abgekommen, die ihr durch das Gesetz gerechtfertigt werden wollt; aus der Gnade seid ihr herausgefallen.
5,5: Wir nämlich erwarten durch den *Geist* auf der Grundlage des *Glaubens* die Hoffnung der Gerechtigkeit [d.h. das mit der Gerechtigkeit verbürgte Hoffnungsgut].
5,6: Denn in Christus Jesus ist weder die Beschneidung noch das Unbeschnittensein von Bedeutung, sondern der Glaube, der durch die Liebe wirksam ist.
5,7: Ihr lieft gut. Wer hat euch gehindert, der Wahrheit [weiterhin] zu gehorchen?
5,8: Die Überredung [dazu] kommt nicht von dem, der euch berufen hat.
5,9: Ein wenig Sauerteig durchsäuert den ganzen Teig.
5,10: Ich habe im Herrn das Vertrauen zu euch, dass ihr nicht anders gesinnt sein werdet. Wer euch aber verwirrt, wird das Urteil tragen, wer er auch sei.
5,11: Ich allerdings, Brüder, wenn ich noch die Beschneidung predigen würde, warum werde ich noch verfolgt? Dann wäre ja das Ärgernis des Kreuzes beseitigt.
5,12: Mögen sie sich doch gleich ›*ver*schneiden‹, d.h. kastrieren lassen – sie, die euch aufwiegeln! (vgl. 5Mose 23,1)

III. Gal 5,13 – 6,10: Die Freiheit vom Gesetz als Freiheit zu einem neuen Leben im Geist Christi

1. Grundsätzliche Ausführung: Leben in Freiheit als wechselseitiger Dienst in der Liebe Gal 5,13–15

Gal 5,13: Denn ihr seid zur Freiheit berufen, Brüder. Nur nehmt die Freiheit nicht zum Vorwand [und macht sie nicht zum Ausgangspunkt] für das Fleisch, sondern dient einander in Liebe.
5,14: Denn das ganze Gesetz ist in dem einen Wort erfüllt, in dem »Du sollst deinen Nächsten lieben wie dich selbst« (3Mose 19,18).
5,15: Wenn ihr euch aber einander ›beißt‹ und ›auffresst‹, seht zu, dass ihr nicht voneinander ›aufgezehrt‹ werdet.

2. Entfaltung und Konkretisierung: Die Frucht des Geistes im Gegensatz zum Werk des Fleisches Gal 5,16 – 6,10

Gal 5,16: Ich sage aber, wandelt im Geist, und ihr werdet [ganz gewiss] die Begierde des Fleisches nicht erfüllen.
5,17: Denn das Fleisch begehrt wider den Geist auf – und der Geist wider das Fleisch; dieselben sind einander entgegengesetzt –, so dass ihr nicht das tut, was ihr wollt.
5,18: Wenn ihr aber vom Geist geleitet [und geführt] werdet, seid ihr nicht unter dem Gesetz.
5,19: Offenkundig aber sind die Werke des Fleisches, als da sind: Unzucht, Unreinheit, Zügellosigkeit;
5,20: Götzendienst, Zauberei, Feindschaft, Streit, Eifersucht, Wutausbrüche, Selbstsucht, Zwistigkeiten, Parteiungen,
5,21: Missgunst, Trinkgelage, Schlemmereien [Luther: »Saufen, Fressen«] und dergleichen. Diesbezüglich sage ich euch voraus, wie ich schon zuvor gesagt habe: Die derartiges tun, werden das Reich Gottes nicht erben.
5,22: Die Frucht des Geistes aber ist Liebe, Freude, Friede, Langmut, Milde, Güte, Treue [bzw. Glaube],
5,23: Sanftmut, Selbstbeherrschung; gegen dergleichen ist das Gesetz nicht.
5,24: Die aber Christus angehören, die haben das Fleisch gekreuzigt samt den Leidenschaften und Begierden.
5,25: Wenn wir durch den Geist leben, dann lasst uns auch mit dem Geist im Einklang sein [d.h. ihm beistimmen und folgen].
5,26: Lasst uns nicht prahlerisch sein, einander nicht herausfordern und nicht aufeinander neidisch sein.

3. Neue Schöpfung und Tun des Guten (vgl. 6,14f.) Gal 6,1–10

Gal 6,1: Brüder, wenn einer bei einem Fehltritt ertappt wird, so bringt ihr, die ihr geistlich seid, ihn im Geist der Sanftmut wieder zurecht! Gib dabei Acht auf dich, dass nicht auch du versucht wirst.
6,2: Traget einander die Lasten, und so werdet ihr das Gesetz Christi erfüllen.
6,3: Denn wenn einer meint, etwas zu sein, obwohl er doch nichts ist, so betrügt er sich selbst.
6,4: Ein jeder aber prüfe sein eigenes Werk, und dann wird er nur im Blick auf sich selbst Ruhm haben und nicht im Blick auf den anderen [d.h. im Vergleich mit ihm bzw. vor ihm].
6,5: Denn jeder wird seine eigene Bürde zu tragen haben.
6,6: Wer im Wort unterrichtet wird, soll dem, der ihn unterrichtet, an allen Gütern teilgeben.

6,7: Irret euch nicht, Gott lässt sich nicht verspotten; denn was ein Mensch sät, das wird er auch ernten.

6,8: Wer nämlich auf sein Fleisch [d.h auf seine selbstsüchtige menschliche Natur] sät, wird vom Fleisch Verderben ernten; wer aber auf den Geist sät, wird vom Geist ewiges Leben ernten.

6,9: Lasst uns nicht müde werden, das Gute zu tun; denn zu seiner Zeit werden wir ernten, wenn wir nicht nachlassen,

6,10: Solange wir Zeit dazu haben, lasset uns allen gegenüber das Gute tun, ganz besonders aber gegenüber den Hausgenossen des Glaubens [d.h. den Glaubensverwandten].

C) Gal 6,11–18: Briefschluss

Eigenhändiges Postskript Gal 6,11
Gal 6,11: Seht, mit welch großen Buchstaben ich euch geschrieben habe mit eigener Hand.

1. Warnung vor Gegnern Gal 6,12f.

Gal 6,12: Diejenigen, welche im Fleisch [d.h. im menschlich-weltlichen Bereich] Eindruck machen wollen, die suchen euch zur Beschneidung zu zwingen, nur damit sie nicht um des Kreuzes Christi willen Verfolgung leiden.
6,13: Aber nicht einmal sie selbst, die sich beschneiden lassen, halten das Gesetz, sondern sie wollen, dass ihr euch beschneiden lasst, damit sie sich eures Fleisches rühmen können.

2. Hinweis auf das Kreuz Christi Gal 6,14f.

Gal 6,14: Mir aber sei es fern, mich zu rühmen – außer des Kreuzes unseres Herrn Jesus Christus, durch das mir die Welt gekreuzigt ist und ich der Welt.
6,15: Denn weder Beschneidung noch Unbeschnittenheit gilt etwas, sondern [nur] die *neue Schöpfung*.

3. Mahnung und Segen für die Heilsgemeinde aus Juden und Heiden, das ›Israel Gottes‹ (keine Grüße!) Gal 6,16–18

Gal 6,16: Alle nun, die im Einklang mit diesem Maßstab [wörtlich ›Kanon‹] stehen – Friede und Barmherzigkeit komme über sie, nämlich über das Israel Gottes!
6,17: Hinfort mache mir niemand mehr Mühsal; denn ich trage die Malzeichen Jesu an meinem Leib.
6,18: Die Gnade unseres Herrn Jesus Christus sei mit eurem Geist, Brüder! Amen.

Weiterführende Literatur

1. Kommentare:

Becker, J., Der Brief an die Galater, in: Die Briefe an die Galater, Epheser usw., NTD 8, Göttingen 1981.

Betz, H.D., Galatians. A Commentary on Paul's Letter to the Churches in Galatia, Hermeneia, Philadelphia 1979; dt.: Der Galaterbrief, München 1988.

Beyer, H.W./ P. Althaus, Der Brief an die Galater, in: Die kleineren Briefe des Apostels Paulus, NTD 8, Göttingen 1949.

Borse, U., Der Brief an die Galater, RNT, Regensburg 1984.

Bruce, F.F., The Epistle to the Galatians. A Commentary on the Greek Text, NIGTC, Exeter 1982.

Burton, E.D., A Critical and Exegetical Commentary on the Epistle to the Galatians, ICC, Nachdr. v. 1921, Edinburgh 1980.

Calvin, J., In Epistolam Pauli ad Galatas Commentarius, in: In omnes Novi Testamenti Epistolas Commentarii, ed. A. Tholuck, Vol. I, 2. Aufl., Halle 1834.
– Auslegung der kleinen Paulinischen Briefe, übs. u. bearb. v. O. Weber u.a., Gesamtausgabe von Calvins Auslegung der Heiligen Schrift, Neue Reihe, Bd. 17, Neukirchen-Vluyn 1963.

Dunn, J.D.G., Commentary on the Epistle to the Galatians, BNTC, London 1993.

Ebeling, G., Die Wahrheit des Evangeliums. Eine Lesehilfe zum Galaterbrief, Tübingen 1981.

Eckstein, H.-J., Verheißung und Gesetz. Eine exegetische Untersuchung zu Gal 2,15 – 4,7, WUNT 86, Tübingen 1996.

Klaiber, W., Der Galaterbrief. Die Botschaft des NT,
Neukirchen-Vluyn 2013.

Lietzmann, H., An die Galater, HNT 10, 4. Aufl., Tübingen 1971.

Longenecker, R.N., Galatians, WBC 41, Dallas 1990.

Lührmann, D., Der Brief an die Galater, ZBK.NT 7, Zürich 1978.

Luther, M., In epistolam Pauli ad Galatas M. Lutheri commentarius. 1519, WA 2, Weimar 1884, 436–618.
- In epistolam S. Pauli ad Galatas Commentarius ex praelectione D. Martini Lutheri (1531) collectus 1535, WA 40, I/II, Nachdr. d. Ausg. von 1911, Graz 1969/70.
- Der Galaterbrief, D. M. Luthers Epistelauslegung, Bd. IV, hg. v. H. Kleinknecht, Göttingen 1980.
- Kommentar zum Galaterbrief 1519, übs. v. I. Mann, Calwer Luther-Ausgabe, Bd. X, hg. v. W. Metzger, Stuttgart 1979.

Martyn, J.L., Galatians, AncB 33A, New York 1997.

Mußner, F., Der Galaterbrief, HThK IX, 5. Aufl., Freiburg 1988 (ausführliches Literaturverzeichnis).

Oepke, A., Der Brief des Paulus an die Galater, bearb. v. J. Rohde, ThHk 9, 5. Aufl., Berlin 1984.

Rohde, J., Der Brief des Paulus an die Galater, ThHK IX, Berlin 1989.

Schlier, H., Der Brief an die Galater, KEK VII, 15. Aufl., 1989.

Sieffert, F., Der Brief an die Galater, KEK VII, 9. Aufl., Göttingen 1899.

Vouga, F., An die Galater, HNT 10, Tübingen 1998.

Williams, S.K., Galatians, ANTC, 1997.

Zahn, Th., Der Brief des Paulus an die Galater, KNT IX, Nachdr. d. 3. Aufl. von 1922, Wuppertal 1990.

2. Bücher zu Paulus:

Becker, J., Paulus. Der Apostel der Völker, Tübingen ²1998.

Beker, J.C., Paul the Apostle, Philadelphia ²1984.

Bornkamm, G., Paulus, Stuttgart ⁷1993.

Dibelius, M. / Kümmel, W.G., Paulus (Sammlung Göschen 1160), Berlin ⁴1970.

Dunn, J.D.G., The Theology of Paul the Apostle, Grand Rapids 1997.

Eckstein, H.-J., Der aus Glauben Gerechte wird leben. Beiträge zur Theologie des Neuen Testaments, BVB 5, 2. Aufl., Münster u.a. 2007 (2003).
- Kyrios Jesus. Perspektiven einer christologischen Theologie, 2. Aufl., Neukirchen-Vluyn 2011 (2010).
- Wie will die Bibel verstanden werden? Holzgerlingen 2016 (192 S.).

Eichholz, G., Die Theologie des Paulus im Umriss, Neukirchen-Vluyn ^{7}1991.

Gnilka, J., Paulus von Tarsus. Zeuge und Apostel, Freiburg 1996.

Hofius, O., Paulusstudien, WUNT 51, Tübingen ^{2}1994; ders. Paulusstudien II, WUNT 143, Tübingen 2002.

Kuss, O., Paulus. Die Rolle des Apostels in der theologischen Entwicklung der Urkirche, Regensburg 1971.

Lohse, E., Paulus. Eine Biographie, München 1996.

Rengstorf, K.H. (Hg.), Das Paulusbild in der neueren deutschen Forschung, WdF 24, Darmstadt ^{2}1969.

Ridderbos, H., Paulus. Ein Entwurf seiner Theologie, übs. v. E.W. Pollmann, Wuppertal 1970.

Schelkle, K.H., Paulus. Leben – Briefe – Theologie, EdF 152, Darmstadt 1981.

Schlier, H., Grundzüge einer paulinischen Theologie, Freiburg u.a. ^{2}1979.

Schnelle, U., Paulus. Leben und Denken, Berlin ^{2}2014.

Wie soll man Unbegreifliches auf den Begriff bringen, und womit soll man Unvergleichliches vergleichen? Es fasziniert, mit welcher Kreativität und Dynamik die ersten Zeugen ihre Glauben stiftende und Leben eröffnende Christuserkenntnis beschreiben konnten. Dabei orientiert sich ihre Rede von Gott durchgängig an dem Evangelium von der Identität und Bedeutung Jesu Christi. Und der Blick auf ihren Herrn erschließt den Glaubenden zugleich die heilvollen Auswirkungen für sie und für die Welt als Ganzes. Theologie wird hier konsequent als Christologie entfaltet; und Christologie als Soteriologie – als Lehre von der Erlösung.

176 Seiten
ISBN 978-3-7887-2424-5

Wie kann man in einer naturwissenschaftlich informierten, rationalistisch aufgeklärten und auf die Kraft des gesunden Menschenverstandes bauenden Kultur die Auferstehung des Leibes, die nachösterlichen Erscheinungen Christi und die gegenwärtig schon anbrechende Anteilgabe an der Fülle seines Auferstehungslebens als realistische Sicht der Wirklichkeit verstehen? Wie „wirklich" ist die Auferstehung?

314 Seiten
ISBN 978-3-7887-3355-1